I0752070

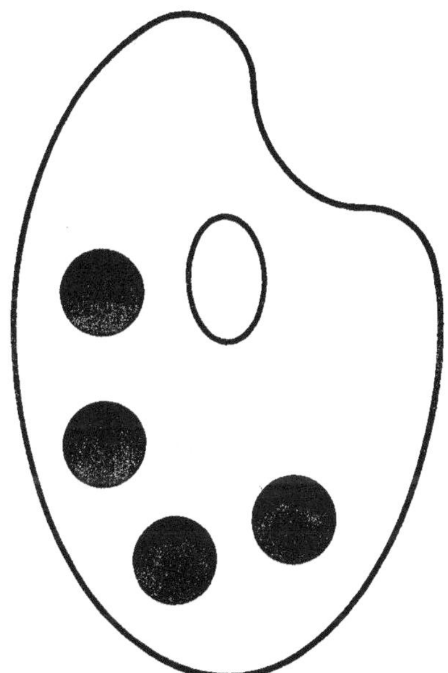

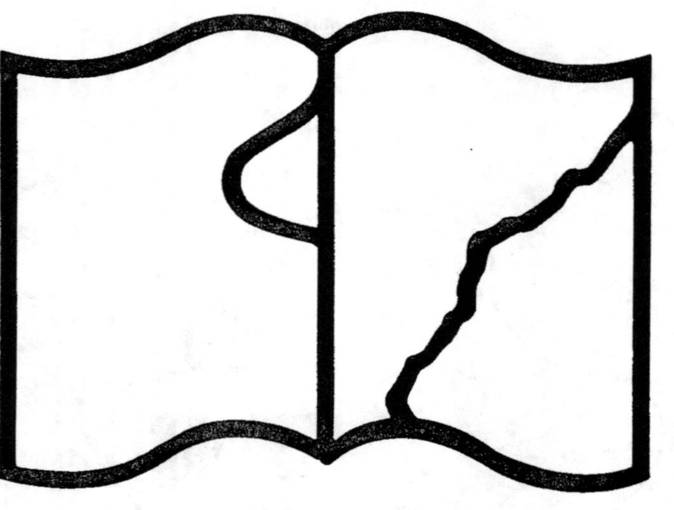

J. ROTHSCHILD, ÉDITEUR, 13, rue des Saints-Pères. PARIS

LE SPORT EN FRANCE

ET A L'ÉTRANGER

TOURS. — IMPRIMERIE E. ARRAULT ET Cie

LE BARON DE VAUX

LE SPORT EN FRANCE

ET

A L'ÉTRANGER

SILHOUETTES SPORTIVES

Introduction par le VICOMTE E. DE LA BESGE

Préfaces par JOSEPH MONTET et PIERRE-AMÉDÉE PICHOT

TOME II

ORNÉ

De 107 Portraits et de 122 Illustrations

PAR

LOUISE ABBÉMA, BAC, BERNE-BELLECOUR, BOMBLED, CARAN-D'ACHE
CHARTRAN, CHENNEVIÈRES, DE CONDAMY, CRAFTY
DETAILLE, DUPRAY, JULES GELIBERT, GRAMMONT, GRIDEL, GUIGNARD
STÉPHEN JACOB, JAZET, JEANNIOT, JOB, O. DE PENNE
PILLE, POILPOT, RALLI, RÉGAMEY, ROCHEGROSSE, UZÈS, VALLET

PARIS
J. ROTHSCHILD, ÉDITEUR
13, RUE DES SAINTS-PÈRES, 13

1900

A MON AMI

LE Dr ANTHELME COMBE

en témoignage de ma très ancienne

et très fidèle amitié

BARON DE VAUX

Dieppe, Villa Asmodée, septembre 1899.

1

PRÉFACE

Le hasard d'une flânerie matinale, sous un de ces fins soleils d'octobre qui semblent les tardifs remords d'un été pluvieux, m'avait conduit au pied de la colonne Vendôme. Je m'y arrêtai.

Êtes-vous comme moi ? Cette vaste et noble place est une de mes stations favorites. Je lui sais gré de nous garder, dans le fourmillement banal de la grande ville, un de ces coins d'inti-

mité où le vrai Parisien se sent spécialement chez lui... Hélas! Elle n'en a plus pour longtemps. Déjà les boutiques l'envahissent. Et devant moi, aux lieu et place du Crédit Mobilier, se dresse un hôtel cosmopolite qui industrialise ce retrait de hautaine et séculaire élégance.

— Le vieux Paris s'en va! pensai-je avec un soupir.

Et, comme je posais le pied sur la chaussée pour reprendre ma promenade, un éclair d'acier me frôla. J'eus un instinctif mouvement de recul. Derrière moi, un second éclair passa en sens inverse. Et je regardai, à droite et à gauche, filer les deux bicyclettes qui avaient failli se croiser sur mon corps.

Sur le frémissement de leurs roues silencieuses, leurs cavaliers s'évertuaient, fébriles et gigotants, pareils à deux faucheux épileptiques. Et, devant cet échantillon de l'équitation nouvelle, ma mélancolie s'aggrava du regret de l'ancienne qui, elle aussi, s'en va.

Le cadre où je m'attardais, sous la buée d'or dont le soleil baignait l'énorme fût de bronze, était propice à cette rêverie. Je me rappelais, en effet, la vision qu'un autre matin, sur cette même place, mon regard, fanatique de la beauté due à la double harmonie des mouvements et des formes, s'était complu à savourer.

Devant la porte de l'État-Major, un cavalier stationnait. La beauté du cheval me frappa. C'était un superbe alezan, merveilleusement découplé, la tête noble, le poitrail généreux, la jambe fine et nerveuse. Je m'approchai pour l'admirer.

L'animal, fatigué d'une trop longue attente, hennissait de temps en temps, grattant du sabot le pavé dur et sec. Le cavalier partageait sans doute l'impatience de sa bête, car, tout d'un coup, il rassembla ses rênes et, d'une simple pression de jambes, lui livra le champ. L'animal s'enleva, et, posant les quatre pieds sur le pavé de bois qui entoure la colonne, il partit au galop.

Alors, pendant cinq minutes, je jouis d'un spectacle vraiment exquis. Le cavalier, un lieutenant de spahis, montait d'une façon supérieure. Sur la piste élastique et unie que déroulait devant lui le pavé de bois, le cheval, dans un canter *superbe, développait une action large et souple, harmonieuse et scandée comme un rythme musical.*

Admirablement campé sur sa selle, le buste droit et haut, avec un cachet d'élégance naturelle, où ne se sentait ni l'affectation, ni l'effort, l'homme ne faisait littéralement qu'un avec sa monture. Ses mouvements, à peine perceptibles, se fondaient, pour ainsi dire, avec ceux de l'animal qui l'emportait dans son ardente et gracieuse allure. Pas un déplacement, pas un contre-temps. C'était comme la fusion de deux infaillibles instincts, condensés en une volonté unique. Il semblait qu'une seule âme animât ces deux corps.

La place, à cette heure matinale, était vide. Le cavalier, libre dans cette solitude, se laissait aller au bercement de cette cadence mesurée, avec le regret, peut-être, des allées du Bois où il eût fait bon prendre un temps de franc galop sous la fraîcheur des arbres...

Moi, je le regardais, éprouvant la délicieuse sensation que donne la vue d'une chose parfaite, le résultat d'un art achevé. Et je pensais, moi aussi, à ces allées du Bois, où, la veille justement, j'avais été — dirai-je égayé ? — non, attristé plutôt par un spectacle grotesque : celui d'une demi-douzaine de cavaliers — pas plus, mais, en revanche, quelle bourdonnante nuée de bicyclistes ! — juchés sur leurs chevaux comme ces singes accoutrés en gentlemen que les clowns, dans les cirques, plantent à califourchon sur le dos des chiens savants. Je me rappelais ces silhouettes déhanchées, ces allures ridicules, ces pieds lourdement encastrés dans les étriers, et ces jambes se balançant aux flancs des chevaux, sous prétexte de trot à l'anglaise comme des avirons aux flancs d'une barque. Et je me disais, avec un soupir de satisfaction : « Enfin, il paraît donc que la pure tradition du cheval n'est pas perdue, et qu'il nous reste encore de véritables cavaliers ! »

Seulement, il faut le reconnaître, ces véritables cavaliers n'existent plus guère que dans l'armée. Là, le manège est encore en honneur, et les leçons y sont encore données, dans quelques villes du moins, par des maîtres sérieux. Et puis, il y a Saumur, où nos élèves reçoivent un enseignement de premier ordre. Mais sortez de l'élément militaire, vous ne trouverez plus rien, ou à peu près.

Le mal existait déjà, il y a six ou sept ans, avant la furieuse et définitive invasion de la bicyclette. Non qu'il n'y eût alors, non qu'il y ait encore de bons professeurs civils. Mais l'apprenti cavalier ne suit pas leurs leçons avec assez de conscience, ni surtout avec assez de constance. Il ne s'astreint pas à recueillir jusqu'au bout les fruits de leur enseignement. Avec vingt ou trente séances, un élève se croit, de bonne foi, quitte avec le manège. Les trois quarts du temps, par paresse ou négligence, il se contente de la moitié.

On connaît les résultats de cette éducation incomplète, où la sûreté d'une technique sévère fait forcément défaut. Ils sont déplorables, et l'on peut dire qu'à part quelques exceptions, de plus en plus clairsemées, l'art de l'équitation s'en va.

*C'est une raison de plus de rendre hommage aux derniers fervents de cet art qui, comme le comte de Cossé-Brissac, le sympathique et vaillant président de l'*Étrier*, le baron de Vaux, le comte de Messey, E. Barroil, le général L'Hotte, le colonel Chaverondier, le comte Potocki, E. Gassou, Caze de Caumont, Delbos, Jules Pellier, le vicomte de Villebois-Mareuil, luttent* *avec une si louable énergie pour en maintenir intactes les glorieuses traditions. Mais l'hommage est une forme d'adhésion trop platonique. C'est une réaction plus militante, plus efficace et plus pratique qu'il s'agit d'organiser.*

Il le faut, non pas seulement pour des motifs d'esthétique, mais encore pour des raisons d'intérêt supérieur qu'un mot résume : la défense du pays.

Car, si nous n'y prenons garde, ce n'est pas seulement de la vie civile que l'équitation va disparaître, c'est de l'armée. Laissez encore un peu dire et faire sans protester par des paroles et par des actes : nous aurons bientôt une armée sans cavaliers.

Je plaisante, sans doute ? Rien n'est plus sérieux. Demandez plutôt à M. Camille Pelletan ce qu'il en pense.

J'ai sous les yeux un de ses derniers articles. C'est intitulé : Vélo de guerre. *Le thème, c'est l'intronisation victorieuse de la bicyclette dans l'armée, la nécessité de lui faire une place officielle et de supérieure importance. « On devrait donc, dit l'écrivain, avoir déjà formé des bataillons de vélocipédistes. On le fera peut-être... après nos prochaines défaites, s'il y a encore une France. Comptez sur les routines, sur les droits acquis des vieilles méthodes, et sur l'antipathie naturelle de la cavalerie contre cette rivale. »*

Suit une charge à fond contre « la rivale », reste suranné de la féodalité dont elle incarnait jadis l'orgueil et la force, s'obstinant ridiculement à survivre aux modifications des conditions de la guerre qui diminuent son rôle au point de le réduire à néant.

Vous croyez peut-être qu'en 1870, *du moins, ce rôle eut une apparence d'utilité ? C'est se duper au glorieux mensonge d'une légende. « Depuis Wissembourg jusqu'à Sedan, dit M. Pelletan, la cavalerie a fait avec dégoût le peu de service de renseignements qu'on lui demandait... En revanche, on a recommencé les vieilles charges féodales à Reischoffen, à Mars-la-Tour, que sais-je encore ? On s'est fait héroïquement hacher sans l'ombre d'une utilité. » Et M. Pelletan conclut : « Vienne une guerre nouvelle... On assistera une fois de plus à la charge de Reischoffen : Qui sait ? peut-être même à la charge de Crécy ? »*

Voilà le tableau. Il est gai. Je ne pense pas qu'il fasse grande impression sur les techniciens militaires dont l'éducation fut faite ailleurs que dans les couloirs du Palais-Bourbon. Mais, dans notre pays de démocratie et de suffrage universel, il faut compter avec tout ce qui peut égarer l'opinion. Ces égarements, même momentanés, se paient cher.

Les partisans de la cavalerie ne sont pas aussi entêtés et bornés que M. Pelletan feint de le croire. Ils admettent fort bien que la bicyclette puisse rendre à une armée certains services d'estafette ou d'éclaireur. Mais ils font remarquer que, pour les rendre, elle a besoin d'un réseau de voies idéalement entretenues, dans les intervalles desquelles tout mouvement lui est interdit. Donc, même au point de vue du renseignement, la bicyclette ne peut supplanter le cheval.

Quant à son rôle dans une bataille, il me paraît encore plus limité. Je ne sais pas si M. Pelletan voit très bien un et même plusieurs escadrons de bicyclistes se ruant à l'assaut d'une position d'artillerie, coupant une colonne ennemie en deux ou dégageant par la violence d'une intervention foudroyante une aile de notre armée malheureusement ou imprudemment engagée. J'avoue, pour mon compte, avoir quelque peine à me figurer cet héroïque coup de pédale, surtout en terrain labouré.

N'insistons pas. Aussi bien, il y a d'autres arguments à faire valoir.

D'abord, et celui-là est le meilleur sans doute, l'exemple de nos adversaires. Le procédé le plus cher aux polémistes tels que

M. Pelletan consiste à nous représenter comme un peuple de grands enfants, s'amusant à se faire conter Peau d'Ane, *tandis que l'ogre, dans la pièce voisine, aiguise ses dents et son couteau. Eh bien! regardons un peu ce qui se passe chez nos voisins!*

Tandis que nous négligeons l'équitation, ils font tout pour la maintenir en honneur. A Berlin, les manèges regorgent d'élèves. Un seul d'entre eux renferme 300 *chevaux qui travaillent tous les jours. Au total, les quinze manèges berlinois disposent de* 1.700 *chevaux toujours en exercice. A Paris, c'est à peine si nos manèges contiennent* 150 *chevaux, les trois quarts du temps inutilisés, car il n'y a pas, dans l'enceinte des fortifications,* 50 *élèves-cavaliers.*

Aussi, lorsque les généraux allemands ont besoin d'un aide de camp, ils n'ont que l'embarras du choix dans une élite de cavaliers émérites. Chez nous, la difficulté est d'un autre ordre: « Un tel? Parfait... Excellent officier... Il monte à cheval? — Heu, heu!... » Les trois quarts du temps ce « heu, heu! » est encore une forme de l'indulgence.

Voyez à Londres, voyez à Bruxelles, voyez à Vienne... Dans toutes ces villes, la jeunesse des deux sexes monte à cheval. C'est que, partout ailleurs que chez nous, on comprend l'utilité réelle et profonde de l'équitation. On se rend compte qu'elle n'est pas seulement une affaire de luxe, de mode et de plaisirs, mais qu'elle est encore, de tous les exercices du corps, le plus propre à améliorer l'état physiologique de l'homme, à diminuer les tares héréditaires, à enrayer la dégénérescence de la race, car elle met en jeu tous les muscles et favorise, par conséquent, toutes les fonctions organiques, maintenant ainsi le corps dans un état constant de souplesse et de santé.

Chez nous, le sens de cette vérité hygiénique et esthétique est en train de s'abolir.

C'est un double danger, pour le pays français et pour la race française.

Si les pouvoirs publics avaient la moindre conscience de leur devoir, ils interviendraient immédiatement et d'office. Ils se préoccuperaient d'abord d'assurer à notre armée de bons cavaliers et de bons chevaux.

La Chambre, cette année, a consacré quelques heures à l'examen de la seconde question, celle des chevaux. Elle n'a rien conclu de pratique. Et elle ne conclura rien d'utile que le jour où elle se résoudra à modifier de fond en comble notre système de remonte, en renonçant à user le cheval d'armes jusqu'au moment où sa valeur marchande est dépréciée, et en le renouvelant au contraire au moment précis où il est en pleine forme. D'où, pour l'État, un double avantage: la possibilité de ne rien perdre, à la revente, sur son prix d'achat, et la certitude d'avoir en tout temps, sur toute la surface du pays, une réserve de chevaux d'armes, capable de suffire aux pires exigences d'une guerre, et assez jeune pour rendre en campagne les services qu'on ne peut plus attendre de vieux chevaux.

Ce n'est pas tout. Pour garder à sa disposition de bons chevaux, il faut commencer par les avoir. Or, pour avoir de bons chevaux de guerre, c'est-à-dire des montures possédant à la fois la force, l'endurance et la vitesse, il faut la réunion de trois facteurs : de bons étalons, de bonnes poulinières, de bons pâturages. Nous avons les étalons et les pâturages. Nous n'avons pas les poulinières.

On ne les aura qu'en consentant une prime aux éleveurs pour les engager à faire les premiers sacrifices en achetant des juments dignes des étalons que l'État leur fournit, juments qu'ils consacreront uniquement à la reproduction, sans jamais leur demander aucun travail, et qui vivront la plus grande partie de l'année au grand air, dans les pâturages. Ces juments, au moment de la saillie, devront être examinées avec soin, au haras même, par des spécialistes qui leur délivreront, en même temps que leur certificat de saillie, une sorte de signalement « hippométrique » contenant leur âge, leur conformation, la couleur de leur robe, etc... Ce certificat, s'il est bon, devra, sans aucun doute, constituer une plus-value au profit de leurs produits, et en faciliter la vente.

Quant au choix de l'étalon, l'éleveur, sans être soumis à la réglementation rigoureuse des haras allemands, où l'on désigne d'office l'étalon qui convient à telle ou telle jument, devrait, avec un soin scrupuleux, prendre le conseil des particularités et des circonstances, tant de la race que du milieu. C'est ainsi que, dans le Nord et dans l'Ouest, il devrait exclusivement recourir au pur sang anglais, tandis que dans le Midi c'est au pur sang arabe, surtout à ce superbe étalon qu'on peut aller chercher sur les hauts plateaux de Syrie, qu'il demanderait de donner du sang et de l'encolure, du membre et du rein à nos juments.

Nos éleveurs de Normandie, qui possèdent une vieille race, déjà mélangée de sang anglais, mais surtout affectée au trait, pourraient se rapprocher encore du sang anglais, de façon à rendre leurs poulains plus près de terre et plus légers. Ces sujets deviendraient des chevaux pour les cuirassiers et les officiers d'artillerie.

De même les éleveurs de Bretagne, qui produisent des chevaux trapus, un peu lourds, mous et manquant de vitesse... Chevaux excellents pour le labour, le trait même, dans l'industrie ordinaire, mais qu'on doit et qu'on peut améliorer en les rapprochant beaucoup du sang anglais, de façon à en faire des chevaux de trait pour l'artillerie. Devenu demi-sang, le breton, déjà fort, deviendrait énergique et rapide.

Dans le Limousin, la race est presque entièrement disparue.

C'est grand dommage. Mais il n'est pas trop tard pour l'empêcher de s'éteindre absolument. Le Limousin, réfractaire au collier, est un cheval de selle hors ligne. Nerveux et impressionnable, c'est un tempérament généreux à qui on peut presque demander sans compter. Il ferait un excellent cheval de dragons.

Dans toute une partie du Poitou, la jument est presque exclusivement réservée au baudet, pour la production de la mule. Dans cette région, qui se limite aux Deux-Sèvres, la poulinière est d'une race toute spéciale. Avec elle, il n'y aurait rien de sérieux à faire au point de vue du poulain.

Mais la Vendée et les marais de la Charente-Inférieure ont droit à toute l'attention d'un élevage intelligent. Les produits de Saint-Gervais, par exemple, dans le canton de Challans (Vendée), se recommandent par des qualités exceptionnelles. L'éleveur, dans ce marais, est arrivé à produire une véritable race, malheureusement peu abondante, dont on devrait stimuler et encourager l'industrie. Rochefort et ses environs possèdent une race qui offre beaucoup d'analogies avec celle de Saint-Gervais. C'est là le véritable cheval de guerre, apte aussi bien à être monté qu'à être attelé.

Donc, production régulière et soutenue du vrai cheval d'armes par une intelligente sélection de la poulinière aussi bien que de l'étalon, et renouvellement constant dudit cheval par sa revente à l'âge où il est en pleine forme, tel est le double devoir qui s'impose à l'État. La différence entre le prix qu'il tire aujourd'hui de ses chevaux de réforme et celui qu'il tirera d'animaux vendus dans ces conditions autrement avantageuses lui constituera un bénéfice suffisant pour alimenter largement une caisse d'encouragement à la production.

Voilà pour le cheval. Quant au cavalier, le seul moyen, pour l'obtenir, est de remettre l'équitation en honneur. Si l'on consacrait à cette tâche la vingtième partie de ce qu'un industrialisme effréné sacrifie annuellement à la déification de la bicyclette, le résultat serait vite atteint. Car une race revient aisément à son instinct d'origine, et l'on peut dire que la race française, avec son goût inné pour toute forme d'art généreuse et élégante, a l'instinct de l'équitation dans le sang.

Pourquoi, lorsque de si hauts et si graves intérêts sont en jeu, l'État n'interviendrait-il pas pour décréter la création à Paris d'une École nationale d'équitation ? La République est-elle donc incapable d'assurer à un art si français la protection que la Monarchie ne lui a jamais refusée ? Le nom de la place du Carrousel perpétue, au cœur même de Paris, le souvenir de cette haute faveur, et la leçon qu'à ce point de vue notre triste et terne présent peut recevoir d'un brillant et glorieux passé.

C'est là, en effet, que fut donné, sous Louis XIV, l'un des plus beaux carrousels dont l'histoire fasse mention. La supériorité de l'École française sur toutes les autres s'y affirma d'une manière éclatante. Or, ce qu'il faut bien que l'on sache, c'est que les cavaliers qui prenaient part à ces tournois de grâce et d'adresse n'étaient pas seulement des cavaliers d'armes, des officiers simplement façonnés en écuyers par un long exercice. Tous étaient des hommes de cheval accomplis, assouplis à la discipline spéciale et savante de l'école ; ce qui ne les empêchait pas de pratiquer l'équitation du dehors, puisqu'on les voyait souvent, à la suite d'un travail des plus fins au manège, courre le sanglier et le cerf. Du reste, c'était avec le cheval d'armes que s'exécutait la brillante fantaisie du carrousel.

Il faut faire revivre cette tradition. Ce sera la résurrection d'un art qui fut longtemps chez nous un art national et qui, théoriquement, n'a pas cessé de l'être, notre race lui ayant imprimé à jamais sa marque native d'élégance et de distinction.

Une école d'équitation contre vingt vélodromes... La proportion n'est sans doute pas excessive.

Réhabilitons le cheval comme correctif de la bicyclette. Il nous le faut pour compenser, par une génération de cavaliers au corps droit et au regard ferme, une génération de bossus hallucinés.

JOSEPH MONTET.

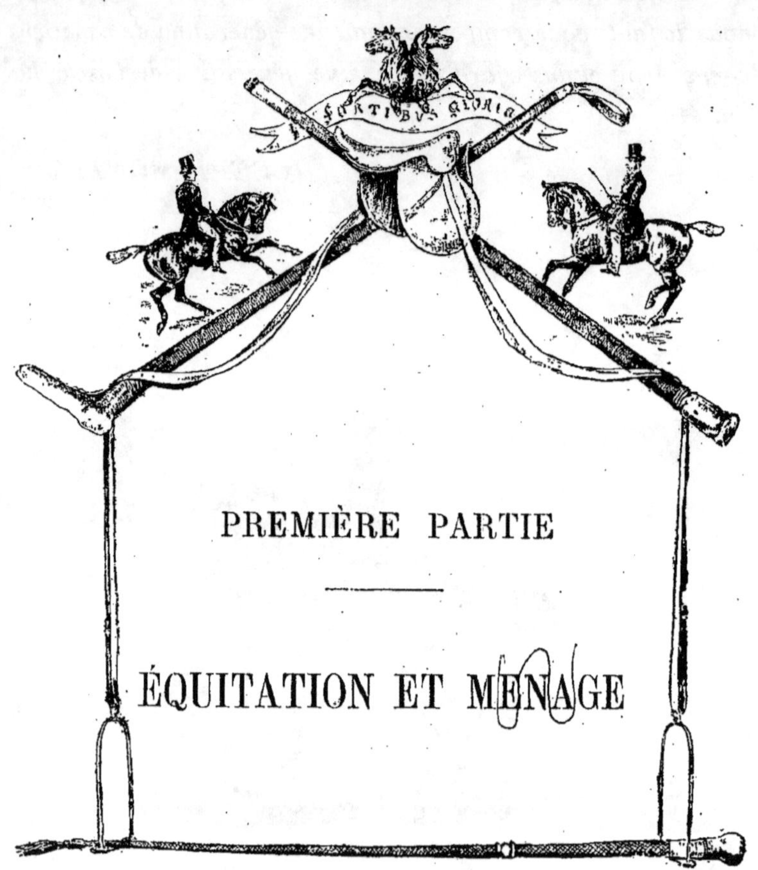

PREMIÈRE PARTIE

ÉQUITATION ET MENAGE

LE COMTE DE MESSEY

Le travail se manifeste sous mille aspects divers. Le mathématicien qui aligne des chiffres est, pour le moins, aussi utile pour la production universelle que le forgeron qui fait étinceler l'enclume. Le poète qui rêve et produit ses pensées en strophes ailées enrichit le contingent de l'humanité aussi bien que le laboureur qui dirige la charrue fécondante. L'homme du monde qui pourrait vivre dans l'oisiveté la plus absolue parce que la fortune aveugle a doré sa naissance et qui, méprisant l'indifférence et la paresse, se passionne pour une idée ou une occupation, obéit à la loi éter-

2

nelle et vivifiante du labeur bienfaisant et a le droit de prendre rang dans cette galerie.

C'est donc ici bien le cas d'y placer M. le comte de Messey, qui contribue à conserver intacts les grands principes de l'équitation.

L'école française actuelle a le tort d'abandonner toute règle reconnue et adoptée par les cavaliers les plus distingués du temps passé. Cet état de choses regrettable au point de vue général ouvre le champ aux méthodes fantaisistes et aux innovations choquantes et invraisemblables.

L'opinion indécise et ignorante ne sait cependant si elle doit prendre au sérieux de prétendues découvertes dont les maladresses et les défauts cherchent à se faire jour au milieu du désarroi général. Lisez les nombreux ouvrages qui ont été publiés sur l'équitation dans ces derniers temps, et vous n'y trouverez pas une idée neuve, un précepte inédit. Où sont les d'Aure et les Baucher parmi les jeunes aujourd'hui ?

Il faut aller prendre leurs émules chez les maîtres anciens et donner en exemples ceux qui ont su conserver une supériorité transcendante en dehors de tout, envers et contre tous. Le comte de Messey est la personnification la plus éclatante de l'école ancienne.

Il possède avant tout l'incontestable avantage d'être un type, c'est-à-dire une individualité avec un caractère propre et distinct ne pouvant et ne devant être confondu avec aucun autre.

M. de Messey est d'une modestie sans égale, et, pour avoir des renseignements sur sa personnalité, nous avons dû l'étudier pendant de longs mois.

M. le comte de Messey est un cavalier aussi complet et aussi parfait que possible. Cette supériorité, en dehors de ses aptitudes naturelles, tient surtout à ce qu'il a parcouru toutes les phases de l'équitation. En général, on adopte l'une ou l'autre; on est cavalier du dehors en affectant un suprême dédain pour le manège. En revanche, l'écuyer n'a pas assez de mépris pour le *casse-cou*, comme on dit vulgairement, qui s'en va à fond de train en se jouant de toute espèce de règle et de principe. Ils ont à la fois tort et raison tous les deux; il faut savoir faire l'un et l'autre, sans cela on n'est pas un homme de cheval. M. de Messey est également supérieur dans ces deux branches en apparence opposées, mais absolument identiques et soumises aux mêmes règles, quand on les a approfondies.

Je l'ai souvent et beaucoup observé; sa manière, dans mon opinion, est la bonne et la vraie, en ce sens qu'elle comprend tout et n'est exclusive de rièn. Ses chevaux sont équilibrés et d'aplomb, jamais écrasés sur l'arrière-main, comme à la manière allemande, sans cependant être soumis à cet assouplissement exagéré et destructif de l'impulsion, particulier à la méthode Baucher, surtout quand elle n'est pas appliquée avec une perfec tio de tact que je n'ai jamais connue qu'à mes maîtres, le général L'Hotte et le colonel Guérin. M. de Messey peut faire faire à un cheval un travail de cirque, et chasser avec lui le lendemain. L'animal s'allonge et se raccourcit à son gré parce qu'il est dans un équilibre naturel ; aucun mouvement n'est atrophié, et le cheval conserve la libre disposition de lui-même.

L'incontestable avantage de la gradation suivie par M. de Messey consiste surtout à ne se trouver enfermé dans aucune spécialité, parce qu'il les tient toutes dans la main, et en dispose à son bon plaisir. Cette finesse, ce travail serré de l'écuyer, n'ont chez lui porté aucune atteinte, comme il arrive parfois, à la supériorité du cavalier. Je l'ai vu, il y a fort peu de temps encore, monter remarquablement à première vue un cheval suffisamment difficultueux pour embarrasser beaucoup de monde. Il y a chez lui une intuition naturelle, sans laquelle on ne monte jamais à cheval; on va sur un cheval, mais diable, ce n'est pas la même chose. Certes, il est donné à peu, pour ne pas dire à personne, de le posséder au même degré, surtout d'avoir à sa disposition d'aussi puissants moyens d'action; mais, entre lui et ce que l'on est convenu d'appeler un bon cavalier, il y a une multitude de degrés, où même des hommes de premier ordre peuvent trouver à se placer.

LA BARONNE A. DE ROTHSCHILD

Une des douairières du sport équestre, mais une douairière à l'éternelle jeunesse d'esprit, au charme impérissable. Tous les jours, qu'il pleuve, neige ou vente, vous la trouvez à l'avenue de Longchamps, trottant, galopant, gracieuse à ravir dans son amazone. La baronne Laure de Rothschild appartient à la branche anglaise de sa famille et de là vient son goût prononcé pour les exercices du sport.

C'est la reine Victoria qui a mis à la mode parmi les Anglaises le goût de l'équitation. A peine montée sur le trône, la jeune souveraine ordonnait à son grand écuyer « de tenir constamment à sa disposition six chevaux de bataille dont elle avait besoin pour passer ses troupes en revue ». Toutes les jeunes filles de l'aristocratie britannique suivirent l'exemple de la Reine et ne tardèrent pas à devenir des amazones intrépides; mais, une fois engagées dans cette voie, elles ne s'arrêtèrent pas à mi-chemin et ne reculèrent pas devant des tours de force, que Sa Majesté n'aurait pu exécuter sans inspirer à ses sujets de sérieuses inquiétudes, pour la vie de leur souveraine et l'avenir de sa dynastie.

La reine d'Angleterre n'avait pas le droit de s'exposer aux inutiles dangers de la chasse à courre ; peut-être aussi qu'une horreur profonde pour les souffrances infligées aux animaux l'a détournée d'un plaisir où se réveillent les instincts carnassiers de l'homme primitif. Les meutes royales n'en sont pas moins restées au complet, et plusieurs centaines de chiens attendent avec impatience qu'un chasseur monte sur le trône de la Grande-Bretagne. Ces vaillants animaux ont conscience de leur inutilité. Depuis soixante ans, ils naissent et meurent sans avoir d'autres raisons d'être que de servir de pretexte aux traitements alloués au grand veneur et à ses subordonnés. L'Angleterre n'est pas le seul pays d'Europe où une fonction publique une fois établie ne se supprime jamais.

Les grandes dames de l'aristocratie britannique n'ont pas partagé les scrupules de leur souveraine. Dès qu'elles ont été habituées depuis leur enfance à monter à cheval, elles ont voulu aller à la chasse. Il y a une cinquantaine d'années, le cricket et le golf étaient à peu près inconnus, et la bicyclette n'avait pas encore été inventée. Les châtelains anglais, restés fidèles aux plaisirs traditionnels de leurs ancêtres, ne connaissaient d'autre distraction que la chasse à courre, et leurs femmes, devenues, grâce à l'exemple de la Reine, des amazones accomplies, ne résistèrent pas au désir de s'associer à un genre de divertissement où les maris ont besoin d'être surveillés.

Tout enfant, la baronne de Rothschild montait, à Hyde-Parc, un ravissant poney écossais et faisait déjà l'admiration des habitués du jardin fashionable par excellence, tant son allure était hardie, tout en restant pleine d'élégance.

La baronne, qui est une véritable femme de cheval, a l'audace, l'énergie et surtout l'amour et la compréhension du cheval. Ces qualités, qui ne s'acquièrent qu'au prix de longues études, ne se conservent que par un permanent travail ; aussi, voulant se maintenir en « forme », elle s'impose chaque jour son tour du Bois.

Tous les sportsmen qui ont rencontré la baronne ont présente à la mémoire sa tenue sans rivale à cheval, sa hardiesse qui ne connaît pas d'obstacles, ses exploits cynégétiques sans nombre.

Mariée au chef de la maison Rothschild, à Paris, elle règne l'hiver au fameux hôtel de Talleyrand, rue Saint-Florentin, où mourut le prince de Bénévent; l'automne, au château de Ferrières. Ses fêtes comme ses réceptions cynégétiques sont justement célèbres par leur faste de bon goût, le nombre des illustrations de la naissance, de la politique, de la science ou des arts qui s'y rencontre.

Assidue aux courses, au théâtre, aux réunions mondaines, la baronne fait partie de la coterie des grandes élégantes du *high life*, sans cependant s'associer elle-même dans sa toilette à leur luxe et à leur raffinement d'originalité. Ses robes sont toujours simples et ses bijoux — preuve de tact d'ailleurs — ne révèlent pas la caisse inépuisable dont elle dispose.

C'est le dimanche que la baronne de Rothschild reçoit à Ferrières, et là les plaisirs de la chasse et ceux du salon sont combinés dans la plus heureuse proportion.

On sait que ce domaine cynégétique admirable, très augmenté par le feu baron James de Rothschild, fut la propriété de Fouché, dont le valet de chambre était, sous Louis-Philippe, maire de Ferrières. Le nouveau château a été bâti par un architecte anglais, M. Paxton, et toutes les décorations intérieures ont été dirigées par M. Eugène Lamy, le célèbre aquarelliste. Outre les appartements privés de la famille de Rothschild, Ferrières contient dix-huit appartements complets pour les visiteurs. Les invités des chasses ont leur hall spécial. Les écuries sont établies pour quatre-vingts chevaux et le château est desservi par un personnel de plus de cent cinquante domestiques.

L'été, c'est à Trouville que la baronne plante sa tente pour s'y retrouver avec ses amies. Et puis, sur ces côtes normandes, elle retrouve les courses de chevaux, spectacle qui la passionne et dont elle ne se lasse pas.

Très simple dans sa toilette, la baronne semble témoigner qu'elle n'a pas besoin des ressources de la couturière pour triompher partout. Aussi lord Palmerston, qui s'y connaissait, disait qu'on avait vu les trois merveilles de l'Angleterre lorsqu'on y avait rencontré la baronne de Rothschild à cheval, sous un arbre : les femmes, les arbres et les chevaux constituant les trois grands sujets d'orgueil de la Grande-Bretagne.

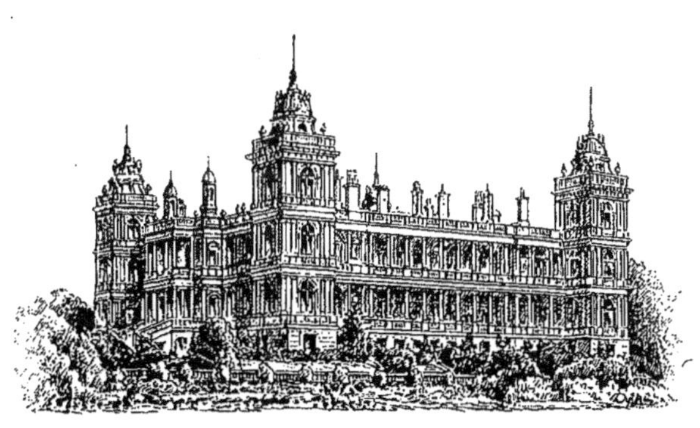

CHATEAU DE FERRIÈRES

M. ÉTIENNE BARROIL

Élève du capitaine Raabe, M. Barroil avait sa place toute marquée dans mon livre *les Hommes de cheval,* car personne ne personnifie mieux que lui la méthode du célèbre écuyer. S'il n'y figure pas, prenez-vous-en à sa modestie et non à un oubli de ma part, car je connaissais de longue date ses travaux et ses performances.

Écuyer brillant, ayant au suprême degré ce tact et cet à-propos que donne la pratique de l'équitation savante, il a su conquérir, par son énergie et par sa persévérance, une tenue et une aisance admirables à cheval, lui permettant de se jouer de difficultés que ne pourraient vaincre même d'habiles cavaliers.

Un écuyer de cette valeur ne devait pas être simplement un magnifique acteur ; il devait autre chose au monde équestre, il lui devait sa méthode ; et cette méthode, il nous l'a donnée sous le nom de : *l'Art équestre* (1).

Dans ce livre en deux volumes, qui est écrit avec une grande honnêteté, tout se suit et s'enchaîne ; chaque mouvement est la conséquence d'une position qui est elle-même produite par une force transmise. Les principes qu'il offre sont à la portée de tout le monde, et il pense avec raison que tous les chevaux ne peuvent pas être soumis au même travail, et qu'ils doivent être dressés dans le même laps de temps. Les exigences sont basées sur leurs moyens et sur leurs forces. Je ne ferai qu'une simple critique : trop d'éperon et pas assez de filet.

Les anciens écuyers faisaient de l'éperon un usage autre et moins fréquent qu'il n'est indiqué.

Pluvinel a dit, en parlant du pincer de l'éperon : « Cette aide qui est véritablement tout le subtil de la vraie science... dont l'intelligence est la plus nécessaire à l'homme de cheval et sans laquelle il est impossible au chevalier de faire manier son cheval de bonne grâce... »

Newcastle a écrit : « En mettant la tête au mur on lui apprendra à connaître l'aide de l'éperon ; on lui gagne ainsi les hanches et l'asseoit. »

La Guérinière s'étend plus que tout autre sur l'emploi des jambes qu'il gradue ainsi : pesée sur les étriers, pression des cuisses, des jarrets, des gras de jambes, pincer délicat de l'éperon.

A part cette légère critique, je ne trouve rien à reprendre dans le livre de M. Étienne Barroil, œuvre d'un homme de cheval de beaucoup d'expérience et de savoir.

Son sentiment exquis des nécessités de l'équitation lui a fait dire : *La véritable équitation consiste à savoir subordonner les*

(1) Rothschild, éditeur.

mouvements aux lois qui régissent la mécanique animale.

Le cheval, quelque favorisé qu'il soit de la nature, a besoin d'un exercice préalable pour disposer ses forces à se prêter un mutuel secours, tout devient sans cela machinal et hasardeux, autant de sa part que de celle du cavalier.

Quel est le musicien qui pourrait tirer d'un instrument des accords mélodieux, sans avoir jamais exercé ses doigts au mécanisme de cet instrument. Il ne produirait, sans nul doute, que des sons discordants et faux ; le même résultat a lieu en équitation, lorsqu'on veut faire exécuter à un cheval des mouvements auxquels il n'a pas été préparé.

Les écuyers à grande réputation étaient loin de supposer qu'on pût trouver un jour des procédés plus simples et plus naturels que ceux qu'ils pratiquaient, et qu'on pût arriver à faire beaucoup mieux. Je dois cependant le dire à leur louange, s'ils sont restés stationnaires, ils ont fait preuve aussi d'une sagesse qui, bien que routinière, avait le grand avantage de ne pas « extrapasser » les chevaux, et, s'ils n'ont pas fait progresser l'art, ils ne l'ont pas du moins fait rétrograder.

Le livre de M. Étienne Barroil démontrera que, si sa méthode donne les moyens de faire vite, elle enseigne aussi à bien faire, puisque tout y est défini, gradué, raisonné. Il explique et fait comprendre pourquoi, dans certains cas, le cheval refuse d'obéir et il indique les moyens de le disposer à le faire.

Je me suis convaincu moi-même de l'efficacité de cette méthode en suivant les travaux de M. Barroil. Je lui ai vu prendre un cheval lourd et entièrement neuf et le transformer rapidement en un cheval élégant et léger, aux différentes allures. Ce cheval, après quelques semaines de travail au manège, galopait, changeait de pied du tac au tac, piaffait, pirouettait sur les jambes de devant et de derrière avec la plus grande facilité.

Ce qui prouve que le général Bonnal a raison, lorsqu'il dit, dans la préface de l'*Art équestre* :

« L'équitation, aussi bien que l'escrime, est une science et un art.

« Science à sa base, art au sommet.

« Tout artiste doit posséder, indépendamment des dons naturels, la technique de son art ; sinon, il perd un temps et des efforts précieux à découvrir, pour son propre compte, des procédés connus depuis longtemps.

« Il faut donc un maître à celui qui veut s'élever, et, par maître, nous entendons une direction et un guide.

« L'*Art équestre* satisfait aux conditions exigées d'un enseignement parlant aux yeux, s'adressant à l'intelligence et provoquant la réflexion. »

C'est à ce titre que nous recommandons l'œuvre de M. Barroil, qui a trouvé du reste l'accueil qu'il méritait dans le monde équestre.

LA COMTESSE DE CLERMONT-TONNERRE

Rien ne m'a jamais semblé moins attrayant que le récit des exploits de chasse de femmes qui consacrent toutes leurs heures à détourner un sanglier, à courre un cerf ou à déterrer un blaireau. Si le plaisir de la chasse ne me semble nullement incompatible avec la nature féminine, je me suis toujours senti pris d'une invincible répugnance en présence de ces viragos bottées, éperonnées fouaillant un chien d'un bras vigoureux, se précipitant sur l'animal de meute le couteau à la main et faisant sans broncher jaillir le sang.

Et puis il s'élève de ces hallalis sanglants, de ces vêtements mouillés de sueur, de pluie, et fumants, d'âcres senteurs qui détruisent tout le charme de la femme chasseresse et l'ensemble gracieux que ce type doit présenter.

Une femme peut être une manière de sainte pour faire pendant dans une niche au bon saint Hubert, mais il me semble inutile que la sainte ait les mains rouges de sang et monte à cheval à califourchon.

Mme la comtesse de Clermont-Tonnerre a semblé, en se plaçant à la première place parmi toutes les femmes de France qui s'occupent de sport, avoir écarté, avec un sentiment très fin, toutes ces brutalités inhérentes aux exercices du corps et avoir idéalisé ceux qu'elle aime avec passion.

Et c'est parce qu'elle aime le sport solitaire, pour elle-même, sans aucune arrière-pensée de coquetterie ou d'attirance, sans jalousie des autres personnalités de son sexe qui cherchent à la copier ou à la surpasser par des originalités excessives, qu'elle se tient au premier rang.

Elle est de taille moyenne, mince sans fragilité, et sous cette enveloppe d'apparence si élégante on sent, lorsqu'on la voit guidant son cheval à travers champs sur les obstacles, le maîtrisant à sa guise, on sent, dis-je, des muscles d'acier que fait agir une volonté puissante, que modère un courage à toute épreuve.

D'apparence froide, rêveuse, son visage régulier est éclairé par des yeux fort beaux, fort grands, d'une couleur humide et veloutée, qui ont une singulière expression de profondeur et de réflexion. L'ensemble de cette physionomie très attrayante prend parfois un caractère de hauteur dédaigneuse qui disparaît soudainement pour faire place à une douceur pénétrante presque émue qui devient tout à fait féminine et troublante.

Mme de Clermont-Tonnerre, soit avec les fox hounds de Pau, soit avec les meutes des Shires en Angleterre, s'est montrée d'une habileté hors ligne comme femme de cheval. De très bonne heure elle pratiqua l'équitation à travers champs, et son père, M. le comte de Riencourt, fut l'un des meilleurs cavaliers de son époque. Elle est passionnée de la chasse au chien d'arrêt, et tire de remarquable façon. Elle descend souvent de cheval près de l'île de Puteaux pour monter dans son skiff, car elle manie les avirons aussi bien que le fusil et elle entreprend solitairement de longues courses sur la Seine. En été, elle aime les lointains voyages sur les yachts.

Au temps de la chevalerie, les hommes étaient les seuls combattants, dans les tournois comme devant les cours d'amour. Les femmes se réservaient le droit de juger et elles jetaient aux vainqueurs la fleur du triomphe. Mais les femmes vaillantes de notre temps ne veulent pas rester en quenouille. Omphale n'enchaînera plus Hercule à ses pieds ; elle lui donnera plutôt des leçons d'adresse et d'audace.

Voyez toutes ces beautés parisiennes qui affrontent les fatigues des luttes sportives : elles sont loin des marquises de la Régence qui s'ennuyaient sur le sopha de leur boudoir. Quand l'heure est venue, elles ont autant d'esprit que leurs grand'mères; en voulant être fortes, elles n'ont pas renoncé à leur héritage de grâce, et je n'en veux pour preuve que Mme la comtesse de Clermont-Tonnerre.

Il semblerait que Mme de Clermont-Tonnerre cherche par ses violents exercices à dompter une organisation puissante, trop riche et que, brisée le soir par la fatigue, elle ne paraît que rarement dans le monde. Et c'est là encore l'un des contrastes charmants de cette étrange nature. Elle est femme du monde exquise, d'une très élégante recherche, gracieuse avec tous, mais de cette gracieuseté de grande race qui ne se peut acquérir. Pour savoir porter comme personne une amazone et tenir une bride, on n'est pas moins habile, quand on a du sang des Riencourt dans les veines, à manœuvrer une traîne et jouer de l'éventail!...

Que dire de plus que tout ce que dit le monde partout où passe Mme la comtesse de Clermont-Tonnerre : « Elle est charmante. »

M. CAZE DE CAUMONT

L'absence de tout principe défini, de toute règle reconnue et adoptée, laisse aujourd'hui l'école française proprement dite, pour ainsi dire, reléguée à l'état de souvenir légendaire. Cet état de choses, regrettable au point de vue général, ouvre nécessairement le champ aux méthodes fantaisistes, aux innovations invraisemblables, aux panacées universelles. L'opinion ignorante, indécise et tâtonnante, prend au sérieux de prétendues découvertes dont les rengaines surannées, réduites depuis longtemps à l'impuissance, cherchent à se faire jour au milieu du désarroi général.

Ce que j'ai lu en ces derniers temps d'ouvrages et de brochures sur l'équitation ne saurait se chiffrer. Je n'ai pas trouvé une idée neuve, un précepte inédit. Cette avalanche de théories peut se résumer en deux catégories : appropriation plus ou moins adroite de principes oubliés et méconnus; naïve exposition de procédés bizarres dont la pratique la plus élémentaire ne tarderait pas à faire prompte et bonne justice.

Cela tient à deux causes principales : d'abord il est impossible de rien inventer en équitation, le dernier mot a été dit depuis longtemps. Les principes ne manquent pas, la manière de les appliquer fait seule défaut. Puis, dans un art de cette nature, on n'explique pas, on démontre; la pratique doit toujours précéder la théorie; sinon elle est nulle et non avenue. Aussi, si j'ai lu beaucoup de livres et de brochures, j'ai vu peu de chevaux dressés. C'est par là qu'il aurait fallu commencer.

S'il existe une chose réelle et positive à notre époque, en équitation, je ne m'occupe pas d'autre chose, elle réside dans l'examen des individualités saillantes. Celles-là se produisent à la manière des boulets de canon, elles sont parce qu'elles sont, et s'imposent parce qu'il n'y a pas moyen de les nier. D'ordinaire, elles parlent peu, mais agissent beaucoup ; dans un art pratique, je tiens essentiellement à la démonstration pratique, sinon pour moi il n'existe pas.

C'est pour cela que je trace aujourd'hui le portrait de M. Caze de Caumont ; j'hésite d'autant moins à le faire qu'il m'a été donné depuis longtemps de voir et d'apprécier cet homme de cheval, qui a appris à une bonne école l'alphabet de l'équitation.

M. Caze de Caumont, qui s'est acquis une grande renommée, comme homme de cheval, est hardi, vigoureux et monte à cheval avec aisance ; il a étudié très sérieusement l'équitation savante, qui a vraiment sa raison d'être ; car, contrairement à l'opinion d'une foule de gens, l'équitation savante donne à celui qui la pratique, comme le fait M. de Caumont, un tact, un à-propos, une spontanéité d'action que ne peuvent jamais obtenir, à de bien rares exceptions près, ceux qui ne l'ont pas pratiquée. M. de

Caumont n'est pas seulement en état de dresser un cheval, mais il peut en faire dresser sous sa direction. Ses succès en équitation sont connus, du reste, de toutes les personnes suivant les séances de la Société de l'*Étrier*, fondée par M. le comte de Cossé-Brissac et M. Jules Pellier.

M. Caze de Caumont ne pratique pas seulement l'équitation savante. C'est également un cavalier de dehors, et comme il sait que l'équitation de manège et militaire n'a jamais eu de succès en chasse à courre et que beaucoup d'excellents cavaliers, selon ces principes, ont été victimes de leur belle position, il pratique l'extérieur en homme de cheval.

Cette méthode est excellente surtout pour les sauts d'obstacles qui peuvent se présenter à la chasse.

Le saut à la chasse ne se pratique pas de la même manière qu'en steeple. Dans le premier cas, le saut doit se faire doucement, tandis que dans l'autre il doit s'exécuter rapidement et à bonne allure, et pour ainsi dire *en volée*. Mais à la queue des chiens, ce n'est pas la même chose, le terrain n'a pas été examiné d'avance, et jusqu'à ce que le cheval atteigne l'obstacle et prépare son élan, il ignore l'importance du saut qu'il doit exécuter. Si donc on le mène grand train vers les clôtures des champs, il n'aura pas le temps de calculer son effort et fera des fautes continuelles. Mais si on le mène au *canter* ou galop de chasse avec aisance, bien assis, il peut mesurer son point de départ et l'effort musculaire qui doit lui faire franchir le fossé, s'il y en a un. Cette méthode, et c'est en la suivant que M. de Caumont s'est montré véritablement homme de cheval, procure en outre l'avantage de pouvoir arrêter court, si on trouve devant soi une mare, une sablonnière ou un chemin très creux. Il faut donc s'attacher à avoir des chevaux très calmes, car c'est celui qui sera le plus calme qui fera moins de fautes dans une saison de chasse, et le seul moyen d'avoir des chevaux sages, c'est de faire comme M. de Caumont, c'est-à-dir les dresser soi-même.

Partout où il faut sauter en hauteur, plus le cheval arrive len tement, mieux il peut s'enlever pourvu que ses foulées soient ca dencées et ses jambes de derrière bien sous lui. Personnellement je préfère un cheval qui aborde les clôtures à une allure asse rapide, pourvu que l'on soit sûr de pouvoir s'arrêter, si cela de vient nécessaire. Un animal sans contrôle est toujours dangereux mais en dehors de cela je ne vois guère de milieu pour le confor et la sûreté entre la *méthode rampante* qui peut à peine être tro lente et le galop de chasse régulier tel que le pratique M. de Cau mont.

M. de Caumont, en habile praticien, sait agir avec jugement, so assiette est bonne, sa main est juste, c'est la raison pour laquell ses chevaux sont toujours parfaitement mis.

LA MARQUISE DE ROCCAGIOVINE

Équitation ayant toujours voulu dire « monter à cheval », c'est tout enfant que la marquise de Roccagiovine, une des plus jolies femmes de la haute société romaine, a appris cet art, qui fait partie encore en Italie de l'éducation de toute personne de naissance.

Mise à cheval dès qu'il a été matériellement possible de le faire, la jeune marquise, dont l'éducation a été dirigée par des hommes expérimentés, est arrivée à être une femme de cheval fort habile.

A peine jeune fille, elle affrontait l'épreuve décisive du fox-hunting et ce grand enseignement lui permet aujourd'hui d'être une des plus intrépides amazones de la *Società Romana della Caccia alla Velpo* (1), à la tête de laquelle se trouve son mari, le marquis de Roccagiovine, comme *Master of the Hounds.*

D'une solidité à toute épreuve, base première de toute équitation, d'un sang-froid et d'une audace extraordinaires, la marquise de Roccagiovine n'est arrêtée par aucun obstacle ; elle les aborde toujours juste et franchement ; parce qu'elle a appris qu'un ruisseau se passe avec du train et qu'au contraire une barrière fixe s'attaque sagement. C'est pour cette sportswoman une telle affaire d'habitude qu'elle s'y livre non seulement avec habileté, mais encore avec une liberté de faire que l'on ne trouve jamais chez l'amazone qui ignore les périlleux déduits du *Full cry.*

La position à cheval de la jeune marquise est aisée, élégante, correcte ; et son cheval accepte sans révolte sa « main de fer enveloppée d'un gant de velours », il travaille toujours gaiement et avec tout l'entrain de sa « nature », *puissant dans sa hanche et galant dans sa bouche*, suivant une vieille expression que me citait souvent mon ancien écuyer en chef à Saumur, le général L'Hotte.

La marquise aime le cheval, pour le cheval ; et elle le pratique en véritable dilettante ; car, ne vous y trompez pas, l'équitation est une jouissance, jouissance morale et physique, si étrange que cela puisse paraître à beaucoup de gens. Assurément, pour la ressentir, il faut certaines aptitudes et surtout avoir la passion du cheval, mais il en est comme cela de tout en ce monde. Quand on est doué des unes et possédé de l'autre, c'est une source intarissable d'études et de plaisirs, bien plus, de voluptés, on recommence tous les jours et on ne se lasse jamais, soit qu'enfermé dans un manège l'on cherche, par la savante décomposition des mouvements de

(1) La Société Romaine de la chasse à courre.

l'animal, l'harmonieuse cadence de ses « airs » les plus relevés, soit qu'en plein air l'on se prenne à écouter, résonnant sous soi, le branle précipité du galop de l'un de ces admirables chevaux de pur sang, qui, s'en allant à travers champs, le cou tendu, la

DONA GIOVANELLA CAËTANI

tête allongée, les naseaux ouverts, rasent le sol dans une merveilleuse vitesse ! Ce sont là les deux extrêmes ; mais chacun d'eux a sa poésie, son charme, sa volupté. Chagrins, inquiétudes, ennuis, mauvais souvenirs, vous laissez tout derrière vous et vous êtes emportés sur les ailes du vent, jusque dans les domaines enchantés du pays des rêves, où se retrouvent les bonheurs évanouis ! C'est, à notre avis, une des suprêmes jouissances données par Dieu à l'homme ou à la femme ; bien peu d'autres laissent moins de regrets après elles et se renouvellent aussi facilement.

La marquise de Roccagiovine, en dehors de sa beauté, sympathique à tous et empreinte d'une originalité si distinguée, est une des femmes de cheval les plus remarquables de l'Italie.

A côté de la marquise de Roccagiovine, se trouvent quelques jolies amazones qui montent également fort bien à cheval. Parmi celles-là figure Dona Giovanella Caëtani : c'est une horsewoman hardie, aventureuse, pratiquant le fox-hunting tel qu'il se pratique en Angleterre. Le renard est pour elle la piste tracée, les chiens lui servent de drapeaux; et elle part derrière eux en se disant : Chacun pour soi, Dieu pour tous ! Sa nature et son tempérament la portent à pratiquer cette équitation audacieuse, qui n'est pas, croyez-le, une manière de mort subite, de casse-tête, où cheval et amazone s'en vont à l'aventure, et la vie du premier comme de la seconde remise au bon soin du hasard. Non. Elle est toujours parfaitement maîtresse de son cheval, elle le dirige, elle le ralentit, elle le pousse, elle le place là où elle veut, en d'autres termes elle le mène.

Dona Giovanella Caëtani est également une fort jolie personne, c'est une individualité marquante à tous les points de vue. C'est une entreprenante sportswoman, aussi hardie que la plus intrépide Anglaise; et lorsqu'elle apparaît à cheval à la *Caccia alla Volpe* de Rome, jamais homme accessible à ces deux grandes séductions, la femme et le cheval, n'a eu sous les yeux un plus adorable spectacle.

LADY WARWICK

La comtesse de Warwick, non contente d'être une des plus brillantes horsewomen du Royaume-Uni, est encore un écrivain de grand talent. Cette reine des salons d'outre-Manche, cette intrépide huntingwoman édite en ce moment, pour se reposer des fatigues de la dernière « season », les Mémoires de Joseph Arch, le membre du Parlement qui a tant fait pour le progrès de l'agriculture en Angleterre depuis 1872. La châtelaine de Warwick-Castle s'occupe également de questions philanthropiques, ce qui, du reste, lui laisse encore assez de loisir pour s'adonner à la littérature pure et goûter dans son rustique chalet d'Easton Lodge, en Essex, nos auteurs les plus divers, depuis Montaigne jusqu'à Maupassant en passant par E. Zola, Camille Lemonnier et Bourget.

Dès que les chasses de Melton sont commencées, la com-

CHEVAL DE CHASSE DE LADY WARWICK

tesse dépose la plume qu'elle remplace par la cravache, et elle est toute au *hunting*.

La présence de la femme aux chasses de Melton est relativement de date récente.

Cette innovation ne fut pas du goût des douairières. Les premières femmes qui eurent l'audace de suivre à cheval une meute de chiens courants furent frappées des excommunications majeures qui devaient être, un demi-siècle plus tard, fulminées de nouveau, avec aussi peu de succès, contre les bicyclistes du sexe féminin.

On n'a peut-être pas suffisamment rendu justice aux chasseresses à courre. Ces amazones ont été l'avant-garde de la grande armée de l'émancipation qui, pendant les vingt-cinq dernières années, a fait de si formidables progrès. Elles ont été les premières à franchir la barrière qui séparait les domaines autrefois réservés à chacun des deux sexes, elles ont enlevé aux hommes le monopole de l'un des divertissements dont ils étaient jadis les plus fiers et les plus jaloux, en attendant qu'une génération nouvelle de jeunes savantes, munies de diplômes en règle, vînt s'emparer de haute lutte de la plupart des professions naguère interdites à la plus belle moitié du genre humain.

Le fox-hunting jouit à présent d'une grande popularité chez les femmes, quoique beaucoup de chasseresses ne comprennent absolument rien à la poursuite du gibier. Mais qu'importe ! ce sont d'intrépides amazones éprouvant un véritable plaisir à franchir les barrières. Elles ne s'inquiètent guère de savoir si les chiens poursuivent le renard et si elles-mêmes poursuivent les chiens. Lorsqu'elles les rencontrent au pied d'une haie, elles n'hésitent pas à sauter au milieu de la meute et à continuer, ne reculant devant rien et enlevant d'assaut tous les obstacles.

Cela n'empêche pas la chasse à courre d'être un très beau spectacle même pour les profanes les moins disposés à renoncer aux douceurs du sommeil matinal pour se mettre à la poursuite d'un gibier en général assez inoffensif. Sans doute, un économiste qui calcule les frais d'entretien d'une meute a le droit d'être effrayé du prix de revient de la mort d'un renard. Il coûterait moins cher de nourrir ces animaux de poules et de faisans pendant toute l'année que de les tuer, en ayant recours à des moyens aussi ruineux. De même un philosophe qui a peu de goût pour les cruautés inutiles ne peut refuser toutes ses sympathies au cerf ou au lièvre, traqués par une meute de chiens.

En dehors des économistes et des membres actifs ou honoraires des sociétés organisées en Angleterre et sur le continent pour protéger les animaux contre la barbarie des hommes, la chasse à courre est pour l'élite des sociétés les plus civilisées non seulement un plaisir très vif, mais encore une véritable passion. Cet engouement est facile à expliquer : l'homme éprouve une sorte de bonheur inconscient à être rendu aux instincts primitifs de son espèce, il est né chasseur et a continué de l'être pour son agrément quand il n'y a plus été obligé par la nécessité. A la satisfaction de se sentir rendu aux conditions originaires de l'existence humaine vient s'ajouter l'attrait du danger. Sans doute, la chasse au cerf ou au renard n'est pas aussi féconde en émotions que la chasse au lion ou au tigre, mais les chutes de cheval ne sont pas rares dans un galop à fond de train où il n'est pas permis de s'arrêter devant un obstacle, et elles ne sont que trop souvent mortelles. Les belliqueux entraînements que provoque le plaisir d'affronter des périls qui n'ont rien de chimérique ne sont suspendus pendant de courts intervalles que pour faire place au spectacle, intéressant entre tous, des manœuvres exécutées par les chiens.

Mary M. Asquith

MISTRESS ASQUITH

La chasse à courre ou plutôt le *fox-hunting* est considéré en Angleterre comme un sport national, et si l'on veut avoir une idée de l'importance que les Anglais attachent à ce genre de sport, c'est dans la petite ville de Melton qu'il faut se transporter. Melton-Mowbray, dans le Leicestershire, est en effet la métropole du *fox-hunting*. Là se réunit tous les hivers l'aristocratie de la chasse au renard. Cette chasse commence en novembre et se continue cinq mois de l'année, durant lesquels les sportsmen et les sportswomen affluent de toutes les parties de l'Angleterre.

Le fox-hunting est un plaisir dont on ne se rassasie jamais quand on l'aime. Il n'est rien en effet comme la chasse au renard pour mettre en pratique cette maxime d'Horace : *Nec turpi ignosce senectæ.*

C'est Melton, où se trouvent toutes les célébrités du hunting, qui donne en quelque sorte le ton à la chasse du renard. Le titre bien connu de *Meltoniens* s'applique même bien moins aux habitants du pays qu'à une confrérie de vrais gentlemen qui vivent dans la localité et qui cultivent en commun la noble science avec toute l'ardeur qu'inspire à des hommes réunis dans le même cercle d'occupations ou de plaisirs un sentiment naturel de rivalité. Cette école se distingue surtout par le *style*, mot vague qui embrasse en même temps la manière de chasser, la tenue des chevaux et l'habillement des *sportsmen*. Le Meltonien, avec sa redingote rouge, sa casquette de velours noir, son pantalon de peau blanche et ses bottes surmontées de revers jaunes, représente le beau idéal d'un chasseur anglais. Un jeune homme qui aspire à se poser en héros dans le monde du sport cherche donc à faire ses premières armes dans la Société de Melton-Mowbray.

Parmi les gloires *meltoniennes* figure au premier rang mistress Asquith, la femme du sous-secrétaire d'État pour le *Home Department*. C'est une femme de cheval parfaite, montant à cheval depuis l'âge de dix ans, chassant dans un grand style et recherchant toujours le champ de chasse le plus hérissé d'obstacles. Elle n'a peur de rien, car elle a nerfs et courage, c'est-à-dire bonne santé. Mistress Asquith, née Margot Tennant, — sa famille se composait de douze enfants, — a été élevée à la campagne. C'est une fort jolie personne très recherchée par la société et qui comme jeune fille, s'est fait connaître par la publication de plusieurs romans à succès. Depuis son mariage, qui remonte à 1895, elle n'écrit plus, mais elle continue à être une des plus intrépides horsewomen de l'Angleterre, chassant à courre partout où il est possible de se livrer à ce noble déduict, et elle aime tellement ce sport qu'elle chasserait même dans les dunes de Sussex et les monts Cheviots (frontière d'Écosse), qui sont considérés comme les pays de chasse les plus difficiles et les plus dangereux.

Il y a cinquante ans, la descente rapide appelée le *fossé du diable*, en Sussex, n'avait été parcourue que par peu de cavaliers. On n'en citait que trois parmi lesquels figurait M. Mackenzie-Grieves, le célèbre homme de cheval, mort à Paris, il y a quelques années.

Mais aujourd'hui cette prouesse s'accomplit tous les ans, tant à la queue des chiens que par amusement, et ce n'est pas si difficile et si effrayant qu'on peut le supposer, pourvu que l'on ait un cheval dressé pour les dunes. Ces hunters ramassent instinctivement leurs quatre jambes dans un tout petit espace et les glissent deux à deux d'une façon indescriptible, par un battement successif et un peu latéral. En descendant cette montagne ou toute autre fort rapide, le cavalier doit, avant d'arriver au fond, rassembler son cheval et le tourner un peu avant d'arriver sur le terrain horizontal. Sans cette précaution, l'on tombe fréquemment, faisant naufrage au port. La vue du cheval s'obscurcit dans ces pentes rapides et, outre la difficulté de se retenir, il ne s'aperçoit pas qu'il arrive au terrain uni, ses pieds rencontrent trop tôt et il culbute. En général, le zigzag est la meilleure ligne à suivre pour la montée ; mais tant que la pente n'est pas à pic, on peut la descendre droit.

M. Mackenzie-Grieves me disait, en me parlant de ce *fossé du diable* qu'il avait franchi autrefois sans accident, que l'esprit méthodique des Anglais leur fait réglementer leur audace à la chasse, comme ils règlent un combat de boxeurs jusqu'aux limites de la vie ; et il me citait comme exemple un sportsman de Somersetshire qui avait l'habitude de se croiser les bras quand le hunter faisait une faute ; il tombait la poitrine et les mains bien garanties, mais le nez était souvent aplati, et comme la chose se pratiquait ainsi de tout temps dans sa famille, ses ascendants avaient eu tous le nez écrasé. Il se lassa cependant de cet aplatissement monotone et par la suite, devant les obstacles sérieux, il se mit à tenir, en cravache de manège, le manche de fouet, jonc de bon calibre : de la sorte, quand il tombait, le fouet se brisait plus ou moins, mais le nez était épargné.

Mistress Asquith n'a pas à craindre le sort de ce gentleman, elle sait présenter son cheval à l'obstacle et le lui faire passer sans accident.

M. GEORGES LANGUET

C'est une portraiture tout à fait séduisante que celle de Georges Languet, non parce qu'il est d'un abord sympathique, mais parce qu'il a à son actif une page militaire des plus glorieuses. Parlons d'abord du soldat, qui a conquis vaillamment, à la pointe de son épée, la médaille militaire, nous parlerons du sportsman plus tard.

Lorsque la guerre de 1870 éclata, Georges Languet appartenait au 8e bataillon de la garde mobile de la Seine. Son premier soin fut de demander un poste périlleux, qu'il obtint quelque temps après avoir été promu au grade de sergent. Infatigable et passionné pour tous les exercices des armes, le jeune sergent Languet ne tarda pas à se montrer un des sous-officiers les plus braves, les plus téméraires et les plus audacieux de son régiment.

Toutes les fois qu'il y avait des coups à recevoir ou à donner, on était certain de le trouver au premier rang. C'est ainsi qu'étant en éclaireur à Choisy-le-Roi, il culbute un avant-poste ennemi, fait le chef prisonnier et s'en revient tout tranquillement reprendre son service, comme si rien d'extraordinaire ne s'était passé.

Les notes de son chef de corps du reste disent en parlant de ce jeune sous-officier : « Le sergent Georges Languet n'a cessé de montrer la plus grande vigueur pendant toute la durée du siège de Paris, et a souvent donné des preuves d'une grande bravoure, en s'offrant comme volontaire pour marcher à l'ennemi et occuper des postes périlleux. »

Et le général de division d'Hugues ajoutait, aux notes du chef de corps Léger ce *post-scriptum* : « Excellent sous-officier, ayant toujours donné l'exemple du plus ardent patriotisme, homme d'action toujours prêt à marcher, calme au feu, intrépide soldat. »

Quand un sous-officier, un inconnu surtout, obtient de son général de division, à l'époque où remontent ces faits de guerre, des notes semblables, il a fallu qu'il fasse, vous pouvez m'en croire, de grandes et belles choses, et c'est ce que fit le sergent Languet pendant toute cette malheureuse campagne de 1870.

Malheureusement pour l'armée, le sergent Languet, aussitôt que le pays n'eut plus besoin de ses services, revint trouver son père qui l'initiait à son art, afin de se consacrer plus tard, le plus tard possible, à l'œuvre de ce dernier ; mais il n'en est pas moins resté militaire de caractère et d'esprit comme de maintien. Il est militaire dans le joli sens et aussi dans l'acception morale du mot, et il le prouve tous les jours en dirigeant de main de maître son importante maison de la rue de Villejust, où l'on compte près de trois cents chevaux qui font chaque jour le service de ses équipages de luxe.

M. Georges Languet n'est pas seulement un grand industriel, c'est encore un sportsman accompli.

En escrime, c'est un tireur classique, à la fois attaqueur, pareur et riposteur. La main est parfaite, vigoureuse, souple et rapide ; elle exécute les coups avec une finesse de doigté et une précision remarquables.

Comme tireur, il passe pour un bon fusil de Seine-et-Marne, où il chasse régulièrement pendant toute la saison. Au pistolet, il n'a pas son nom inscrit sur le tableau des primes du tir de l'avenue d'Antin, mais il pourrait y figurer en bonne place, car il est d'une certaine habileté. C'est encore un homme de cheval pratiquant l'équitation avec autant de succès que les autres sports ; il adore les chevaux, il les connaît bien, il en possède de très beaux.

Du reste l'installation de sa maison de la rue de Villejust, une maison modèle, telle qu'on en rencontre en Angleterre, ne laissant absolument rien à désirer, prouve que M. G. Languet aime et connaît le cheval. Il est difficile de trouver des écuries mieux comprises et mieux aménagées ; elles dénotent ses profondes connaissances d'hippiâtre.

Tous les matins vous le voyez, malgré ses nombreuses occupations, faire le tour du Bois, en compagnie de ses charmantes jeunes filles. Bien assis dans sa selle, tenant son cheval dans ses genoux nerveux, M. G. Languet appartient à l'école du comte d'Aure ; et lorsqu'il lui arrive de sortir seul, il s'en va bien vite aux obstacles ; il adore l'équitation hardie et il aborde aussi bien le *double poste and rail* qu'un bank.

Il ne faut pas croire que l'amour du sport empêche M. G. Languet d'être à son affaire. Ce serait une grave erreur. Du reste, ceux qui auraient quelques doutes à ce sujet n'auraient qu'à entrer un de ces matins dans son établissement modèle de la rue Villejust, ils verraient à l'heure matinale où tout s'éveille, s'organise et se transforme, l'ancien sous-officier de garde mobile du siège de Paris, allant et venant, jetant partout le coup d'œil du maître, entouré de piqueurs qui viennent recevoir ses ordres, réprimandant les uns, encourageant les autres, blâmant ceci ou approuvant cela et, en somme, recevant de tous les marques de déférence que les inférieurs accordent seulement à ceux-là qui sont à la hauteur de la mission qui leur est échue.

Marie Wodzińska

MME MARIE WODZINSKA

Fille du peintre F. Kastrewski, qu'on a surnommé le Gavarni polonais, Mme Marie Wodzinska passe, à bon droit, comme une des plus élégantes écuyères de Varsovie.

De taille moyenne, svelte et gracieuse, douée d'un charme instinctif et belle surtout par la grâce harmonieuse de ses mouvements, Mme Wodzinska est une individualité transcendante, dont la physionomie très personnelle forme un cadre bien approprié à son caractère. Son regard direct, limpide et clair, qui vise le but par-dessus tous les obstacles, montre bien l'inflexible détermination de ses volontés, son nez aux narines fines et dilatées, ses cheveux plantés haut sur son front hardiment découvert, complètent cette figure d'amazone fougueuse et intrépide, et, lorsqu'elle apparaît à cheval, elle est adorablement séduisante.

Elle est à cheval dans une manière à elle, souple, gracieuse et correcte, et ses amazones sont des chefs-d'œuvre qu'elle porte avec une grâce inimitable.

A cheval, la finesse et la distinction seront toujours des conditions indispensables pour rendre une femme agréable à regarder; si elle substitue la force à la grâce, la violence au tact, non seulement elle offre un spectacle pénible à voir, mais tout charme est rompu.

Mme Marie Wodzinska procède de l'École française, elle a le sentiment du comme il faut et elle monte à cheval réellement. Ses chevaux, tout en étant assouplis, conservent cependant leur initiative. Ils obéissent, on le voit, à des effets de tact, en un mot font de la belle et bonne équitation. Tout mouvement est obtenu sans effort appréciable chez l'écuyère comme chez l'animal.

Au dedans comme au dehors, Mme Wodzinska monte le premier cheval venu. Autant dans le manège elle est savante et harmonieuse, autant au dehors elle est aisée et entreprenante comme la sportswoman la plus intrépide du Royaume-Uni. Douée d'un tact et d'un sentiment particuliers, Mme Wodzinska arrive très promptement à équilibrer son cheval et à le rendre léger. Son travail est toujours fin, délicat, gracieux et très agréable à voir. L'animal semble obéir à sa propre impulsion, bien plus qu'à une indication quelconque, et il semble se plaire sous cette domination dissimulée.

Il y a vraiment plaisir à voir travailler cette femme gracieuse, jolie et élégante qui obtient de son cheval toutes les jouissances qu'elle est en droit d'en attendre.

Au reste, un talent de premier ordre se rencontre rarement chez une femme ordinaire. En effet, Mme Wodzinska est une individualité marquante à tous les points de vue. Elle occupe, en Pologne, pays où les lignes de démarcation entre les différentes classes de la société sont beaucoup mieux définies que chez nous, une position exceptionnelle, qu'elle doit à la fois au prestige de son talent et à la respectabilité de sa personne.

La femme de cheval remarquable qu'est Mme Wodzinska est encore une aquarelliste fort distinguée : elle a exposé avec beaucoup de succès du reste quelques-unes de ses œuvres, et parmi celles qui ont été les plus admirées il faut placer en première ligne des études de chevaux. Elle a également écrit un livre fort intéressant, *l'Amazone*, qui n'est autre qu'un manuel pratique d'équitation pour dames. Et, à ce propos, disons que le cheval de dame devrait être le plus parfait des hacks, au lieu d'être, comme cela arrive souvent, une brute inutile, bonne à fusiller. Cela provient souvent aussi du dressage qui demande à être fait avec le plus grand soin.

Pour dresser le cheval de dame, s'il a un bon caractère et la bouche fine, il n'y a guère à lui enseigner que le *canter* sur le pied droit. Cela doit être ainsi, parce que, en raison de l'attitude de côté que les dames ont sur la selle, le galop sur la jambe gauche est désagréable. L'écuyer doit donc dresser le cheval sur le pied droit et persévérer jusqu'à ce que le cheval soit rompu à cette allure. Il faut aussi que le cheval soit bien mis et galope bien sur les pieds de derrière, et non avec l'allure désunie que l'on voit si souvent. Il faut pour cela employer la bride, mais sans trop peser dessus ; le cheval doit apprendre ce qu'il doit faire par la finesse du doigté et non par force, par des pressions de mors légères et intermittentes, sans se pendre aux rênes. C'est ainsi et graduellement, sans aller trop loin, que l'on s'empare de la tête, que les jambes de derrière sont poussées en avant, de manière à régler la bouche sans les pressions qui l'égarent, quand le cheval a été mis sur les hanches.

On peut boucler une couverture sur le côté droit pour habituer le cheval au ballottement du vêtement. M. de Lagondie, auquel nous empruntons ces conseils, trouve que l'on peut se dispenser de cet appareil, car, et en cela nous sommes de son avis, tous les chevaux de bon caractère, quand les allures et la bouche ne laissent rien à désirer, supportent les ballottements de l'amazone.

Le mari de Mme Wodzinska, qui est également un homme de sport, a fondé, avec le comte Krasinski, le Tattersall de Varsovie.

LE CAPITAINE DE VÉZIAN

Aujourd'hui, que la bicyclette règne en souveraine, on ne monte presque plus à cheval en France; et les gentlemen-riders, dans l'acception stricte du mot, se font de plus en plus rares. Dans le monde militaire, nous pouvons en citer encore quelques-uns ayant une grande valeur. A leur tête nous placerons le capitaine de Vézian, qui, ayant la passion du cheval depuis son plus jeune âge, est arrivé à être un de nos plus hardis, un de nos plus aventureux steeple-chasers.

Comme ses illustres devanciers, le comte et le vicomte de Montécot, de la Mothe, du Bouëxie, le vicomte de Lauriston, le comte Artus Talon, le marquis de Saint-Sauveur, de Saint-Germain, le comte d'Evry, le marquis de la Bigne, etc., etc., le capitaine de Vézian a commencé son éducation au manège, et cela ne l'a pas empêché de monter en course avec une réelle supériorité et dans un style parfait. Toujours maître de son cheval, il savait le diriger, de manière à le placer dans la course, où cela lui convenait, et faire son dernier « effort » au moment où il avait décidé de jouer ce dernier atout.

D'une solidité invraisemblable et d'une audace extraordinaire, le capitaine de Vézian peut être cité, de l'avis de tous les hommes de cheval compétents, comme l'un des plus intrépides steeple-chasers de notre époque, et il aurait certainement occupé le même rang à l'époque des Vaublanc, des Allouard, des Wilkinson, etc., époque où l'on ne se faisait pas une réputation à bon marché.

Cependant, il y a loin de l'organisation toute primordiale du steeple-chase d'alors à la physionomie de celui de nos jours qui ne présente plus que l'aspect d'une course déguisée. Cette transformation fort regrettable s'est opérée progressivement, à mesure que les chevaux de pur sang ont pris part à ces luttes, autrefois réservées à des chevaux de demi-sang ou d'origine non tracée au stud-book. Dès lors, aucune différence dans la manière de monter en course plate ou en steeple-chase n'existant plus, cette épreuve a perdu sa véritable signification et n'est plus le suprême critérium de la valeur d'un cheval. Le steeple-chase actuel a lieu sur un terrain hérissé d'obstacles que les plus médiocres chevaux de pur sang peuvent impunément affronter. On a dit, pour s'excuser, que les grands obstacles étaient dangereux pour le cheval ; le résultat a été bien peu d'accord avec cette intention, car, à mesure que les obstacles se sont abaissés, le nombre des reins cassés s'est augmenté, parce que des ficelles de pur sang ont été présentées dans ces courses ; on les a fait courir jusqu'à ce qu'elles fussent épuisées ; alors, devant quelque petit obstacle encore trop fort pour leurs facultés annihilées, elles ont planté leurs pieds de derrière dans le talus à franchir et se sont brisé les reins en tombant, parce que leurs fibres musculaires ne les soutenaient plus. Or, si l'on avait maintenu des obstacles plus sérieux, les chevaux de ce genre n'auraient jamais été engagés, et si on les avait présentés, ils auraient refusé le premier saut. Autrefois la ligne d'obstacles était formidable, souvent à un tel point qu'un ou deux chevaux seulement parvenaient au poteau d'arrivée ; le reste était arrêté par suite d'accidents ou refusait de franchir quelque obstacle effrayant. Malgré la grandeur et la nature impraticable des obstacles, il arriva peu d'exemples de cas mortels ou d'accidents irrémédiables tant aux hommes qu'aux chevaux.

La Croix-de-Berny fut, en France, le berceau du steeple-chase. C'est, comme on sait, un carrefour situé sur l'ancienne route d'Orléans, se croisant avec celle de Choisy à Versailles. Aux alentours, le pays se prêtant merveilleusement aux exigences de la course avec obstacles naturels, cette localité fut choisie pour le théâtre des premiers essais du steeple-chase. Du reste, même en Angleterre, on ne saurait trouver un emplacement plus favorable.

Le premier steeple-chase couru en France le fut le 1er avril 1834, dans la vallée de la Bièvre, près Jouy. Le rendez-vous était à la Croix-de-Berny. La course fut gagnée par *May-Fly*, jument grise appartenant à M. le vicomte de Vaublanc et montée par son propriétaire. Elle battait *Napoléon*, monté par le capitaine Allouard ; *Reamincy*, par M. Wilkinson ; *Guitare*, appartenant à M. le duc d'Orléans ; *Sir Rob*, monté par M. de Normandie, et *Sidney*, appartenant à M. Charles Laffitte, monté par M. Horlock.

C'est dans cette course, au passage du talus qui sépare les champs de la route, que se tua le célèbre *Barca*, appartenant à lord Henri Seymour.

M. de Vézian, qui a promené ses couleurs victorieuses sur tous les hippodromes de France, est non seulement un steeple-chaser de grand style, mais un homme de cheval très remarquable, pratiquant aussi bien le manège que l'extérieur.

A notre avis, un véritable homme de cheval doit savoir indifféremment pratiquer les deux méthodes. L'équitation a pour but d'apprendre à se servir de n'importe quel cheval, quel què soit le dressage qu'il ait reçu. On peut le monter dans telle ou telle manière; mais il faut pouvoir le faire dans n'importe laquelle, de façon à se tirer d'affaire, sinon l'équitation ne serait plus qu'un mot.

Mme M.-J. DE PARSEVAL

Grande, élancée, une grâce élégante de haute patricienne, des cheveux splendides, des yeux dont la sereine lumière semble renfermer un morceau d'infini : telle Mme M.-J. de Parseval.

Une sportswoman et une mondaine.

Partageant ses loisirs entre la Sologne, le Nivernais et l'Anjou, tous ceux qui l'ont vue ont présents à la mémoire sa tenue sans rivale à cheval, sa hardiesse, qui ne connaît pas d'obstacles, ses exploits cynégétiques sans nombre.

Élevée en Angleterre, cette terre classique du sport, Mme de Parseval est une vraie sportswoman préférant de beaucoup les chasses de Pau avec ses débuchers, aux chasses des forêts des environs de Paris, et pourtant c'est une passionnée du vieil art de la vénerie française appréciant mieux que personne le travail des chiens. Elle est douée d'une énergie remarquable ; les sports violents et la vie à l'air libre ont su développer chez cette jeune mondaine cette culture intellectuelle qui donne tant de saveur à la conversation des femmes.

Elle s'adonne avec le même entrain au canotage, à la bicyclette, au tennis. Habitant une partie de l'année sa terre de l'Orléanais, elle se livre avec une grande activité à la chasse à tir, au milieu des innombrables compagnies de perdreaux de la Beauce.

Profitant également du voisinage de la Loire, elle se passionne pour la chasse aux canards pendant les temps froids.

D'un caractère ouvert et très souple, elle pratique avec une franche gaieté tous les sports, tout en conservant le charme et cette douceur féline, apanage si séducteur de la femme.

Son penchant le plus prononcé a toujours été pour les chevaux ; fille du propriétaire du beau haras de Chamant, son œil a été habitué dès le plus jeune âge à contempler plusieurs gagnants du Derby et du Grand Prix, les suivant avec intérêt, depuis le jour où ils commençaient à gambader autour de leurs mères, dans les prairies verdoyantes, jusqu'au jour où ils débutaient à Longchamps, après avoir passé par toutes les phases si intéressantes de l'entraînement.

Formée de bonne heure au maniement du cheval, Mme de Parseval est arrivée à manier la bête la plus difficile comme un instrument docile, passif et sans résistance.

Comme tous les artistes passionnés de leur art, cette grande virtuose est insatiable en sa passion pour le cheval qu'elle monte naturellement, d'intuition, comme une Anglaise qui a le génie de la chose.

Autrefois, il n'était pas de bon ton pour une femme de se livrer à la pratique du sport. La marquise d'Aylesbury conduisant elle-même son *duke* aux Champs-Élysées révolutionnait les passants, et le pistolet de la duchesse de Montpensier faisant son carton à côté de son mari effarait la sainte reine Marie-Amélie et les dames de la cour de Louis-Philippe. Il ne fallait rien moins que le respect attaché à la personne de la duchesse d'Angoulême pour que le faubourg Saint-Germain lui pardonnât de faire chaque soir sa partie de billard à Goritz ou à Froshdorff, et la natation semblait chez le sexe faible un trait de hardiesse que désapprouvaient les familles à principes.

Aujourd'hui, que tout cela est changé ! La gymnastique et tout ce qui se rattache au sport aquatique ou terrestre ont droit d'entrée dans les maisons les plus sévères. Les courses, les concours hippiques ont développé pour la femme le goût du cheval ; la dernière guerre l'a accoutumée à l'odeur de la poudre, tant et si bien, qu'elle fait à présent le coup de fusil contre les lièvres et les lapins à rendre des cartouches aux hommes ; enfin, l'extension croissante de l'art de l'escrime, sa présence aux assauts d'armes lui ont donné à son tour l'envie de manier le fleuret. *Isabelle* commence à jouer avec le fleuret de *Dorante*, par plaisir de tuer le temps avec lui, et, un beau matin, finit par le boutonner sans crier gare.

Ce n'est pas seulement comme sportswoman que Mme de Parseval a conquis sa célébrité mondaine ; ses mérites comme écrivain et comme peintre ne sont pas moins dignes d'être cités.

Tout en écrivant ses notes et croquis de sportswoman qu'elle signe *Pug*, elle peint des sujets de sport le plus merveilleusement du monde, et on a pu voir, au Concours hippique et à l'Exposition des chiens, des spécimens de son talent, qui défie celui des meilleurs peintres de sport.

N'allez pas croire que le pinceau occupe exclusivement les loisirs de Mme de Parseval. Elle aime le monde, heureusement pour lui ; elle y brille, car elle sait mener de front la vie sportive et la vie mondaine.

M. PIERRE DE KROUTIKOV

Molier, le célèbre circoman de la rue Bénouville, a fait école; et c'est en Russie, à Kiev, que se trouve un de ses disciples. Quand je dis un de ses disciples, je me trompe, car M. Pierre Silvestrovitch de Kroutikov est plutôt un imitateur.

Fils d'un général et neveu du célèbre général Dragomirov, ce sportsman, après avoir fait ses études de droit à l'Université impériale de Saint-Vladimir, à Kiev, entra au service militaire et fut pendant près de cinq ans attaché au général Dreuteln, le gouverneur du Sud-Ouest de la Russie.

Après avoir vaillamment accompli son service militaire, d'où il sortit avec l'ordre de Saint-Stanislas, M. de Kroutikov se consacra entièrement au dressage du cheval qu'il aimait par-dessus tout, ce dont nous ne saurions trop le féliciter, par le temps de vélocipédie qui court.

Possédant une très belle fortune, qui lui permettait de vivre d'une manière tout à fait indépendante, il abandonna l'armée, où il aurait pu occuper une très belle position, pour se faire circoman.

Tout jeune, alors qu'il était encore au collège Paul-Galagarine, il avait déjà l'amour du cheval, il l'avait tellement qu'avec ses économies il acheta un jeune poulain qu'il éleva lui-même, en le nourrissant avec du lait de vache. Les quelques loisirs qu'il avait étaient consacrés à l'éducation de ce poulain, qui le récompensa de ses peines, en devenant, à l'âge de quatre ans, un des plus beaux étalons de la contrée. *Wassika* — tel fut le nom que M. de Kroutikov donna à son premier élève — ne tarda pas à devenir un cheval savant. Il exécutait des tours comme un véritable acrobate et jamais chien n'était arrivé à une aussi grande perfection de dressage. Il était vraiment intéressant à voir, et les quelques amis auxquels M. de Kroutikov l'avait montré ne tardèrent pas à chanter sa gloire dans tout le pays; aussi tout le monde demandait à voir les tours de force de *Wassika.*

Mais M. de Kroutikov, qui travaillait pour son plaisir, ne crut pas devoir ouvrir les portes de son manège au public; ne se doutant pas qu'il arriverait un jour où, ne se sentant plus maître du mouvement, il serait obligé de subir l'invasion étrangère, tout au moins dans une certaine limite.

C'est ce qui est arrivé du reste à Molier, qui n'avait jamais songé, lorsqu'il s'est installé rue Bénouville, qu'il serait forcé de renoncer à ses goûts, à ses habitudes, en ouvrant deux fois par an les portes de son cirque à la société parisienne.

Le cirque de M. de Kroutikov, sur les murs duquel se lit cette devise :

Plus je connais les hommes,
Plus j'aime les chevaux,

est fort beau. On sent que l'homme qui l'a installé est un homme

Mlle ARBELLI

de cheval remarquable, un cavalier de premier ordre et un dresseur qu'on peut mettre sur la même ligne que Claude Loyal. Depuis que M. de Kroutikov s'adonne à l'équitation de cirque, toutes ses qualités natives se sont concentrées en vue de cet objectif. Du reste, c'est un homme d'un talent de premier ordre, d'une volonté inébranlable, d'une énergie sans limite, faisant tout par lui-même, abordant de front les plus épineuses difficultés de l'équitation au lieu de les tourner en achetant des chevaux tout dressés. Un cheval dressé par un étranger n'a aucune valeur pour lui et il ne voudrait pas, cela se comprend, se parer des plumes du paon. Il met tout son amour-propre à présenter le résultat de son propre travail. Beaucoup d'écuyères ont été faites par lui, et parmi celles qui ont été les plus brillantes il faut citer :

Mlles Arbelli, Sisova, la princesse Mestchenskaja, la baronne Engelstrohm et Mme Nitouchevskaja.

Mlle Arbelli est aujourd'hui écuyère au cirque français Jean Godefroy. Elle débuta chez M. de Kroutikov avec un immense succès et ce succès va chaque jour en augmentant. Il faut espérer que le jour où les cirques de Paris abandonneront le genre beuglant qu'ils ont adopté depuis quelques années, pour revenir au travail équestre, nous aurons le plaisir d'applaudir cette jeune et jolie femme.

Mlle Arbelli offrait à M. de Kroutikov un terrain admirablement préparé du reste ; car, à l'âge où les autres jouent avec des poupées, elle commençait à se mettre en selle, et lorsqu'elle fut en âge d'avoir des chevaux, elle s'empressa d'en avoir deux et l'envie lui prit alors de s'occuper elle-même de leur dressage. C'est ainsi qu'elle fut amenée à venir demander à M. de Kroutikov de vouloir bien lui donner quelques conseils.

Ses progrès furent très rapides et les résultats obtenus furent si brillants que M. de Kroutikov n'hésita pas à la produire en public.

A côté des écuyères et des écuyers formés par ce sportsman, il convient aussi de placer les chevaux qu'il a dressés ; parmi ceux-là il en est un qui mérite une mention spéciale : c'est *Mogoutchi*.

Mogoutchi était un cheval sauvage qui ne connaissait absolument que le désert. Le travail fut fort difficile et fort long, car il fallait d'abord dompter l'animal et le soumettre, à force de patience ; il finit par triompher de cette nature rebelle et, au bout de peu de temps, Mogoutchi était dressé comme un véritable chien savant. On le faisait aller dans une chambre, regarder les passants à la fenêtre, se mirer dans une glace, et, s'il n'obéissait

Mlle SISOVA

pas, on l'envoyait en pénitence dans un coin, en attendant son pardon.

Les tours exécutés par les autres chevaux sont tout aussi extraordinaires ; ainsi l'un d'eux traverse, monté par M. de Kroutikov, un petit pont de 6 mètres de long sur 8 centimètres de large. Avec un autre cheval, il traverse le cirque dans sa largeur en le faisant marcher sur des bouteilles. Un autre compose sur une table des mots qu'on lui écrit sur un tableau noir ; un quatrième joue aux dominos, un cinquième vient présenter des programmes aux spectateurs, un sixième agite une sonnette devant chaque

PRINCESSE MESTCHENSKAJA

personne debout et il sonne jusqu'à ce que cette personne soit assise.

Aussi se rend-on compte de la curiosité qui fut éveillée dans la haute société de Kiev quand on connut les exploits de ces chevaux. Au début, ce furent, à très peu de chose près, les amis du courtois amphitryon, M. de Kroutikov, qui en étaient les hôtes ; et l'assistance féminine faisait absolument défaut. Mais depuis 1890 la vogue devint telle que les mondaines demandèrent énergiquement à pouvoir, elles aussi, faire la connaissance de ce fameux cirque.

Cette réclamation parut légitime au jeune directeur qui, pour y faire droit, fit construire alors, dans la rue Vassilkovskaja, le

BARONNE ENGELSTROHM

coquet hippodrome, où il donne aujourd'hui ses représentations gratuites.

Un des numéros les plus intéressants de ses représentations est de le voir conduire dix étalons isabelle à queues et crinières blanches. Son entrée est vraiment un spectacle fantastique.

Parmi les jeunes gens du meilleur monde qui ont voulu travailler avec M. de Kroutikov et qui ont réussi, il faut citer M. Paul de Sokolowski, professeur de droit romain à l'Université impériale de Saint-Vladimir, qui est arrivé à être un écuyer hors ligne et un voltigeur de premier ordre. Il lui arriva un jour une aventure assez curieuse.

Dans un voyage, qu'il accomplissait à cheval de Kiev à Vienne et Berlin, pendant l'été de 1895, il fut arrêté à la frontière autrichienne. On le prit pour un officier russe habillé en bourgeois et on le conduisit à la prison de Lemberg, d'où il fut transféré quelques jours après à la prison de Douklia. Il eut beau protester, décliner ses nom et prénoms, faire connaître sa profession de professeur de droit, on ne voulut rien entendre, parce que, lui disait le juge chargé de son interrogatoire, il montait trop bien à cheval pour ne pas être un officier. On finit cependant par le rendre à la liberté, après lui avoir fait passer un véritable examen de jurisprudence.

Remis en liberté, M. de Sokolowski reprit sa route, et le cavalier et sa monture *Armitka* accomplirent vaillamment leur tâche.

La plupart des chevaux dressés par M. de Kroutikov sont des chevaux de la Sibérie, du lac Baïkal, des karabaïrs du Caucase, des chevaux arabes élevés en Russie, un cheval du Japon et deux zèbres.

Plus l'animal est volontaire, plus il offre d'intérêt pour ce sportsman que rien ne rebute et qui peut être cité comme le premier circoman de son pays.

Je vais parfois, le jour, dans les coulisses du cirque. Le cheval est le seul acteur qui ne perde pas à être vu en déshabillé et ailleurs que sous la clarté factice du gaz. Consignons brièvement quelques vérités et dévoilons certains secrets.

On réussit à faire accomplir par le cheval les choses étonnantes qu'on sait, en se servant de ses défauts. Je passe sous silence cette profonde étude du cheval que l'écuyer doit faire. Son élève a au plus haut point le sentiment de justice. Il a surtout le sentiment d'association des idées. — Tel mouvement fait par l'écuyer doit être toujours accompagné d'un autre mouvement fait par lui-même.

Mme NITOUCHEVSKAJA

Le travail en liberté, qui paraît plus difficile que le travail de haute école, l'est, en vérité, bien moins. Un cheval de haute école a besoin de répétitions presque journalières. Au contraire, un cheval qui, par exemple, cherche le mouchoir, saura le chercher encore, s'il devient cheval de fiacre.

D'ordinaire le cheval, comme certaines actrices, est meilleur à la répétition que dans la représentation publique. La musique l'émeut, malgré toutes les préparations. Elle l'émeut, non pas à la façon du chien qu'elle étire presque voluptueusement, — elle l'agite violemment, le passionne. Le chien est un poète, — le cheval est un soldat! Surtout les applaudissements troublent le cheval. Quelques badauds ont cru que son amour-propre était ainsi excité. C'est beaucoup dire. Certes, le cheval a beaucoup d'amour-propre, — mais il n'entend dans les battements de mains qu'une sorte de claquements de fouets.

La préparation aux applaudissements est des plus longues.

Heureusement, le cheval, qui a toutes les brillantes qualités, n'a pas une grande intelligence. Il est inférieur en esprit dans le monde des bêtes — ce monde si fin.

Seule sa puissante faculté de mémoire en fait l'être merveilleux qu'on sait. Pour le bien connaître, il faut aller le voir chez lui, à l'écurie.

MME G. STROOBANTS

C'est, il y a quelques années, au concours hippique qu'il m'a été donné de rencontrer Mme G. Stroobants. Elle monta ce jour-là, d'une manière remarquable, *Orégon*, le cheval du marquis de Mornay, qui n'était pas, ce qu'on peut appeler, une bête commode.

Mme G. Stroobants n'est point une professionnelle ; elle est simplement « un amateur » comme son mari, un grand industriel de Liège, qui a chez lui un très grand cirque, où il donne des soirées équestres fort attrayantes. Les débuts à Paris de cette brillante sportswoman ont été fort remarqués, aux séances hippiques du Palais de l'Industrie, où elle a remporté le premier prix des sauts d'obstacles.

Mme G. Stroobants n'est pas seulement une femme de cheval, mais c'est encore une écuyère, mais une écuyère dans toute l'acception du mot, connaissant et pratiquant fort habilement la haute école. Son cheval, *Miss Helyet*, qu'elle a dressé elle-même, a été pour elle un vrai triomphe à la fête de charité donnée par le Cercle équestre de Liège.

A l'apparition de cette femme fine, jolie, gracieuse, d'une élégance irréprochable, s'avançant hardiment sur son cheval, un frisson d'admiration parcourut toute la salle. Ce fut bien autre chose au fur et à mesure que se déroulaient les phases brillantes du travail de *Miss Helyet ;* à la fin, c'était du délire, la salle croulait. Cette soirée a dû laisser dans la mémoire de Mme Stroobants le souvenir de l'un des plus brillants de ses nombreux triomphes.

Une magnifique couronne portant pour inscription : « Le Cercle des XVI à Mme Gustave Stroobants, Œuvre des pauvres honteux, 11 novembre 1892 », lui fut offerte ainsi que de nombreux bouquets à la fin de cette soirée. Une fois de plus, Mme Stroobants avait prouvé qu'un « amateur » pouvait faire tout aussi bien qu'une professionnelle.

L'équitation de cirque comporte des exigences dont on doit tenir compte dans son appréciation. Elle s'adresse au public, c'est-à-dire à tout le monde, et se trouve par conséquent avoir pour juges des spectateurs dont le plus grand nombre est absolument hors d'état de comprendre les difficultés, les finesses et le charme d'un véritable travail d'école. L'artiste se trouve forcément ici en face d'une double tâche assez épineuse : être applaudi d'abord, puis obtenir en même temps l'approbation de quelques rares adeptes d'une science dont les derniers errements passeront bientôt à l'état de légendes. La première de ces conditions représente une nécessité absolue ; la seconde, une satisfaction intime dont on pourrait, à la rigueur, se passer. Son absence, cependant, répugne à l'artiste assez intelligent pour avoir la conscience de sa valeur réelle, et faire à part lui, des applaudissements qu'il est obligé de rechercher, le cas qu'ils méritent.

En dehors des tendances générales, sous l'influence desquelles l'équitation moderne s'est si étrangement métamorphosée, la spécialité de haute école dans les cirques a dû forcément ressentir les effets de ce goût de l'invraisemblable et de l'impossible si à la mode de nos jours. Il a fallu substituer les contorsions épileptiques à l'harmonie du mouvement, les attitudes antinaturelles, presque grotesques, à la cadence des allures natives.

Il est à remarquer qu'aujourd'hui on n'admet plus l'équitation comme spectacle qu'interprétée par une femme. Un écuyer, quel que soit d'ailleurs son talent, la finesse et le fini de son exécution, ne rencontre qu'un accueil glacial, dont le morne silence est seulement interrompu par les bravos de quelques fanatiques, aimant encore l'art pour l'art.

Au point de vue du plaisir des yeux, je suis loin de m'élever contre cette tendance : une jolie femme, montant bien un joli cheval, est, à mon sens, une des plus jolies choses de ce monde.

La manière d'une artiste s'imprègne forcément de sa personnalité ; cela est vrai pour toutes les spécialités, qu'il s'agisse de musique, de danse, de tragédie ou de comédie. Mais cette particularité s'accentue davantage en équitation où l'artiste doit non seulement régler ses mouvements et ses impressions propres, mais encore ceux d'un cheval, c'est-à-dire un être vivant auquel il doit communiquer une impulsion, et dont il faut en même temps dompter l'initiative et les résistances. Outre l'exécution, il y a ici la lutte, car une écuyère ne saurait être maîtresse des jambes de son cheval comme une danseuse l'est des siennes qui, dans la mesure de leur puissance, obéissent toujours à sa volonté. Aussi un des meilleurs moyens de se rendre compte du caractère et de la nature de quelqu'un est-il, à mon sens, de monter un cheval dressé par lui ; l'animal a gardé son empreinte, il est en quelque sorte *signé*.

Cette remarque peut s'appliquer à Mme Stroobants plus qu'à aucune autre, en ce sens qu'étant elle-même une des individualités les plus caractérisées qu'il m'ait été donné de rencontrer, elle est *elle*, toujours, partout, envers et contre tous et tout ; son travail, c'est donc elle tout entière. Aussi est-il empreint d'une volonté inflexible, d'une audace sans limites ; elle connaît le danger pour le braver, les difficultés pour les combattre et les vaincre. Elle ignore la concession comme les compromis avec elle-même, va droit au but, sans regarder ni à droite ni à gauche, surtout jamais en arrière ; rêvant l'impossible, elle le touche parfois, mais le cherche toujours. Si j'étais chargé de lui faire une devise, elle ne serait pas longue à trouver : *Droit devant moi*.

On comprend aisément qu'une semblable nature n'ait voulu confier à personne le soin d'ajuster les instruments dont elle joue, c'est-à-dire ses chevaux. J'ignore d'ailleurs qui aurait pu le faire ; son cheval, c'est elle, il devient si bien sa propre image, que je crois impossible à n'importe qui de le lui préparer.

LE COMTE GUILLAUME STARHEMBERG

L'équitation qu'on pratique à Vienne est empreinte de cette distinction, de cette élégance innée que représente si bien la population de Vienne.

Vienne! la seule ville de l'Europe où un Parisien puisse oublier Paris.

Comme l'école de Hanovre, l'école autrichienne s'inspire des traditions de l'Académie de Versailles, où elle a puisé les errements comme les principes qu'elle se fait gloire de continuer néanmoins, depuis quelques années, ces traditions se sont alliées à la manière anglaise, manière trop moderne du reste pour qu'il n'y ait pas, en tout pays, à compter avec elle.

Envisagée sous ce rapport, l'équitation autrichienne — on ne saurait le contester — présente un aspect essentiellement positif et pratique, dont les avantages sont assez sérieux pour qu'il en soit tenu compte.

Le comte Guillaume Starhemberg, premier lieutenant du 7e régiment de hussards, s'est chargé de nous en donner la preuve en arrivant premier dans la fameuse course Vienne-Berlin — 580 kilomètres — qui eut lieu en 1893, et pour laquelle il obtint le prix d'honneur offert par l'Empereur d'Allemagne. Le baron Reitzenstein, un officier prussien qui montait une jument noire, de pur sang anglais, *Hippspreinge*, arriva second.

Tout en rendant justice à la valeur personnelle du baron Reitzenstein, qui est un homme de cheval remarquable, tous ceux qui s'intéressaient à cette lutte hippique étaient convaincus que la victoire reviendrait à un officier autrichien, et cela parce que l'équitation allemande, j'entends celle qu'on pratique en Prusse, a le défaut d'éteindre, chez le cheval, toute initiative, toute spontanéité, et elle est exclusive du « train » pris dans la véritable acception du mot. Il est aisé de conclure que le cavalier doit ressembler à sa monture. N'est-ce pas de lui qu'émanent toute impulsion, toute direction ? N'est-ce pas lui qui la fait ce qu'elle se montre ? Il existe donc une corrélation si étroite entre eux que l'un réagit forcément sur l'autre, ce qui est, du reste, un fait consacré par cette vérité, nombre de fois démontrée, à savoir que « jamais un cheval ne peut être souple sous un cavalier raide, mais un cavalier souple peut assouplir un cheval raide ».

Néanmoins, cette course a prouvé que ces deux officiers, ainsi que les quelques autres qui ont accompli le trajet, étaient doués d'une grande énergie et pourvus d'une endurance extraordinaire. Tous ont reçu, en mémoire de ce brillant fait hippique, une médaille commémorative, qui leur rappellera qu'ils ont fait tout ce qu'il était humainement possible de faire pour la gloire de leur pays.

C'est sur *Athos*, cheval hongre de demi-sang, que le premier-lieutenant Starhemberg fit la fameuse course Vienne-Berlin. Ce cheval, qui était âgé de huit ans, sortait des haras de Mandak, au comte Larslo Forgâch. Il avait paru une fois, sans succès du reste, le 7 octobre 1888, à Pest, dans le steeple-chase d'Ullo. Son caractère difficile avait engagé son propriétaire, le baron Otto Dervitz, à le retirer de l'entraînement pour en faire un hack. C'est grâce à cela qu'il a été célèbre, sans cela il est probable qu'on n'aurait jamais entendu parler de lui.

C'était un cheval d'une conformation assez ordinaire ; il avait cependant la cuisse longue et fortement musclée, ce qui indique la puissance et la vitesse, d'autant plus que le jarret était placé très bas. Les Arabes, qui connaissent le cheval un peu mieux que nous, ont de tout temps attaché une grande importance à la longueur de la cuisse du cheval. On en trouve la confirmation dans une lettre d'Abd-el-Kader, que cite le général Daumas, dans son *Traité des chevaux du Sahara*. Un roi arabe, qui vivait avant la naissance du prophète Mahomet, adressait à un empereur de Constantinople la description d'un bon cheval, et il disait après avoir signalé d'autres qualités des types du Nord de l'Afrique :

« Et lorsque je dis : Reposons-nous, le cavalier s'arrête comme par enchantement et se met à chanter, restant en selle, sur le cheval vigoureux *dont les muscles des cuisses sont allongés* et les tendons secs et bien séparés. »

Malheureusement *Athos* ne survécut pas longtemps à sa gloire ; quelques mois après sa célèbre victoire, il mourait des suites d'un coup de pied de cheval.

Alas ! poor Athos !

Le lieutenant Starhemberg est né le 30 octobre 1862, à Bergheim. Il est le fils du duc Camille-Henri Starhemberg, chef de nom et des armes d'une des plus grandes et des plus anciennes familles d'Autriche.

Il était tout jeune — il avait à peine vingt-cinq ans — lorsqu'il monta la première fois en steeple, et il remportait le prix de Grosswardein avec *Ella;* l'année suivante, il gagnait quatre courses avec *Parmo* et dans le steeple-chase de Debreczin il battait d'une longueur de tête *Szatthyan*, monté par le premier-lieutenant V. Horthy.

Il continua d'année en année à être victorieux presque partout où il se présentait et, en 1892, sur quarante-deux courses, il arriva sept fois premier et quatorze fois second.

Le comte Starhemberg est un cavalier tout à fait remarquable, absolument supérieur dehors comme dedans. Il est la plus complète et la plus brillante personnification de l'équitation autrichienne.

MME HEDVIGE DE MICEWSKA

La brillante et aristocratique individualité féminine qui, jeune fille, au milieu des admirations suscitées, le soir de son contrat de mariage, par les trésors de sa corbeille de noces, s'écriait : « Pour moi, le plus beau diamant ne vaut pas un cheval de race... », fait partie de droit de ma galerie. Sportswoman de sang et de moelle, Mme Hedvige de Micewska, soit qu'elle suive une chasse à courre avec un *bravura* superbe, soit qu'elle conduise, déploie une grande et sérieuse connaissance de l'art hippique, une science du cheval qui la classe parmi les écuyères consommées.

Mme de Micewska est d'une beauté remarquable, un véritable

Rosalba dans tout le rayonnement de la jeunesse, mais un portrait vivant et habillé par Doucet, à la mode de 1899. Le charme et l'avenance mêmes, son œil lumineux, avec des câlineries enfantines, son doux sourire, vous ont déjà réjoui et conquis avant qu'elle ait ouvert la bouche pour vous souhaiter la bienvenue.

Mariée de bonne heure à un sportsman accompli, Mme de Micewska s'est adonnée avec passion au sport hippique et elle ne manque jamais de suivre les grandes chasses à courre de son pays, où sa vaillance étonne tout le monde et lasse les plus courageux. On l'a vue souvent, après une journée consacrée tout entière à saint Hubert, à ses pompes et à ses œuvres, enterrer le cotillon qu'elle danse comme pas une. Elle aime la grande existence en plein air, et ce qu'elle aime par-dessus tout, ce sont les chasses bruyantes et le faste des vieux manoirs qu'elle rencontre à Léopol.

Hiver comme été, Mme Hedvige de Micewska porte toujours et partout un bouquet de violettes : elle pare tout de violettes et de sourires.

C'est une des rares mondaines qui a su se faire beaucoup d'amis, ce qui est très rare en Pologne : les petits théâtres n'aimant pas les grandes artistes.

LE COLONEL PUGI

COMMANDANT DE L'ÉCOLE DE ROME

L'art de l'équitation a toujours été très en honneur en Italie, d'où nous sont venus du reste nos premiers écuyers.

Sous César, qui était lui-même un très habile cavalier, il était si honteux d'ignorer l'équitation que cela avait donné naissance au proverbe : *Neque equitare, nec litteras scire.*

On serait tenté de croire qu'il en est toujours de même en voyant combien le goût des exercices équestres est développé dans ce pays, où, comme à l'époque de cette belle école italienne de la Renaissance. au xve siècle, l'équitation et l'escrime sont restées les exercices du corps par excellence. L'art de la guerre et celui de l'équitation sont liés l'un à l'autre : le bon officier de cavalerie n'est pas seulement celui qui sait manier la cavalerie, il faut encore qu'il sache monter à cheval. Il faut qu'il soit tellement identifié à son cheval que ces deux ne fassent qu'un ; il faut qu'il y ait entre eux un tel accord, qu'ils sentent que rien ne pourra résister à leur impulsion.

Non, jamais celui qui n'est pas très bon cavalier, qui n'est pas homme de cheval complet, fût-il d'ailleurs un génie, ne fera un bon officier de cavalerie. Et le colonel Pugi, commandant l'École de perfectionnement de cavalerie, n'est pas pour me démentir.

Le colonel Pugi, en dehors de sa physionomie sympathique à tous, est un des hommes de cheval les plus remarquables de l'armée italienne parce qu'il est le plus complet.

En dehors de ses aptitudes naturelles, cette supériorité tient surtout à ce qu'il a étudié et travaillé l'équitation. En général, on est « cavalier du dehors », alors on affecte un suprême dédain pour le manège ; ou bien « cavalier du dedans », et en revanche l'écuyer n'a pas assez de mépris pour le « casse-cou » qui va, à travers tout, se jouant de toute règle et de tout principe. Eh bien ! le colonel Pugi est absolument supérieur dans ces deux manières en apparence opposées, mais au fond identiques. D'une tenue exceptionnelle, d'une puissance de jambes hors ligne, d'une témérité invraisemblable, c'est un des plus brillants gentlemen-riders du turf italien.

Et cette qualité de gentleman-rider, il la mérite, car il a montré en maintes et maintes circonstances qu'il connaissait à fond l'équitation de course qui est toute différente de l'équitation usuelle. L'assiette du gentleman-rider est toute particulière et il se tient différemment de tous les autres cavaliers. Son but est, en effet, uniquement de mettre son cheval très à l'aise et de le laisser galoper en le gênant le moins longtemps possible par son poids. Il ne fait sentir l'action du mors que juste ce qu'il faut pour tenir son cheval assez rassemblé pour éviter ce style à tire-d'aile qui détruit tout de suite les chances d'un coursier. Mais ceci n'est que l'A B C de l'art, et quoique cela comporte des degrés sans nombre, presque tous ceux qui pratiquent l'équitation de course ont une assez bonne assiette. Les mains ne laissent également rien à désirer ; l'éducation d'enfance et la longue pratique de chacun l'ont rendu maître de la bouche de son cheval, et encore sur ce point y a-t-il bien des nuances. Ce qu'il y a surtout d'important, c'est la tête, car il faut décider rapidement si l'on dépassera un groupe de chevaux et comment on le dépassera. L'homme expérimenté ne sera pas embarrassé et il verra de suite quel parti il doit prendre, et dès qu'il est arrivé au premier rang, il doit déployer son talent en finissant au bon moment et de la bonne manière. Où le colonel Pugi excelle, c'est dans la manière dont il gouverne son cheval d'une main ferme et avec sang-froid.

Lorsqu'on a le sentiment du cheval, le dehors est plutôt un exercice qu'une équitation proprement dite ; mais, sans la pratique, on ne saurait être un homme de cheval complet, car en ne montant que dedans on se trouve forcément enfermé dans un cercle limité. On peut donc dire avec raison que le mot « équilibre » résume toute l'équitation. Il est différent selon ce qu'on veut faire, mais, pour connaître ses diverses variations, il faut savoir les pratiquer. Comme tout homme remarquablement doué d'une intuition particulière et native, le colonel Pugi s'est montré supérieur dans l'une comme dans l'autre manière. Entre ses mains le cheval s'allonge ou se raccourcit à son gré, parce qu'il est dans un équilibre naturel. Certes il est donné à bien peu d'être assez heureusement doués et de disposer de moyens assez puissants pour que la finesse de l'écuyer ne porte point atteinte à la supériorité du cavalier. Il y a chez le colonel, en effet, cette intuition naturelle sans laquelle on ne monte jamais à cheval.

Le colonel Pugi est, selon nous, le type de notre équitation contemporaine individuelle ; il en est la plus complète et la plus brillante personnification : car, en même temps, sa manière échappe à toute critique, mais ne reflète aucune méthode quelconque ; elle est ce que l'a faite la valeur propre et individuelle de l'homme.

LA COMTESSE HÉLÈNE BORKOWSKA

Très sympathique le visage de la comtesse Hélène Borkowska, dont les traits vraiment nobles reflètent une âme exquise. On ne l'oublie jamais lorsqu'on l'a vue, ne fût-ce qu'une fois. L'œil très grand, très ouvert sous l'arcade d'un sourcil très net et très fin, fixe sur vous son regard profond, et vous êtes involontairement attiré par l'enchantement du sourire de cette bouche pensive. Il y a dans l'ovale du visage une distinction parfaite ; mais la fermeté du menton accuse, en même temps, l'énergie de la volonté intelligente.

Avec la rare élégance de sa taille, son cou de cygne relié aux épaules par de délicates attaches et la suprême distinction de sa personne, la comtesse possède toutes les marques distinctives où se reconnaît l'aristocratie de la race.

D'un tempérament énergique, la comtesse Hélène Borkowska s'est éprise de la passion du cheval, et, non contente de monter en grande écuyère, elle s'est mise à travailler au manège et personne ne fait mieux qu'elle.

Son plaisir favori est de conduire à quatre et de marcher grand train. Le maniement du cheval est inné chez elle ; elle le conduit véritablement en grande artiste et de main de maître. Rien ne l'arrête et elle évolue avec la même facilité dans une rue étroite que sur la grande route. Le menage est pour elle un véritable jeu ; et les chevaux les plus difficiles obéissent à sa main avec une docilité sans pareille. Quoique toute jeune et faite pour briller dans le monde, la comtesse Hélène Borkowska préfère les grandes solitudes au brouhaha des fêtes et elle n'est vraiment heureuse que lorsqu'elle est avec ses chevaux dans la belle résidence qu'elle occupe avec sa famille, près de Leopol.

LE COMTE JEAN DE MÉRODE

L'équitation est une science fort ancienne qui a toujours été en honneur dans tous les temps. Autrefois, en France, elle était considérée comme de première nécessité et tenait une des premières places dans les exercices du corps. Aujourd'hui, elle a perdu cette importance presque égale ; toutefois, il n'est pas d'éducation un peu soignée dont elle ne soit un des principaux éléments. En effet, aucun exercice n'est plus propre à développer chez l'homme des qualités telles que la prudence, le courage et le sang-froid, sans parler de l'adresse et des qualités physiques nécessaires chez un bon cavalier.

Et nos voisins, les Belges, ont tellement compris cette vérité, que l'équitation est toujours considérée chez eux comme le premier des sports. Dès qu'il est matériellement possible de le faire, on met l'enfant à cheval. Il y monte dehors, c'est vrai, mais son éducation est dirigée par des hommes expérimentés et rendus fort habiles par une longue et constante habitude du cheval. La leçon, pour être reçue en plein air, ne s'en donne pas moins bien, et c'est ici que les préceptes de l'équitation moderne s'appliquent à l'usage que l'on veut faire du cheval. Il prend ainsi la solidité, base première de toute équitation, la sûreté de la main et surtout le sentiment du train, sans compter l'audace, le sang-froid nécessaire pour aborder franchement et prendre juste un obstacle sérieux. Devenu homme, cette équitation large et usuelle est tellement affaire d'habitude, qu'il s'y livre tout naturellement.

Le comte Jean de Mérode nous apparaît donc comme la réalisation idéale de ce type de cavalier. Doué d'une grande distinction native, d'une élégance correcte et irréprochable, il monte à cheval dans un style supérieur, il est d'une audace et d'une énergie sans limites.

Le comte Jean de Mérode, en dehors de sa physionomie évoquant l'armure et le casque à panache du tournoi, est un des officiers de cavalerie les plus remarquables de l'armée belge. En dehors de ses aptitudes naturelles, cette supériorité tient surtout à ce que son éducation équestre a été commencée très jeune. Sa position à cheval est sûre, élégante et personne ne sait mieux que lui mettre un cheval en confiance.

Les spectateurs et spectatrices du concours hippique regrettent beaucoup que le brillant lieutenant de Guides se soit donné comme dernière barrière ses trente ans et qu'il ne veuille plus en franchir d'autres devant eux.

LA BARONNE MARIE DE HAGEN

Si la baronne Marie de Hagen avait vécu à l'époque de Louis XIV, il est probable que le grand Roi lui aurait accordé une pension pour ses exploits hippiques, comme il en avait accordé une à Mlle Philis de la Tour du Pin de la Charce, pour s'être distinguée comme écuyère.

La baronne de Hagen est une femme de cheval bien plus qu'une amazone, car elle a l'audace, l'énergie et surtout l'amour et la compréhension absolue du cheval.

Il n'est pas une femme de cheval qui ne sache que, pour se maintenir « en forme », un labeur quotidien est indispensable ; et c'est pour cela que la baronne de Hagen ne reste jamais une journée sans travailler ses chevaux.

Formée de bonne heure au maniement du cheval, la baronne est arrivée à manier la bête la plus difficile comme un instrument docile, passif et sans résistance. Le sentiment du cheval est inné chez elle, elle monte naturellement, en savante qui a le génie de la chose. Il est impossible de ne pas la trouver superbement belle lorsqu'elle paraît à cheval. Il y a en elle une finesse, un sentiment, une distinction qui en font le type de l'amazone élégante, et sans savoir son nom, on sent, à la voir passer, qu'elle a toujours été entourée de respect. Elle est souple, gracieuse, correcte, en un mot, elle est dans sa selle.

Quoique adorant les exercices violents : le cheval, le menage, le patin, la baronne est un écrivain de grand talent, délaissant volontiers la cravache pour la plume. Ses œuvres littéraires, fort nombreuses, lui ont assigné une des premières places dans le monde littéraire de son pays. Elle excelle surtout dans la nouvelle et dans les contes polonais, qu'elle écrit dans sa langue maternelle ; on lui doit aussi un recueil de poésie en vers français fort bien tournés, si bien tournés qu'on ne se douterait pas qu'ils sont écrits par une étrangère.

Cette sportswoman est très recherchée et très appréciée pour son esprit, sa gaîté et le charme de sa jeunesse.

PREMIER-LIEUTENANT VON KAYSER

Chaque peuple a un caractère propre et distinctif qu'il tient de sa nature, de son tempérament, de ses aptitudes ; il appose cette marque indébile sur tout ce qu'il entreprend comme sur tout ce qu'il exécute.

L'équitation allemande — on ne saurait le contester — envisagée sous ce rapport présente un aspect essentiellement positif et pratique, dont les avantages sont assez sérieux, pour qu'il en soit tenu compte. Le point de vue militaire semble sa préoccupation exclusive, pour ne pas dire unique. Évidemment, un cheval « mécanisé » devient entre les mains de son cavalier un être passif, obéissant et exécutant tout ce qu'on lui demande avec la rigidité et la précision d'un instrument. Un cheval obéissant brusquement et mécaniquement n'a plus ni la finesse, ni l'énergie propres à sa nature. Le principe fondamental de l'équitation allemande peut donc se résumer en un seul mot : l'assujettissement.

Depuis quelques années l'équitation allemande s'est un peu transformée ; je parle, bien entendu, de l'équitation extérieure et non de l'équitation de manège qui est, disons-le, toujours la même : l'automatie équestre. Le steeple-chase a servi de transition et de prétexte à la transformation de l'équitation extérieure allemande. Elle est plus élégante ; et cette élégance a certainement pour point de départ l'impatronisation des courses en Allemagne, et le rôle prépondérant qu'elles n'ont pas tardé à y prendre. Cette transformation fut-elle raisonnée et surtout formulée ? Nous ne le croyons pas. Cela se produisit probablement peu à peu et sans que l'on s'en rendît bien compte. En ce cas, comme dans beaucoup d'autres d'ailleurs, nous serions même disposés à faire les honneurs de l'invention bien plus au cheval qu'à l'homme. En effet, dans une exigence quelconque, lorsqu'on a le sentiment du cheval, l'animal, si vous le comprenez bien, vous indiquera lui-même l'équilibre dans lequel il a besoin de se placer pour exécuter ce que vous lui demandez.

Et le premier-lieutenant von Kayser, un des plus brillants steeple-chasers de l'armée allemande, en est la meilleure preuve.

Tout en étant officier de cavalerie en activité, le premier-lieutenant von Kayser s'est adonné tout entier à l'équitation de course ; et aujourd'hui tous les hommes de cheval sont d'accord pour reconnaître qu'il monte en course d'une façon tout à fait supérieure et dans ce qu'on est convenu d'appeler un grand style. Il a d'autant plus de mérite que cela ne l'empêche pas de faire son service d'une manière très rigoureuse.

Le lieutenant von Kayser, lorsqu'il prend part à une course, n'a qu'un but, qu'un désir : arriver premier ; et comme il a le sentiment du cheval, il fait tout ce qu'il y a à faire pour réussir. Voyez-le passer sur une piste d'hippodrome, son corps est légèrement penché en avant afin de dégager les reins de son cheval, qui, dans une allure poussée à une extrême limite, se trouve obligatoirement plus ou moins en dehors du centre de gravité ; sa cuisse est perpendiculaire; son genou adhérent à la selle; ses jambes enveloppent les flancs du cheval pour bien sentir la cadence du mouvement et lui imprimer une direction ; ses mains sont collées au garrot pour maintenir sa tête et l'encolure dans une position qui leur permettent de recevoir l'impulsion communiquée par l'arrière-main et de projeter cette dernière en avant. Considérez-le bien. Il est fixe et ne bouge pas dans la crainte de déranger la position indispensable au mouvement qu'il veut obtenir. Cette immobilité dure tant que le cheval se maintient lui-même dans la même allure. Mais au premier signe de fatigue que manifeste l'animal en baissant la tête et laissant son rein traîner derrière lui, M. von Kayser alors s'assied dans sa selle, cherche avec les jambes, au besoin au moyen des éperons, à ramener le rein sous le centre et seconde cette action par un mouvement des mains, afin de relever la tête pour que sa position basse ne paralyse pas l'impulsion qu'il provoque à l'aide des jambes.

Étonnez-vous après cela que la monte du premier-lieutenant von Kayser soit recherchée par les propriétaires de chevaux de course, que les Berlinois, qui fréquentent le pari mutuel, tiennent en honneur le costume rouge des hussards de Ziethen.

Pendant la dernière saison hippique, le premier-lieutenant von Kayser a couru cent soixante-quatre fois, ce qui est énorme pour un officier de cavalerie en activité de service. Il est évident que, pour arriver à un pareil résultat, il n'avait pas grand temps à consacrer à la vie mondaine, car à peine son service était-il terminé qu'il attrapait le rapide : et il lui est arrivé souvent de descendre du train cinq minutes avant la course. Dire la joie du

propriétaire en voyant arriver le Herrenrecter von Kayser sur lequel il ne comptait plus est inutile, on s'en rend aisément compte, puisque de sa monte dépendait le succès de la course. Il lui arrive souvent aussi de n'avoir jamais vu le cheval qu'il doit monter, cela ne l'empêche pas de gagner. La course terminée et gagnée, il repart immédiatement, ou pour son service ou pour un autre champ de course, ayant à peine le temps d'échanger une poignée de main avec ses amis.

La récompense d'une vie aussi mouvementée, il la trouve dans le plaisir qu'il a à piloter son cheval, dans les acclamations du public à sa rentrée au pesage et au bravo que lui envoie en souriant le vieux général Rosenberg.

LA COMTESSE IRÈNE LOS

Voici une amazone de premier ordre aimant et pratiquant le cheval avec passion. La comtesse est une individualité hippique assez rare à rencontrer, ayant son caractère propre et distinct sans vulgarité, ni banalité aucune. C'est quelqu'un, et l'on ne cause pas dix minutes avec elle sans s'en apercevoir. Elle est Polonaise et, comme pour toutes les femmes de son pays, le cheval est sa passion ; dans son enfance, elle ne se plaisait qu'à cheval. c'était son unique plaisir, et à l'heure qu'il est, c'est tellement encore son plaisir qu'elle y sacrifie toutes les vanités d'une très belle personne. Elle préfère un cheval de race au plus beau bijou et une chasse à courre, avec toutes les émotions d'un beau débucher, au plus beau bal.

La comtesse Los est une véritable écuyère dans le sens général du mot; et lorsqu'elle est en selle, elle est véritablement chez elle; sa pose est élégante et gracieuse: elle est fixe, immobile, comme si elle y était soudée. Une solidité inébranlable, une adhérence dont j'ai vu peu d'exemples, sont effectivement deux de ses qualités dominantes. Cavalière remarquable, la comtesse est sans contredit l'amazone que j'ai vue le mieux monter en sportswoman. Elle monte n'importe quel cheval, à première vue naturellement.

Comme tous les artistes passionnés de leur art, cette grande virtuose est insatiable en sa passion pour le cheval; elle est arrivée à manier la bête la plus difficile comme un instrument docile, passif et sans résistance.

La comtesse dresse ses chevaux elle-même: elle a fait construire à cet usage dans son jardin un manège et c'est là qu'elle les travaille. Elle les pétrit, comme un sculpteur fait d'un bloc de terre glaise, et ils sortent de ses mains métamorphosés.

Le fait seul de dresser ses chevaux, par conséquent de se passer de tout le monde, constitue à la comtesse Irène Los une incontestable supériorité. Il est d'ailleurs trop dans son caractère pour qu'elle ait pu résister à la tentation. Elle est à la fois la nature la plus indépendante et la plus consciencieuse que je sache. Je m'explique : indépendante, en ce sens qu'elle fait beaucoup plus de cas de son opinion que de celle des autres ; consciencieuse parce que, aimant passionnément le cheval, elle travaille pour lui plus que pour elle et tient essentiellement à être satisfaite d'elle-même avant d'être admirée.

Toujours fatiguée au bal, la comtesse est infatigable à cheval ;

car, après avoir travaillé toute la matinée au manège, cela ne l'empêche pas de faire un galop de quelques heures dans l'après-midi, et lorsqu'on voit cette femme fine, jolie, gracieuse, d'une élégance irréprochable, s'avançant hardiment sur son cheval parfaitement mis, un frisson d'admiration parcourt tous les promeneurs qui la rencontrent ; j'avouerai même, si blasé que je puisse être à cet égard, peut-être en raison du contraste de tout ce qui m'entourait, avoir éprouvé une certaine impression la première fois que je vis cette sportswoman.

La comtesse Los est réputée comme l'une des plus jolies femmes de Galicie. De taille moyenne, très mignonne et très élancée, son fin visage se dessine en lignes délicates sous les cheveux très blonds et crêpelés qu'elle porte noués sous la nuque à la Sarah Bernhardt. Les yeux très grands ont cette nuance de l'acier qui flamboie sous l'arc délié des sourcils ils expriment plutôt la fierté que la tendresse. Et cependant on songe en les regardant aux vers de ce rondel galant :

LES DEUX LACS D'AMOUR

Tes yeux sont deux grands lacs d'amour
Où je vais mirant ma tendresse,
Deux beaux lacs dont le flot paresse
Sur des bords frangés de velours !
. . . .
. . . .

Le talent équestre de la comtesse a eu au moins autant de part que sa beauté dans son succès mondain.

La comtesse monte ordinairement toute seule, suivie de son groom et de ses chiens. Ses amazones sont d'une grande simplicité, mais d'une coupe irréprochable. Elle n'adopte dans sa toilette que le genre anglais, je ne lui ai jamais vu d'autres couleurs que le blanc et le bleu marine et pour tout bijou un fer à cheval, du reste elle est si idéalement belle que sa couronne de cheveux d'or suffit pour la parer.

L'élégance et le correct sont effectivement un des caractères distinctifs de la comtesse. Tout est irréprochable, chaque chose a sa place, pas un tire-l'œil, c'est un modèle.

LE COMTE AUGUSTE POTOCKI

Propriétaire d'une écurie de courses considérable qui peut être citée comme une des premières du royaume de Pologne, le comte Auguste Potocki est un sportsman dans toute l'acception du mot. Fusil remarquable, c'est à la grosse bête qu'il s'attaque ; et, dès qu'il a quelques loisirs, il s'en va dans ses terres de la Lithuanie, qui portent le nom mémorable et historique de *Bérésina*, chasser l'ours ; et bon nombre de ces animaux figurent sur son livre de chasse.

Cette chasse à l'ours, qui est une des chasses les plus émouvantes que je connaisse, me remet en mémoire une chasse de ce genre, à laquelle je fus convié un jour chez le comte Puslowski, et l'impression profonde que me produisit la vue des grands bois de ce pays.

La vue d'une vaste forêt de sapins en Polôgne rappelle celle de l'Océan. Elle éveille les mêmes impressions. C'est la même plénitude intacte et primitive qui se déroule, à l'œil du spectateur, dans sa royale majesté. Mais la forêt est plus triste et plus monotone que la mer, surtout la forêt de sapins. Toujours la même en toute saison, elle est d'habitude silencieuse. La mer caresse et menace ; elle prend toutes les nuances, elle parle toutes les voix ; elle reflète le ciel, ce ciel d'où nous vient aussi un souffle d'éternité, tandis qu'à l'aspect de la sombre et morne forêt, avec son lugubre silence ou ses sourds et longs gémissements, l'homme sent plus irrésistiblement pénétrer dans son cœur la conscience de son néant. Il est difficile à cet être éphémère, né d'hier et condamné à mourir demain, de soutenir le regard froid et indifférent de l'éternelle nature.

Ce furent les idées qui me vinrent à l'esprit pendant cette chasse à l'ours qui se termina par la mort de deux ou trois grands tétras et de quelques gelinottes. Un ours était bien passé par là, mais, tout en laissant des traces fraîches de son passage sur le pin où il était allé chercher du miel, il nous fut impossible de le rencontrer. Il est vrai qu'ils sont beaucoup plus rares dans cette contrée que dans les terres du comte Potocki. Chez ce dernier, toutes les fois qu'il y a chasse à l'ours, on est certain de voir figurer au rapport un de ces animaux.

Non content d'être un grand chasseur, le comte Auguste Potocki est encore un homme de cheval très remarquable. De l'avis de tous, il passe pour être un des sportsmen les plus compétents de son pays ; le comte Potocki a remporté de nombreux succès sur le turf où ses couleurs sont toujours accueillies par des vivats enthousiastes. Président, depuis dix-sept ans, de la Société des courses, le comte jouit de l'estime générale ; et comme il connaît à fond toutes les questions d'élevage, d'entraînement et de dressage, on ne pouvait pas mieux s'adresser. Je n'en veux pour preuve que le développement qu'ont pris ces courses dans le royaume de Pologne depuis que le comte Auguste Potocki en a la direction. Il y a vingt ans, Varsovie n'avait qu'un seul meeting de quatre à six jours ; aujourd'hui, elle compte deux

LA COMTESSE E. POTOCKA

grandes réunions ; une au printemps, l'autre en automne, représentant vingt-six journées de courses pour lesquelles on distribue jusqu'à 280.000 roubles de prix.

L'introduction du totalisateur, qu'on doit également au comte, a beaucoup contribué au développement des courses ; mais c'est aux sommes énormes données en prix que Varsovie est redevable des grandes écuries de courses, qui se sont fondées depuis quelques années dans ce pays. Parmi les plus renommées, citons celles de MM. Louis de Grabowski, de Jean de Reszké, de Sonnenberg, E. Korsak, des princes Lubomirski, du comte Zamoyski, etc.

Quelques-uns des chevaux du comte Potocki sont fort connus en France, entre autres *Taille-Vent*, *Sedzina*, *Sasiad*, *Mocavz*, *Archabad*, etc.

Le comte A. Potocki est grand et solidement bâti, d'une physionomie fine et énergique, tempérée par un sourire bienveillant dénotant une grande aménité de caractère. Toujours prêt à rendre service, il n'y a pas de sportsman plus affable et plus doux que lui, avec ceux avec lesquels les hasards de la vie le mettent en rapport. Aussi le comte compte-t-il beaucoup d'amis. La comtesse Eugénie Potocka, née Sianozecka, qu'il a épousée il y a quelques années, est citée comme une des plus jolies femmes du high-life polonais.

M. HECTOR BALTAZZI

M. Baltazzi est non seulement le cavalier préféré du public autrichien, mais encore un des meilleurs gentlemen-riders que l'on puisse rencontrer. Sa renommée est universelle, et même en Angleterre, cette patrie du sport, où il a eu l'occasion de se rencontrer avec les plus fines cravaches et de battre des jockeys tels que Fordham et Cannon, il s'est imposé à l'opinion publique comme un cavalier du dehors de tout à fait premier ordre.

M. Baltazzi naquit à Constantinople en 1851. A vingt ans, il fit sa première apparition sur l'hippodrome de Presbourg, montant au poids de 40 kilos ; à partir de cette époque, M. Baltazzi se consacra exclusivement aux courses ; il se fit remarquer sur tous les hippodromes austro-hongrois, allemands et anglais et visita également plusieurs champs de courses français, cueillant partout de nombreux lauriers. En Angleterre il ne fut pas aussi heureux, mais c'est tout au début de sa carrière que M. Baltazzi courut sur les hippodromes anglais. Plus tard il eut une écurie de courses en association avec MM. Richardson et Arthur Yates et y remporta ses plus brillants succès. Dans une réunion à Croydon, il mena à la victoire, dans un lot de chevaux de trois ans, un débutant nommé *On Quard*, battant *Shifnal*, le gagnant du Grand National, et seize autres chevaux.

Hector Baltazzi prit part, en Autriche, à 355 courses et y remporta 130 victoires. Sa dernière monte à Oldenburg, dans le prix des Dames, souleva un enthousiasme universel. Il montait *Pessimist* et avait pour principal adversaire le jockey Ellis qui pilotait *Babette*. Le résultat fut incertain jusque dans les dernières foulées, où l'on vit M. Baltazzi porter pour ainsi dire son cheval au poteau d'arrivée.

Les acclamations qui saluèrent la victoire de l'excellent gentleman-rider furent une démonstration éclatante de la sympathie universelle dont il est entouré.

LE LIEUTENANT MICHEL ASSÉEFF

L'armée russe est certainement une de celles en Europe où le cheval est le mieux connu et, partant, le plus en honneur. Il y a, selon nous, deux raisons principales à cette estime, à cette préoccupation de l'art équestre.

La première est la survivance du sentiment de chevalerie qui fit du cheval l'animal de guerre par excellence et fit rejaillir sur la monture un peu de la noblesse du chevalier. Le sport qui sacre le cheval objet de luxe dans tous les pays civilisés n'a pas d'autre origine.

La seconde, spéciale à la Russie, tient à l'étendue même de ce vaste empire, où les distances d'une ville ou même d'une étape à une autre sont presque toujours extrêmement longues. Le cheval y fut, dès le principe de l'organisation, l'auxiliaire indispensable. Comment franchir sans lui ces espaces immenses, sans habitations, sans ressources ?

On peut dire que le cheval russe avait dans le steppe un rôle tout aussi important et décisif que celui du cheval arabe dans le désert.

Faut-il s'étonner que la tradition se soit conservée, dans l'armée russe, du goût à la fois éclairé et instinctif pour le cheval ? Tous ces officiers, tous ces gentilshommes d'une bravoure si élégante, d'une taille et d'une résistance si vigoureuses, devaient forcément s'appliquer à donner au premier de leurs serviteurs, au plus fidèle de leurs compagnons d'armes, au cheval, les qualités mêmes qui les distinguent, la vigueur d'une race neuve dans la souplesse et la grâce des civilisés.

Le tsar, sans cesse attentif à tout ce qui constitue et assure la grandeur de son empire et la sécurité de ses sujets, ne se contente pas d'être un cavalier remarquable, il sait que la théorie importe tout autant que la pratique. Aussi, sur ce point comme sur plusieurs autres, rend-il justice aux efforts faits par la France, laborieuse et militaire, pour se maintenir à son rang. Il sait combien, chez nous encore, le cheval est en honneur et quels esprits sagaces, quels hommes de patriotisme et d'expérience tâchent de développer par leurs travaux et leurs exemples le goût et la connaissance du cheval. Une bonne cavalerie et de bons cavaliers pourront être pour la France, un jour, les instruments du salut national.

Il n'est pas téméraire de penser que cette prévision n'est pas étrangère à l'intérêt que prend le tsar à tout ce qui se publie chez nous sur ce sujet. C'est ainsi que dernièrement il a fait demander l'*Art équestre* de M. Barroil et nombre d'autres ouvrages. Comment cet art si en faveur auprès du souverain n'exciterait-il pas une louable émulation parmi les officiers de sa vaillante armée ? Nous avons été témoins, il y a quelques années, d'un des tours de force les plus extraordinaires, à la fois le plus probant et le plus raisonnable qui ait été inspiré par cette émulation. Nous voulons parler du voyage accompli par M. Michel Asséeff, sous-lieutenant (cornette) au 26e régiment de dragons du Boug de l'armée russe.

M. Asséeff a franchi en trente jours, à cheval, la distance de Loubni (gouvernement de Poltani) à Paris, soit 2.633 kilomètres.

Ce jeune officier est le fils du général de brigade Asséeff, ancien commandant des Plastounis de la troupe des Cosaques du Kouban au Caucase. Sa taille est de six pieds anglais. Afin de constater quelle perte de poids lui causerait l'entraînement de cette longue chevauchée, il prit soin de constater, au départ, qu'il pesait 85 kilogrammes. A l'arrivée à Paris, il ne pesait plus que 81 kilogrammes.

C'est sur deux juments, montées alternativement d'après le système turcoman, d'une façon rationnelle et calculée, qu'il put sans encombre mener à bonne fin cette audacieuse tentative.

Wlaga, jument baie âgée de sept ans, de provenance inconnue des haras de la Nouvelle Russie, taille 0,82, 2, était au régiment depuis 1886, et a été primée pour son travail de manège. Elle fut cédée à M. Asséeff au prix de remonte le 31 mars 1889.

Diane, jument bai foncé, âgée de cinq ans, née au haras des frères Illowajski, province du Don, par *Emir*, pur sang, et *Cuba* du haras du comte Hendrikoff, trois quarts de sang, taille 0,86,4 (certificat d'origine).

Le poids réglementaire du harnachement d'officier, y compris les effets pris par le cavalier en vue de son voyage, était de 23 kilogrammes au départ. A 673 kilomètres de Loubni, M. Asséeff abandonna son manteau de feutre (bourka), trop chaud, et son capuchon (baschlik). Le poids se trouva ainsi diminué de 5 kilogrammes et demi environ. D'après ces indications, on voit que le cheval au travail portait au début environ 108 kilogrammes, et plus tard, déduction faite de la diminution progressive du cavalier, 100 kilogrammes à peu près.

Pour fixer son itinéraire, M. Asséeff tendit un fil sur une carte d'Europe (à 66 kilomètres), suivant la ligne directe reliant Kiew à Paris et passant par les villes principales : Kiew, Gitomir, Yanof, en Russie ; Steinau et Glatz, en Prusse ; Young-Boutzlau, Carlsbad, Eguez, en Bohême ; Schweinfurt, Ashaffenburg, Darmstadt, Kreisnach et Trèves, en Allemagne ; Luxembourg, Longwy, Busancy ; Reims, Meaux et Livry, en France.

Un peu de statistique ne sera pas sans intérêt :

La distance est de 2.457 verstes ou de 2.633 kilomètres faits, comme nous l'avons dit, en trente jours, dont quinze pour la Russie, sept pour l'Allemagne, quatre pour l'Autriche, un pour le Luxembourg, trois pour la France.

Les juments furent en marche pendant 339 heures 3/4. Leur travail moyen par jour a été de 11 heures, avec une vitesse moyenne de 8 kilomètres à l'heure.

Voici maintenant quelques détails sur le régime d'entraînement intelligent auquel les deux juments furent soumises :

Diane était montée dès le matin et faisait une étape de 49 à 55 kilomètres. *Wlaga* reprenait le travail en une seconde étape de 44 kilomètres à peu près.

Ainsi qu'il arrive souvent pour les chiens de race indécise et très croisée, Wlaga, qui n'ayant point d'état civil est, sans doute, une enfant de l'amour, est d'une intelligence si développée, si singulière que, dès les premiers jours, son cavalier n'avait plus à la tenir en main. Elle le suivait en liberté, broutant l'herbe le long du chemin, cueillant du bout des lèvres une jeune pousse çà et là, comme font les chevreuils. Partout où elle trouvait de l'eau, elle s'abreuvait d'elle-même.

Telle était la douceur de ses façons que les femmes venant de la fontaine s'arrêtaient et puisaient à leurs cruches pour la faire boire dans leurs mains. Au milieu de ces distractions, perdait-elle de vue ses compagnons de route, elle se mettait à hennir, leur demandant où ils étaient ; et, dès qu'un cri, un appel l'avaient renseignée, l'excellente bête les rejoignait au galop.

Comme allures, M. Asséeff avait adopté un pas très allongé et le grand trot. Les premiers trois jours, afin d'habituer ses juments à la marche, et développer leurs facultés et leurs organes respiratoires, il les tint exclusivement au pas. Le quatrième jour seulement on prit le trot dans la mesure modérée de cinq minutes par demi-heure. Le cinquième jour, on doubla la dose et on trotta cinq minutes par quart d'heure. Dès le sixième jour enfin, on prit l'allure régulière de dix minutes au pas et de dix minutes au trot.

Dans les montagnes, on prenait le trot partout où il était possible, sans jamais dépasser les dix minutes normales (soit 2 kilomètres et demi). Dès qu'il y avait descente, si minime que fût la déclivité, on ne marchait qu'au pas afin de ne pas fatiguer les jambes de devant.

De même que la marche, la nourriture fut réglée méthodiquement.

Au début, les juments ne reçurent que du son et du foin. Plus tard, l'avoine fut mélangée au son. Enfin, dès que l'estomac y fut habitué et eut pris des forces, l'avoine et le foin composèrent seuls la ration, à laquelle était de temps à autre ajouté du sel.

La ration moyenne était, par jour, de 17 kilogrammes d'avoine et de 4 kilogrammes de son.

Avec beaucoup de raison, M. Asséeff, qui a prouvé en cela la clairvoyance d'un homme de cheval consommé, fixait la distance de l'étape à parcourir suivant la quantité de nourriture prise par ses bêtes, jugeant, d'après leur appétit, quelles étaient ce jour-là leur force et leur humeur.

Diane et *Wlaga* furent ferrées deux fois en ces trente jours. Afin de maintenir la santé et la souplesse des sabots, que la poussière et la chaleur desséchaient, on les graissait avec de la glycérine.

Toutes les indications que nous venons d'énumérer avec tant de détails ne sont pas superflues. Elles peuvent servir d'enseignement, puisque les deux chevaux, objets de ces soins si simples, mais si savamment appropriés, sont arrivés à Paris en parfait état.

Maintenant, si vous demandiez à M. Asséeff pourquoi il a entrepris cette chevauchée de trente jours, il serait autorisé à vous répondre :

« J'ai voulu prouver et j'ai prouvé la résistance des chevaux de la cavalerie russe, et, par surcroît, n'ai-je pas prouvé la science et l'énergie de l'officier ? »

Aussi modeste et prudent qu'il fut résolu, M. Asséeff ne s'ouvrit à personne de son projet, mûrement réfléchi et combiné. Un échec, si aisément advenu par mille petits accidents, ne l'aurait-il pas exposé aux reproches de ses chefs et de ses camarades ?

Il partit sans révéler le but de son voyage. D'une ville à l'autre, il allait. Aux questions, il répondait : « C'est ici même que je m'arrête. » Il ne mentait point, puisque, en effet, il s'arrêtait.

Il eut assez d'empire sur soi pour n'adresser aux siens ni une lettre, ni un télégramme. C'est seulement en franchissant la frontière de France qu'il fit connaître en Russie son but et son succès.

Voilà, n'est-ce pas ? un fils de général qui justifie de belle façon le proverbe français : « Bon sang ne peut mentir. »

Faut-il ajouter que le commandant de la division de cavalerie fit immédiatement son rapport au ministre de la Guerre qui s'empressa de le communiquer à l'Empereur ?

L'Empereur, très satisfait de cette prouesse du jeune officier, chargea le général Wanowski, ministre de la Guerre, qui était à Paris, de féliciter M. Asséeff de son énergie et de sa persévérance.

Il fut également très chaudement félicité et encore plus chaudement accueilli par les officiers de cavalerie de la garnison de Paris qui, dès qu'ils furent prévenus de son arrivée, s'empressèrent d'aller l'inviter à dîner à leur mess de l'École militaire ; et, de manière à lui rendre son séjour à Paris aussi agréable que possible, ils donnèrent, au Cercle militaire, le lendemain de son arrivée, une grande réception en son honneur.

Cette réception fut des plus brillantes et le colonel Derué, se faisant l'interprète de tous ses camarades, souhaita, dans un toast très humoristique, la bienvenue au lieutenant Michel Asséeff.

M. Asséeff, les yeux pleins de larmes tant il était ému, remercia ses camarades, et comme il n'était pas très familiarisé avec la langue française, il répondit en russe, et il termina en disant en français : « Je lève mon verre de tout mon cœur à la belle et brave armée française. Vive la France ! »

Inutile d'ajouter que les chevaux de M. Asséeff avaient été également très bien reçus à l'École militaire, où ils furent soignés et entretenus aux frais du régiment.

La tentative de M. Asséeff avait un caractère et un résultat des plus sérieux, on le voit. C'est parce que celui qui exécutait ce tour de force en comprenait toute la portée qu'il n'a voulu ni bruit, ni réclame, craignant qu'un incident indépendant de sa volonté ne vînt se jeter à la traverse et compromettre le bon et juste renom d'un officier russe.

Le plaisir que nous avons goûté à raconter cette expédition, si allègre et si méritoire, sera, nous l'espérons, partagé par tous nos lecteurs français, qu'ils appartiennent ou non à notre armée.

Si, en Crimée, officiers et soldats russes et français fraternisaient aux avant-postes ; si les prisonniers russes furent partout en France traités non comme des ennemis, mais comme des amis malheureux, cette sympathie chaleureuse n'a pu que s'accroître. Et en lisant le récit du voyage de ce jeune officier, il est plus d'un de nos amis qui s'écriera, comme nous :

« Ah ! les braves gens et de quel cœur nous mettrons, quand l'heure sonnera, notre main dans la main de pareils alliés ! »

LE PRINCE BENJAMIN DE ROHAN

Le prince de Rohan, quoique d'origine française, est Autrichien ; il appartient à la branche des Rohan-Guéménée qui a émigré en Autriche. C'est un homme de sport et la partie dans laquelle il excelle est le menage à quatre. Il est difficile de conduire mieux que lui, et, pour vous le prouver, laissez-moi vous conter une de ses performances, absolument remarquable.

A la suite d'une discussion sur le menage à quatre, le prince avait parié vingt-cinq louis avec un de ses amis qu'avec quatre chevaux quelconques il monterait le grand escalier qui conduit du port de Monaco aux jardins du palais, tournerait et descendrait par la même voie. Cet escalier est composé de larges dalles, de 1m,50 environ, la hauteur de ces marches étant de 10 centimètres à peu près. En outre, il y a deux tournants à angle droit surplombant le précipice, cet escalier étant établi à flanc de rocher. Le prince devait agir seul et sans l'aide de personne.

Il s'agissait d'abord de trouver l'équipage : deux paires de chevaux de fiacre formant le *four-in-hand* improvisé étaient bientôt attelées sur un panier de place, muni d'une mécanique. Faute de palonniers, les traits des chevaux de volée étaient passés dans les chaînettes et deux guides, unies bout à bout, servaient à diriger les leaders, complètement indépendants, par suite des wheelers.

Avec cet outillage rudimentaire le prince de Rohan a rempli les conditions de son pari. La difficulté — on peut ajouter la témérité — était d'autant plus grande que c'est la nuit, à trois heures du matin, à la lueur des lanternes de la voiture et de l'éclairage restreint, que cet exploit a été accompli.

Un détail qui donnera une idée du sang-froid et de l'habileté du prince coachman : les dalles étant horriblement glissantes à un tournant du parcours, il a jeté des couvertures par terre afin de donner prise aux pieds des chevaux ; il s'aidait lui-même en ce faisant, et ne sortait pas, par conséquent, des conditions de son pari qui lui interdisaient seulement l'aide d'un tiers.

Le prince Benjamin de Rohan a épousé la comtesse de Maucomble, née de Kérouan. Né le 15 février 1858, le Prince de Rohan est le quatrième fils du feu prince Benjamin-Armand-Jules-Mériadec, prince de Rohan-Guéménée, Rochefort et Montauban, et de la princesse Stéphanie, fille du feu prince Auguste-Philippe de Croy-Dulmen. Il appartient à la grande famille de Rohan, qu'il ne faut pas confondre avec d'autres familles portant le nom de Rohan, seulement par alliance et sans faire partie de la maison de Rohan proprement dite. Son père était le frère du chef de la famille, le prince Camille, duc de Montbazon et de Bouillon, prince de Guéménée, Rochefort et Montauban. Cette maison, qui est d'origine française, et qui jeta un si grand éclat sous l'ancien régime, s'est fixée en Autriche lors de l'émigration, et ne s'est pas réinstallée en France au retour de Louis XVIII. Le titre d'Altesse Sérénissime, confirmé en 1808 par lettres patentes de grande naturalisation de l'empereur François Ier d'Autriche à tous les membres de la famille de Rohan-Guéménée, Rochefort et Montauban, leur a été reconnu par les rois de Prusse, de Bavière, de Hanovre et de Saxe.

La branche de Rohan-Chabot, dont tous les membres des deux sexes avaient le titre de cousins et cousines du roi, est restée française. Le chef est le duc Charles, duc de Rohan, prince de Léon, député du Morbihan.

DEUXIÈME PARTIE

VÉNERIE

AU BARON DE VAUX

Cher Monsieur,

Je ne comprends pas pourquoi, vraiment, vous me louez, en ce livre, consacré et dédié aux veneurs, d'avoir toute ma vie aimé et pratiqué la chasse.

Je n'y eus jamais aucun mérite.

On est chasseur, chez nous, par passion naturelle, par atavisme, et comme d'instinct.

C'est que la chasse — la chasse à courre — est de toutes les passions celle qui donne le plus noble épanouissement à l'énergie humaine.

Elle était autrefois privilège de seigneur. Contrairement à tant d'autres belles choses qui se sont enlaidies sans remède en se démocratisant, elle est demeurée le sport d'une élite qui lui conserve toute son élégance.

Et cependant elle intéresse, dans nos pays de grands bois, tous ceux-là même qui ne peuvent la pratiquer. Nous voyons les habitants des villages quitter leurs travaux pour suivre de loin, passionnément, les abois d'une meute à la suite d'un cerf et assister à sa prise.

Même les « citadins » auxquels il n'appartient ni de chasser, ni de voir chasser, aiment les récits de vénerie.

La France est un peuple chasseur comme elle fut un peuple guerrier.

Ce goût national aidera puissamment au succès de votre livre.

J'ai lu, pour ma part, avec un vif plaisir, les chapitres que vous consacrez aux grands équipages et à leurs maîtres.

Je n'y trouve à reprendre que la trop belle place que vous m'assignez parmi les veneurs.

Je n'ai qu'une supériorité, à laquelle je renoncerais volontiers s'il était possible : celle d'être leur doyen.

Agréez, cher Monsieur, avec tous mes compliments pour votre beau travail, l'expression de mes sentiments les plus sympathiques et les plus distingués.

Vicomte E. de La BESGE.

LE BARON DE RUBLE [1]

Ancien chevau-léger de la maison du Roi en 1817, officier dans un régiment de chasseurs après la dissolution de la maison du Roi, le baron de Ruble est un veneur, mais un veneur dans toute l'acception du mot, et dont il serait fort agréable d'écrire l'histoire, si on ne craignait point de heurter, à chaque instant, les sentiments de modestie qu'il possédait à un si haut degré. A défaut du veneur, je parlerai de l'équipage.

Le baron de Ruble, né en 1799, chassait encore peu de temps

(1) Depuis que cette étude a été écrite, le baron de Ruble est mort; cela ne doit pas nous empêcher de parler des hauts faits de ce veneur qui a occupé pendant près de soixante ans une des premières places dans le monde de la vénerie.

avant sa mort avec une ardeur que bien des jeunes gens lui envieraient.

Il y a quelques années, le jour de la Saint-Hubert, malgré ses quatre-vingt-douze années sonnées, M. de Ruble, après avoir entendu une messe matinale et dévoré une soupe de chasseur, montait à cheval et forçait son lièvre, donnant ainsi,à tous ceux qui le suivaient, l'exemple et le souvenir des veneurs qui s'en vont, qui sont partis.

L'équipage du baron de Ruble, auquel est attaché le vieux piqueur Lajeunesse, aussi âgé que son maître, est composé de chiens gascons purs. Cette meute, qui a chassé longtemps le loup et qui ne chasse plus aujourd'hui que le lièvre, dans le Gers et la Haute-Garonne, a été formée par d'habiles croisements avec les débris des meutes de MM. le marquis de Barbazan et le comte de Saint-Léger, et c'est ainsi qu'elle est arrivée à être d'un ensemble parfait.

Major, un des plus beaux spécimens de cet équipage, a eu non seulement les honneurs du pinceau de Jadin, mais encore le premier prix d'exposition, lorsque, en 1863, M. le baron de Ruble fit figurer ses chiens bleus de Gascogne à l'exposition du Jardin d'acclimatation.

Les chiens bleus de Gascogne ont été de tout temps classés parmi les races françaises les plus anciennes et les plus pures. Perfectionnée par Gaston Phœbus, cette race a servi pendant longtemps à former les équipages royaux pour le loup. Henri IV possédait une excellente meute pour ce laisser-courre.

Les chiens gascons, dit le comte de Chabot, sont presque tous de haute taille, tachetés de noir et de bleu, avec la tête assez forte, la paupière supérieure couverte, l'œil souvent caché et quelquefois rouge, le rein long, la patte forte et bien faite.

Nous avons vu des chiens plus grands que les chiens bleus,

plus forts, plus rapides, mieux taillés pour l'attaque du fauve; nous n'en avons pas vu qui réunissent toutes ces qualités à des deg rés miexéquilibrés et qui offrent un ensemble plus complet.

A ces avantages, les chiens bleus ajoutent des agréments qui, pour n'être d'aucune utilité en vénerie, ne sont pas moins appréciables. Ainsi, ils sont admirablement gorgés, les mâles dans les tons de basse, les femelles dans les tons élevés ; leur voix est prolongée, soutenue, expressive suivant les occurrences. Ils sont très bien coiffés et portent noblement leurs grandes oreilles. Enfin, ce qui fera sourire les veneurs rigides, mais ce qui charmera plus d'une de nos lectrices, ils sont très doux de caractère, se privent facilement et deviendraient volontiers des chiens de salon. S'il est vrai que les lévriers soient les aristocrates de l'espèce canine, il est encore plus vrai que les chiens bleus sont les aristocrates des espèces courantes.

Nous avons pu les apprécier sur le théâtre de leurs exploits, à la chasse. Ils sont moins rapides que les chiens anglais et ne satisferaient pas les amateurs de steeple-chase, qui ne veulent pas dépenser à un hallali plus d'une heure de leur journée. Ils chassent gravement, sans s'emporter, sans s'inquiéter de l'avance de la bête, sûrs de leur nez, uniquement préoccupés de ne pas faire de fautes, et mettent en pratique le proverbe italien : *Chi va piano va sano*. Les débuchers, le passage des chemins, les reculs du gibier sont savamment étudiés par la meute, comme des problèmes par un corps d'ingénieurs. A chaque défaut, il se rencontre des limiers qui prennent l'initiative et que le vulgaire des chiens suit aveuglément. M. le baron de Ruble sait, à distance, reconnaître au cri de certain chien, et même à la tonalité de sa voix, le conseil donné par le plus sage.

La spécialité de la meute était, comme je le dis plus haut, la chasse du loup. Habitant la Gascogne, le baron de Ruble trouvait autrefois des loups dans les Landes. C'est dans ces plaines de sable que son équipage a pu développer ses qualités. Tel vieux loup a occupé pendant une semaine entière chiens, chevaux et chasseurs ; tel autre a dépaysé à sa suite ses ennemis trop obstinés. Quant aux louvarts, le baron de Ruble avait pour règle de les conduire noblement à leur heure dernière ; il les faisait attaquer et forcer par ses chiens.

Aujourd'hui, le loup n'existe plus dans la région du Midi ; il est devenu un mythe et ne sert plus qu'à effrayer les enfants ou à dissimuler les rapines du berger. Les chiens bleus sont réduits à chasser le lièvre. Condamnés à suivre dans un pays coupé de chemins et très cultivé, ils se tirent de ces difficultés avec une habileté, une sûreté de flair qui manquent aux races anglaises, accoutumées à prendre leur victime presque d'assaut, à force de vitesse et sur un terrain favorable.

Quelques écrivains cynégétiques donnent une haute origine aux chiens bleus de Gascogne; ils attribuent la création de la race au roi Charles IX. Malheureusement, il ne reste pas de tableaux de chasse du XVIe siècle ; les portraits, les miniatures, les dessins ne représentent guère que des lévriers.

Au XVIIIe siècle, Desportes, Oudry peuplent leurs tableaux, consacrés aux chasses du roi, de chiens blancs et noirs du même type que le chien bleu de Gascogne. L'espèce a été recueillie, dans le courant de ce siècle, par M. le baron de Ruble. Le premier noyau de son équipage se forma de chiens choisis dans les races de Gascogne. Depuis, M. de Ruble a amélioré son équipage, soit en éliminant les sujets moins bien réussis, soit en y infusant un sang nouveau, mais tiré des plus pures races françaises. Les chiens de Saintonge, et principalement la meute de M. le comte de Saint-Léger, lui ont fourni un appoint précieux.

Le baron de Ruble, qui connaissait la chasse à courre en

homme d'études et d'expériences, avait à cœur de conserver la tradition de la vénerie française, il en employait les expressions, en appliquait les préceptes; aussi ne supportait-il jamais dans sa meute un chien inutile ou de chasse irrégulière, à tel point qu'elle eût pu chasser sans crainte sous les yeux des critiques les plus sévères. On apprenait à la voir, ou on apprenait à entendre causer le maître.

Il avait le don de s'attacher ses serviteurs; aussi peu de piqueurs se sont-ils succédé chez lui. Celui qui mérite une attention particulière est certainement le vieux Lajeunesse. D'un âge très avancé, il vit encore au Bruka, passant de ses souvenirs au chagrin causé par la mort de son maître. Dévoué serviteur, connaissant bien la chasse au loup, encore mieux celle du lièvre, fin et tenace sur les requets, sachant rapprocher des voies forlongées jusqu'à ce qu'il eût relancé son animal, il avait une grande créance sur ses chiens qu'il rappelait ou qu'il appuyait avec une voix pleine et vibrante et sur un ton que peu de piqueurs possèdent. Adressons nos éloges à cet homme qui fut le compagnon et l'ami de son maître.

Nous avons vu le baron de Ruble maître en vénerie, nous devons aussi rappeler les services qu'il a rendus comme éleveur. Je ne m'étendrai pas sur ce sujet, mais qu'il me suffise de dire que le baron de Ruble a été, avec le comte Maxime de La Roque-Ordan, un des premiers éleveurs de leur contrée qui aient cherché à améliorer la race du pays par des croisements avec des chevaux de sang. Ils furent les premiers qui enrichirent la remonte de sujets perfectionnés. Aussitôt les primes départementales créées, leurs juments en remportèrent les premiers prix.

Ils furent d'un bon exemple pour le pays, exemple qui a porté ses fruits. L'administration des haras trouva chez eux un bon nombre d'étalons.

Nous aurions encore beaucoup à dire et mieux à dire, si nous avions à parler de l'homme privé. Mais ce n'est point ici le lieu. Je ne terminerai pas sans rendre hommage à ses vertus, et sans adresser un pieux souvenir à la mémoire de celui qui fut le premier veneur de son époque.

LE COMTE HIPPOLYTE DE BON

La chasse du lièvre est la plus fine, la plus difficile, et par cela même peut-être la plus intéressante. Cet animal si petit, si rapide, laisse très peu de sentiment; ses voies sont légères et bientôt essuyées par le vent, par la sécheresse, par le grand air; aussi sa chasse est-elle reconnue pour être la clef de toutes les autres.

C'est cette chasse qui a captivé pendant cinquante ans l'habile et modeste veneur dont nous voudrions savoir mieux esquisser la noble et sympathique silhouette.

Dire l'histoire de M. de Bon comme veneur, c'est dire l'histoire de la vénerie dans le Sud-Ouest depuis la première moitié du XIXe siècle. A ce titre, cette page serait intéressante, si elle ne l'était au point de vue du veneur lui-même.

Le comte Hippolyte de Bon appartient à une très ancienne famille de gentilshommes de Gascogne, qui a toujours résidé dans cette province, et qui a fourni un grand nombre d'hommes d'épée à nos armées, et de robe à la magistrature. Le marquis, frère aîné du veneur, et celui-ci ont donné leurs démissions en 1830.

Au début de sa carrière, M. de Bon a fait une guerre acharnée et souvent heureuse au loup; dans l'espace de seize ans, avec le secours de M. de Ruble, il a pris à force de chiens, ou tué une centaine de loups ou de louvarts. Citons quelques-unes de ces chasses du bon temps.

C'était en 1854, à la fin de novembre, sur la limite du Gers et des Hautes-Pyrénées. Après avoir fait le bois, le rapport des valets de limiers était des plus décourageants, ils n'avaient eu aucune connaissance de loup dans leur quête.

Mais saint Hubert veillait sur ses fidèles : sa protection se montre à eux sous les traits d'une pauvre femme tout en pleurs, à laquelle un loup venait d'enlever six belles oies. Le maraudeur était resté dans les champs, ce qui explique comment les valets de limiers n'avaient point rencontré ses voies dans leurs quêtes au bois.

L'espoir renaît; on court au lieu indiqué; on découple ; les chiens goûtent bien la voie, font un beau rapprocher, et bientôt l'animal est lancé et vu par corps : c'est un grand vieux. Les veneurs sautent à cheval. M. de Bon coupe à grande allure vers la refuite présumée du loup, que les chiens mènent à grand bruit et grand train. A quelque temps de là, l'heureux veneur a le plaisir de voir passer près de lui la bête de meute. Suivant l'habitude du loup quand il est chassé vivement, celui-ci se dégorgeait ; les oies dont il s'était repu avec voracité le gênant dans sa fuite.

Après un long et brillant laisser-courre, la mort du loup est résolue : on ne force pas un grand loup. Les veneurs se dispersent pour courir aux meilleurs postes. M. de Bon choisit une entrée de bois où aboutissent plusieurs chemins, se cache derrière un tertre et attend. Vous savez ce qu'est l'attente en pareil cas ; elle ne fut pas vaine cette fois : la chasse s'approche, un bruit léger se fait entendre, la bête de meute se présente de face et M. de Bon la porte bas d'un coup de fusil dans la tête. Ce loup était énorme, bas sur jambes, trapu, et vieux, vieux comme le péché. Ah ! comme il avait dû en commettre dans sa longue vie de forban !

Au commencement de décembre, en 1856, MM. de Bon et de Ruble s'étaient rendus à Aignan, dans le Gers, où on leur avait signalé la présence d'une louve et de sept louvarts, qui faisaient de grands abats dans le pays.

Dès leur arrivée et malgré la nuit, les veneurs, désireux d'étudier le terrain, vont faire une reconnaissance avec leurs piqueurs. L'un de ces derniers avait le talent d'imiter à la perfection le hurlement des loups : à l'entrée des bois, il fait l'essai de son petit talent, et aussitôt les loups de répondre de tous côtés en se rapprochant. Le pays est bien coupé, il y a des loups : on rentre en silence et plein d'espoir.

Le lendemain, la fanfare du lancer et celle du loup sont sonnées presque en découplant. La louve veut se donner aux chiens, pour sauver sa jeune famille, et passe sans crainte au milieu des chevaux, la queue haute, le poil hérissé. Des paysans la tirent, elle ne paraît point blessée. Cependant les veneurs et les piqueurs travaillent et parviennent, non sans peine, à rallier sur un louvart ; la chasse part brillante et animée.

Pendant trois heures, sans un défaut, sans un balancer, ça marche d'un train du diable ; le louvart tient les bois, il n'ose pas, dans un grand débucher, se livrer aux chiens qui lui soufflent au poil. Puis on entend l'hallali sur pied et enfin l'hallali par terre

Le jour suivant, on attaque un second louvart et on sonne, en rentrant, une seconde retraite prise.

Et ainsi de suite six jours consécutifs, pendant lesquels six louvarts sont portés bas par la meute.

Restaient un septième louvart et la louve ; mais le veneur est conservateur, demandez plutôt à messieurs les lieutenants de louveterie : louve et louvart ont été épargnés en vue de l'année suivante.

Si les loups étaient rares en Gascogne, MM. de Bon et de Ruble allaient les chasser dans le Cantal, chez le marquis d'Humières, dans les Landes, à Durance, à Casteljaloux, pays aimés des chasseurs, dans le Tarn-et-Garonne, à la forêt de la Grésigne, dans les Hautes et Basses-Pyrénées...

M. de Bon était le disciple, l'émule et plus tard le continuateur du comte de la Roque, du chevalier de Solages, de M. de Gonès, qui voyaient sonner pour eux l'heure de la retraite, au moment où M. de Bon entrait dans la carrière.

Quand les loups ont disparu, M. de Bon a mis ses chiens dans la voie du lièvre. Il chassait souvent avec M. de Ruble, son contemporain et son ami, dont le chenil a toujours eu une réputation méritée. Rappelons une seule de leurs chasses de lièvre.

C'était au Bruka, chez M. de Ruble ; M. de Bon était venu avec ses chiens ; on devait chasser un jour avec la meute de Calaoué, un autre avec celle du Bruka.

Un matin, on découple douze des chiens de M. de Bon sur la bordure des boqueteaux qui avoisinent le parc. Deux lièvres sont mis sur pied en même temps ; la meute se divise en deux groupes de six chiens, et les deux chasses s'éloignent rapidement. Le maître d'équipage donne l'ordre à son piqueur de suivre l'une de ces chasses, et lui s'élance avec ses amis à la suite des six autres chiens.

Après une longue menée, M. de Bon a le plaisir de voir ses six chiens prendre gaîment le lièvre, dont il peut à peine leur disputer le pied, qu'il porte triomphalement au château.

On rentrait, quand des voix connues et aimées se font entendre : c'est la seconde chasse qui fait un retour ; ces messieurs se précipitent. Les six chiens arrivaient suivant une voie laborieuse, couverts de boue, fatigués, gênés par la gelée du soir, ils la dressaient avec la plus grande difficulté, la chasse entre dans le parc. Là, malgré tous les efforts des veneurs, tentés sans doute par la proximité du chenil, cinq chiens mettent bas et rentrent; un seul, dont le nom mérite un souvenir, *Romulus*, le chien de tête, reste ferme et droit dans sa voie, la maintient pas à pas, donnant par intervalles de cette voie assourdie et lassée des chiens sur la fin de leur animal. Son travail merveilleux fait l'admiration de tous ; il arrive ainsi peu à peu, après bien des peines, des difficultés, auprès de la pièce d'eau du parc, et au milieu des roseaux et autres plantes aquatiques qui en garnissent les bords il prend glorieusement son lièvre bien et loyalement forcé.

Hallali ! Hallali ! Vous devinez si les veneurs, le maître d'équipage surtout, étaient contents, et si le dîner a été joyeux après ces deux victoires remportées en un jour.

Les chasseurs nous pardonneront bien encore un mot pour rire. On était en déplacement de chasse aux loups chez M. d'Humières ; un chasseur fanatique, mais novice, n'avait jamais pu forcer un lièvre, et demandait à voir ce spectacle une fois en sa vie ; M. de Bon est chargé de lui donner ce plaisir.

Un lièvre est mis debout dans les brandes. M. de Bon, qui serrait de près à cheval, ne tarde pas à s'apercevoir que son lièvre porte un collier en fil de laiton et prévient son piqueur en lui recommandant le silence. Trente minutes après le lancer, le lièvre est pris, le piqueur lui enlève lestement son collet, et M. de Bon offrant le pied droit au chasseur stupéfait : « Ce n'est pas plus malin que ça. » Cependant, il donnait la clef du mystère aux vrais veneurs, qui n'admettent pas comme de bonne prise un grand lièvre enlevé en trente minutes par des chiens français.

Un fait rare, digne d'être signalé, et tout à l'honneur du maître et de ses gens, c'est que M. de Bon n'a eu que deux piqueurs dans sa longue carrière.

Le premier, Germain, nom d'heureux présage, pris tout jeune, a fidèlement servi son maître pendant près de 30 ans.

Vincent l'a remplacé ; jeune, bien planté, infatigable, bonne trompe, aimant son maître et son métier, il est devenu un piqueur de premier ordre sous la direction d'un veneur tel que M. de Bon ; après avoir, pendant plus de vingt ans, élevé, soigné et piqué les chiens du Calaoué, il est mort l'année dernière.

En vrai veneur, et tout d'abord, M. de Bon s'est préoccupé du choix de ses chiens. Il voulait des chiens pour lièvre et il les voulait d'une origine et d'un mérite dignes de tous les soins et de tous les frais qu'exige un élevage sérieux : ses regards se sont tournés vers les chiens de l'Ariège.

Cette race n'est point assez connue, et c'est regrettable ; elle chasse le loup d'amitié et le lièvre à la perfection.

M. de Bon croit, non sans raison, que le chien de l'Ariège remonte au temps reculé de Gaston Phœbus, comte de Foix. On peut admettre que les douze cents chiens qui peuplaient les chenils de cet illustre veneur ont laissé des descendants jusqu'à notre époque.

Ce chien crie d'une façon remarquable, sa voix est puissante comme le tonnerre, souvent basse, chez le mâle surtout, abondante et allongée toujours. Malgré cette gorge magnifique, il a assez de train, et beaucoup de fond ; il est fortement charpenté quoique de taille assez haute ; sa constitution est robuste.

C'est cette voix superbe, c'est cette force qui lui permet de gravir lentement et sans fatigue les pentes les plus ardues, ce sont les qualités de ce chien pour la chasse du lièvre qui ont toujours excité l'admiration de M. de Bon, et qui ont déterminé son choix.

Ce chien est généralement noir, marqué de feu, blanc et noir, tricolore, quelquefois roux fauve ; son poil est fin : les poils durs et les griffons sont plus rares, c'est une variété.

C'est avec un chien de l'Ariège, irréprochable en tous points, appartenant à M. de Vise, et avec une belle et bonne lice saintongeoise, provenant du chenil du comte de Saint-Léger, dont la famille avait conservé, dans toute sa pureté, jusqu'à ces derniers temps, la race si remarquable des chiens de Saintonge, que M. de Bon a peuplé son chenil depuis le commencement du siècle.

Il y avait un échange continuel d'élèves entre les chenils du Bruka et du Calaoué ; M. de Ruble gardait habituellement les chiens bleus, M. de Bon les chiens noirs et blancs.

C'est à cet élevage judicieux et suivi avec persévérance que sont dus des chiens fameux, tels que : *Romulus*, dont nous avons cité un trait plus haut ; *Mascareau*, qui n'a jamais menti, qui ne s'est jamais trompé ; *Pharamond*, le plus beau de tous les élèves du Calaoué, criant comme un tonnerre, mordant et courageux, de la plus grande taille, et tenant la tête même dans les pentes les plus abruptes des contreforts pyrénéens ; *Sirène*, qui avait le don, aussi rare que précieux, de tenir sa voie sur les chemins comme sur une pelouse. Belle autant qu'elle était bonne, le maître en a tiré race. *Caresse*, *Junon* et *Fougère*, ses filles, ont peuplé le chenil de leurs produits, et le livre de chasses de leurs exploits.

Naguère, les propriétaires et les éleveurs de chiens de l'Ariège se réunissaient sur les limites de ce département, à Carbonne (Haute-Garonne), le 3 novembre, fête de saint Hubert. Là se faisaient force ventes et échanges de chiens; là se couraient force lièvres. C'est par centaines que l'on comptait les chiens amenés à ces réunions, et l'on comprend l'émulation que faisaient naître chez les chasseurs et les éleveurs ces assemblées annuelles, ces chasses et les transactions qui en étaient la suite.

Dans le nombre de ces chiens, quatre sont restés dans la mémoire des veneurs de ce temps déjà éloigné. Ces chiens, aussi remarquables par leur bonté que par leur beauté, s'appelaient :

Fils-de-l'Air, à M. de Lacombe ; *Milord*, à M. de Lapasse ; *Mentor*, à M. Roujas ; *Hurleur*, à M***.

Pourquoi faut-il qu'un regret vienne se jeter sous nos pas : le chenil du Calaoué est vide aujourd'hui. Les échos ne diront plus les joyeuses fanfares qu'ils ont apprises pendant un demi-siècle, ils n'entendront plus la voix éclatante de la meute ; la mort de Vincent, plus que les années, a contribué au découragement du maître. M. de Bon a donné tous ses chiens, au grand regret de ses amis et des veneurs de la région.

LE MARQUIS DE BEAUCAIRE

La vénerie, a dit avec raison le marquis de Cherville, doit être considérée comme le caractère suprême de la vie élégante ; elle tient le haut bout dans la hiérarchie du sport.

Pour devenir veneur, il faut une vocation spéciale, la réunion d'aptitudes très diverses et de connaissances qui ne s'acquièrent que par des études moins fastidieuses sans doute, mais aussi laborieuses que celles dont le baccalauréat est le couronnement. Il ne suffit pas de se farcir la cervelle des leçons écrites de Du Fouilloux, de Le Verrier de la Conterie, etc., etc. ; ce savoir d'emprunt ferait du néophyte un théoricien théorisant tout au plus, s'il n'avait pas usé force semelles sur le chemin de l'école.

Cette école, c'est la forêt verdoyante, avec ses lignes qui s'allongent jusqu'à l'horizon dans leur double encadrement de taillis. Il faut s'y rendre aux heures crépusculaires où l'Orient, teinté de rose, saupoudre de sa poussière nacrée les images qui enveloppent le massif, se livrer à l'observation des empreintes fugitives que les fauves, que les bêtes noires ont laissées, ici sur le revers du fossé, plus loin sur le gazon diamanté de rosée ; quand on est parvenu à juger avec sagacité, à déduire de l'examen du pied ou de la trace, l'âge, le sexe, les connaissances de l'animal auquel ils appartiennent, on s'exerce à rembucher avec prudence. Puis, vient l'action ; il faut travailler encore pour arriver à savoir placer ses relais aux bonnes refuites, à distinguer le change, à relever les défauts, à conduire la meute de l'attaque de l'hallali.

Alors, s'il est un cavalier solide et entreprenant, s'il sonne convenablement un vol-ce-l'est, s'il possède l'énergie et le coup d'œil et par-dessus tout s'il est doué du feu sacré, l'apprenti passera maître, se détachera du groupe de ses brillants comparses, qui font nombre dans un laisser-courre, et occupera une des premières places dans la vénerie.

Courre le solitaire, le mettre à l'hallali courant et aux abois; entendre le claquement de ses défenses, voir ses yeux de feu; le courage et l'entente de la meute pour l'attaque ; l'étendre ensuite sur le sol, le fer à la main, est un spectacle enivrant et en même temps un plaisir guerrier et chevaleresque.

Sur cette terre, chacun a une passion prédominante, plus ou moins vive, selon sa nature et son tempérament. Les uns aiment les batailles, les autres préfèrent la paix et la tranquillité. Il n'y a pas à discuter.

L'important est de savoir maîtriser ses passions et de tirer le meilleur parti de la position dans laquelle on se trouve. Ce grand amour de la chasse de nos veneurs d'autrefois se calme un peu aujourd'hui ; aussi les fervents disciples de saint Hubert, les veneurs intrépides comme le marquis de Beaucaire, qui chassait en forêt de Tronçais, sont-ils en petit nombre.

La forêt de Tronçais, située dans l'arrondissement de Montluçon et à proximité du bourg de Cérilly (Allier), est une des plus belles de France. Des bois de chêne et de hêtre y poussent, avec une vigueur prodigieuse. Sa superficie est de 11.000 hectares. La moitié, à peu près, est composée de vieilles futaies deux ou trois fois séculaires. Au milieu se trouve un rond-point nommé Rond-Gardien ! Là, viennent aboutir neuf grandes lignes, toutes de 12 mètres de large, s'étendant à perte de vue. Toutes ces routes conduisent à d'autres ronds-points auxquels viennent se joindre des lignes plus ou moins nombreuses, parfaitement entretenues. Du côté sud-ouest, on remarque de vieilles futaies très claires avec prairies sous bois dans lesquelles se trouvent des genévriers épars qui forment un ensemble majestueux et sauvage tout à la fois.

Au nord et à l'est, les futaies ont été récemment exploitées. La vue domine une immense plaine de hautes bruyères et de taillis épars dans lesquels les grands animaux se plaisent à se remettre.

En suivant la route de Lurcy-Levy, on rencontre à quelques kilomètres du Rond-Gardien, une immense pièce d'eau qui coupe la forêt en deux d'un bout à l'autre. C'est dans ces parages que commencent et finissent presque toutes les chasses.

De chaque côté, la vue domine une immensité de bois dont le sommet se confond avec l'horizon. L'étang, majestueusement placé au milieu, paraît se perdre dans l'infini.

Celui qui examine la majesté de ces belles choses ne peut se défendre de lever les yeux au ciel et de demander au Tout-Puissant de lui accorder de longs jours pour pouvoir toujours les admirer !

Près de l'autre extrémité de la pièce d'eau, partie sud, se

trouve un pont à plusieurs arches, en pierres taillées, bien qu'à cet endroit le réservoir soit plus étroit et couvert d'épais roseaux et arbrisseaux qui ne permettent pas à la vue de distinguer où commence et finit le large ruisseau qui l'alimente.

C'est dans cette partie resserrée de la forêt que se trouve le passage habituel des animaux sauvages, pour aller d'un côté à l'autre chercher leur nourriture ou pour s'abriter dans les fourrés d'épines, de houx et de hautes bruyères.

Ce passage est considéré par les chasseurs à tir comme un véritable assommoir. Il existe en effet, à cet endroit, une partie marécageuse que les sangliers ne traversent jamais sans se souiller. Aussi, l'a-t-on surnommée la *souille des sangliers*.

A côté, dans un groupe d'arbres, une petite hutte en branches de genévriers et de fougères traîtreusement arrangée pour cacher le tireur. C'est à cet endroit que les maîtres d'équipages postaient les amis qui venaient les visiter et n'avaient pas l'habitude de voir fauves et noirs, se réjouissant à l'avance d'entendre raconter à la veillée les émotions des uns et les regrets poignants des autres.

C'est au point central de cette vaste forêt nommée Point-du-Jour que, sacrifiant le faste des châteaux, l'agrément des villes, au plaisir de la chasse, le marquis de Beaucaire, ce veneur incomparable, avait transporté ses chenêts, afin de pouvoir s'adonner tout entier au culte de saint Hubert. Il y a plus de cinquante ans de cela, pendant lesquels on peut évaluer, sans porter atteinte à la vérité, les prises de ses sangliers à au moins trente annuellement.

M. le marquis de Beaucaire fut un cavalier exceptionnel : d'une haute stature, portant haut la tête et doué de forces physiques plus qu'athlétiques, courageux jusqu'à la témérité, bravant tous les temps, toutes les fatigues, il méritait à juste titre d'être nommé le Roi des veneurs.

Je ne veux point faire le portrait de cette nature exceptionnelle, douée de qualités inappréciables et aussi d'un caractère susceptible et terrible tout à la fois. Je ne parlerai que du veneur émérite avec lequel j'ai fait mes débuts comme veneur et dont j'ai été l'élève de chasse pendant de longues années.

Il faisait mon admiration, comme il a du reste fait celle de tous ceux qui l'ont vu derrière ses chiens à la poursuite d'un sanglier ou d'un loup, passant, franchissant, brisant tous les obstacles qui se trouvaient sur son passage.

Un fait, sans précédent, donnera une idée de son ardeur, de sa bravoure et de son intrépidité héroïque.

Peu de temps après la joyeuse et mémorable Saint-Hubert de Bourbon-l'Archambault, d'ardents chasseurs de Clermont, de Montluçon, de Moulins, attirés par le bruit et les succès cynégétiques du célèbre veneur de Tronçais, vinrent s'installer à Isle-et-Bardais, village à proximité de sa demeure, pour avoir l'avantage de le connaître et de chasser avec lui.

M. de Beaucaire, possesseur alors d'une brillante fortune, grand, généreux, ne calculant jamais, avait chaque jour table ouverte. Une de ses faiblesses était d'aimer l'encens, les courtisans et les admirateurs de sa personne et de ses exploits ; dans ces cas-là, il ne se possédait plus, et il n'était jamais plus heureux que lorsqu'il pouvait mettre sous la table les disciples de Bacchus qui voulaient se mesurer avec lui. Il éprouvait un plaisir non moins grand à faire de bonnes plaisanteries aux chasseurs étrangers, pour les dégoûter de venir, dans son arrondissement, lui disputer les bêtes noires.

Un jour de décembre de l'année 1880, des bûcherons matineux aperçurent un grand sanglier traversant une des lignes du rond de La Cave; ils en informèrent aussitôt M. de Beaucaire, qui fit prévenir de suite les chasseurs d'Isle-et-Bardais qu'il se rendait avec son vautrait sur les lieux indiqués et qu'il les attendait.

Tous s'empressèrent, malgré l'intensité du froid, de répondre à cet amical appel. Aussitôt réunis, les chiens d'attaque furent découplés sur la voie, et quelques instants après l'animal fut lancé dans les taillis de la Grand'Vente. Le relais, composé de quatre-vingt-dix magnifiques chiens de Vendée, fut donné, et la chasse prit aussitôt une animation peu ordinaire.

Le sanglier, après s'être fait rebattre dans les fourrés des Prés Dogés, prit un parti, traversa les futaies du Rond-Gardien, des Cabottés, et se dirigea sur les cantons de Ménecère.

Le vaste étang de Saloup était gelé, les bords cependant n'étaient pas, à certains endroits, complètement pris, les chiens passent à Pont-Neuf et entrent en futaies en faisant un carillon infernal ; à la vue de tous les chasseurs, à la tête desquels il se trouve, le vaillant veneur, malgré le danger qu'il courait, presse sans hésiter les flancs de son cheval et passe sur cette glace que le pas cadencé de sa jument fait doucement osciller.

Arrivé au milieu de l'immense pièce d'eau glacée, il tourne fièrement la tête, mais sans s'arrêter, et crie aux nombreux veneurs qui le regardaient frémissant de crainte :

« Messieurs, la glace porte... »

Il arriva à l'autre bord sain et sauf, ce qui fut considéré par tous comme un fait miraculeux. Je pourrais citer d'autres faits, aussi brillants, pour expliquer le mépris qu'il avait du danger et de la mort, mais je me bornerai à raconter les suivants :

Une fois, dans le cours d'une chasse, il tentait de franchir l'écluse du canal du Cher, mais le terrain mouvant, sur lequel il se trouvait à ce moment, ne permit pas à sa belle et rude jument irlandaise *Coquette* de prendre son essor ; cavalier et cheval tombèrent à l'eau et faillirent y rester.

Un jour, il recevait en chasse, d'un chasseur maladroit, à la naissance du cou, à bout portant, un coup de fusil chargé de chevrotines ; heureusement le col de sa peau de chèvre et de volumineux pelotons de muscles amortirent la force des projectiles... Il tomba de cheval et fut porté presque mort chez lui. Le soir même, pendant qu'on lui arrachait les plombs du cou, il sifflait un air de chasse et, un mois après, il chassait avec le même entrain qu'avant !... Le sang du gentilhomme de vieille race se retrouvait toujours dans cette nature indomptée et indomptable.

Dans une réunion, à Bourbon-l'Archambault, la Société Rallie-Bourbonnais chassait un sanglier dans la forêt de Grosbois.

M. Henry, riche propriétaire qui plaidait avec les fermiers des chasses, avait donné ordre à son garde de verbaliser contre les chasseurs qui se permettaient de passer sur les prairies enclavées dans ses bois.

Dans le cours de la journée, la chasse les traverse et les chasseurs à la suite, mais, en apercevant la plaque du garde, tous se sauvent dans diverses directions.

Le maître d'équipage seul, en voyant le serviteur et représentant de la loi s'avancer de son côté, met son cheval au pas.

— Votre nom ? lui demanda le garde.

— Marquis de Beaucaire ; et il ajouta d'une voix superbe : Si vous avez ordre de sévir contre lui, vous avez là une bien belle occasion de faire votre devoir. Et il repartit gaillardement.

Artiste passionné, il avait acquis un merveilleux talent sur la musette, façonnée sur ses indications dans des conditions tout à fait exceptionnelles en *si* bémol et basses notes, que le souffle de ses poumons pouvait seul faire aller ; aussi la musette du marquis est-elle légendaire dans le pays.

Elle se composait d'un volumineux sac de cuir, enveloppé d'un velours de soie vert, portant à une des extrémités un montant en bois des îles, avec plusieurs gaines dans lesquelles s'adaptaient deux flûteaux à large pavillon pour le doigté, un gros et long bourdon en ébène pour l'accompagnement et un tube en argent pour introduire le vent nécessaire à produire l'harmonie des sons.

Pendant la saison des fêtes et apports, il prenait grand plaisir à parcourir les villages dans une voiture à quatre chevaux, acclamé toujours par la foule qui réclamait la musette! la musette!

Il arrêtait alors son char à bancs, sortait l'instrument, et faisait danser la jeunesse à cœur-joie. Il était jeune alors et ne demandait en paiement que la faveur d'embrasser les danseuses, qui toutes s'y prêtaient volontiers. Et pour égayer et contenter les danseurs, il faisait apporter une pièce de vin qui se buvait à la santé du musicien. Aussi était-il très populaire et très aimé... des danseuses.

LE DUC DE BEAUFORT

Les Anglais ont plus d'un genre de sport, et le turf est loin de suffire à l'activité d'une race qui cultive la force avec le même soin et le même respect que l'intelligence; nos voisins témoignent en outre une vraie passion pour la chasse. On raconte que, pendant la bataille de Waterloo, il fallut toute l'autorité du duc de Wellington, surnommé de l'autre côté du détroit « l'Homme de Fer », pour réprimer, chez les soldats anglais, l'instinct naturel du sport, à la vue des lièvres effrayés par le tonnerre des armes à feu, et qui s'échappaient jusque sous les pieds des combattants.

La chasse — et les Anglais le reconnaissent — est un reste de l'état sauvage; mais elle a subi de bien grandes modifications avec les progrès de la société. On étonnerait beaucoup les naturels du Canada en leur apprenant qu'en Angleterre la chasse est un amusement; pour eux, c'est un travail de tous les jours, et le seul qu'ils pratiquent. La chasse, qui joue un si grand rôle dans l'histoire de la Grande-Bretagne, a aussi changé plusieurs fois de caractère, à mesure que le déboisement, les progrès de la culture et d'autres causes amenaient dans l'île l'extinction de certaines familles zoologiques.

Comme je ne veux parler que de la chasse au renard, la plus nationale et la plus populaire de toutes en Angleterre, il est temps, je crois, de faire connaissance avec Sa Grâce le duc de Beaufort, un des veneurs les plus célèbres de ce pays (1).

La famille du duc de Beaufort descend de Jean de Gand, quatrième fils du roi Édouard III. Elle possède dans le pays la royale demeure de Badminton et Chepstow-Castle, qui est en ruine. Le vieux château de Chepstow, à Tiddenham, est lui-même un débris vénérable et pittoresque, visité avec amour par les touristes. Bâti sur le front d'un précipice, au fond duquel coule la rivière Wye, ce château fait pour ainsi dire partie de la roche qui le supporte et avec laquelle il a fini par se confondre pour la couleur et la solidité. Le même manteau de lierre, qui recouvre les murs et les fragments de tours à demi écroulées, tapisse aussi les flancs du rocher, dont la base se cache sous les eaux, mais dont la tête s'élève hardiment parmi les ruines. C'est surtout aux heures des flux qu'il est curieux de visiter ces restes fiers, sauvages et imposants : la marée baigne et assiège avec fureur le pied du récif; un peu plus, elle menacerait les antiques fragments d'architecture qui restent au-dessus des flots calmes et impassibles, sachant bien, dans leur sombre tristesse, qu'ils n'ont d'autre ennemi à craindre que le temps. A ce château fort se rattache

(1) Décédé le 30 avril 1899, à l'âge de 75 ans.

plus d'un souvenir historique ; il a joué un rôle important dans les guerres civiles, il eut même l'honneur d'être assiégé par Cromwell en personne et de lui résister.

Plus tard, néanmoins, il tomba, ainsi que les autres, aux mains de l'armée du Parlement, et un soldat, traversant la rivière à la nage avec un couteau entre les dents, coupa le câble du bateau dans lequel la garnison royaliste espérait se sauver.

Quelle forteresse n'a pas eu son prisonnier?

Dans l'une des tours de Chepstow-Castle fut enfermé, après la Restauration, le vieux républicain Harry Marten, le membre de la haute Cour de justice qui condamna Charles Ier à mourir sur l'échafaud (1).

Ce château ruiné n'est plus aujourd'hui une résidence que pour les ombres historiques, les hiboux et les renards. Le duc de Beaufort actuel demeure donc à quelques lieues de Tiddenham, dans sa propriété de Badminton. Il y a mille choses à voir et à admirer dans cette dernière demeure seigneuriale : des édifices considérables et somptueusement ornés dans le goût moderne, un parc et des jardins magnifiques, un troupeau de daims et de cerfs qui s'élève à deux mille têtes ; mais ce que j'aime le plus à Badminton, c'est une libéralité traditionnelle qui se traduit par cette devise : *Mihi et Vobis*.

Une telle devise exprime en deux mots la charité britannique, charité bien ordonnée qui commence par elle-même, mais qui songe aussi aux autres. Une des pratiques de cette maxime est que tout voyageur qui passe devant le château a droit, dans une des salles, à un plat de viande et à un verre de bière, s'il éprouve le besoin de se rafraîchir.

(1) Au moment où Cromwell venait de signer la sentence de mort, il barbouilla avec la plume chargée d'encre la figure de Henry Marten qui se trouvait à côté de lui. On passa ensuite la même plume à Marten, qui, après avoir signé à son tour, répéta cette grosse plaisanterie sur le visage de Cromwell.

A l'intérieur de cette riche habitation, tout parle d'un antique divertissement qui s'est en quelque sorte perpétué comme une tradition de famille. De vieilles peintures racontent, sur les murs du château, les événements passés de la chasse, donnent les portraits de plusieurs chasseurs distingués dans leur temps, comme aussi ceux des chiens et des chevaux engagés à la poursuite du cerf. Il en est un même très curieux, c'est celui représentant le quatrième duc se retournant sur sa selle pour indiquer à son fils aîné le cerf de meute qui est devant eux. La particularité de cette toile, c'est que cerf, chiens et chevaux galopent tous sur le même pied !

C'est depuis 1762, — ce n'est pas d'hier comme on voit, — qu'on chasse le renard dans cette famille ; et voici dans quelles circonstances.

Un jour, en revenant de courre un cerf, le huntsman signala un renard devant Silk-Wood. Il faisait encore grand jour, les chiens n'étaient pas trop fatigués, les chevaux ne demandaient qu'à marcher, on n'hésita pas. On donna l'ordre d'attaquer. Le renard partit comme un trait et fournit l'occasion de *such a good long run*, que His Grace, le grand-père du duc actuel, fut, à partir de ce jour, un des plus fervents disciples du fox-hunting. Ce qu'il advint, quand les *hounds* rencontraient un cerf, on ne le dit pas, mais d'après les livres de chasse, la phrase est restée que *in all probability they were steadied from deer and entered to fox*.

En moins de quelques années, le *pack* obtint une très grande réputation, et les noms de quelques *hounds* de Badminton sont restés tellement légendaires, qu'on les cite encore à l'heure actuelle. Parmi ceux-là figurent *Justice*, *Potentate* et une dizaine d'années plus tard *Rufus and Remus*, les deux fils de *Hermit*, à lord Fitz-William.

La réputation de cet équipage, qui s'est toujours maintenue, date du commencement de ce siècle ; et c'est, comme je le dis plus haut, avec le grand-père du duc actuel que commença la célébrité des *Badminton-hounds*.

Maintenant il y a beaucoup de renards à Badminton, il y en a tellement qu'on peut les chasser cinq fois par semaine ; mais autrefois il n'en était pas ainsi, et, pour maintenir les chiens dans leur entraînement, il fallait louer les chasses de Cornbray-Park d'abord et ensuite celles de Heythrophouse.

Les terrains sont très agréables et très variés de ce côté, ils sont herbus comme il convient pour le fox-hunting. Il est vrai que les endroits où l'on met paître les troupeaux sont généralement enclos de haies et de barrières qui présentent un obstacle à la course de chevaux ; mais ce sont précisément les obstacles qu'aime et recherche le véritable chasseur de renard. Où serait pour lui le plaisir, s'il n'était pas exposé à se rompre le cou?

Les chenils de Badminton ont toujours été entretenus avec une magnificence princière et Sa Grâce le duc de Beaufort est incontestablement un des premiers sportsmen de l'Angleterre.

L'équipage du duc de Beaufort est certainement le seul équipage anglais qu'on ait vu en France. Il y était venu chasser le loup à Persac, chez le vicomte E. de la Besge qui possédait et qui possède encore les meilleurs chiens pour le loup qu'ils chassent d'amitié.

Les chiens des chenils de Badminton, excellents sur le renard, se montrèrent peu empressés pour le loup ; et, disons-le ils n'arrivèrent jamais à débrouiller la voie ; ils s'en retournèrent, donc comme ils étaient venus, c'est-à-dire sans la moindre prise, néanmoins ils laissèrent un excellent souvenir chez les veneurs du Poitou qui avaient assisté aux laisser-courre de ces deux superbes équipages.

Les couleurs actuelles du *hunt* habit, bleu à revers de buffle, sont portées par lord Cowley, lord Daugan, lord Trafalquar, baron de Tuyll, sir général Codrington, colonel Kinsgcote, etc., etc.

Les fermiers sont particulièrement de ce côté *a very sporting lot and love a gallop*.

LE VICOMTE E. DE LA BESGE

Le vicomte de la Besge appartient à une famille noble, originaire de la Marche, et établie dans le Poitou depuis le XVIe siècle. Ses ancêtres ont de tout temps rempli des fonctions honorables, soit dans la magistrature, soit dans l'armée. Son père, chevalier de Saint-Louis, officier supérieur en retraite, membre du Conseil général de la Vienne, avait émigré et repris du service dans les gardes du corps après la Restauration. C'était un homme de l'ancien régime, d'une haute distinction de manières et de sentiments. Sa mère, née de Villars, était la personnification la plus complète de la grâce, du charme et de l'esprit ; excellente musicienne et auteur de plusieurs poésies, entre autres l'*Angelus* et *les Brises du soir*.

Le vicomte E. de la Besge avait dix-huit ans lors de la révolution de Juillet. Il venait de terminer ses études et allait passer ses examens pour Saint-Cyr, lorsque son père, ardent royaliste, le rappela près de lui.

Pour le consoler de la perte de sa carrière, il lui donna des chevaux et l'engagea à chasser autant qu'il le désirait.

Ardent, fougueux, d'un tempérament d'acier, déjà fort en équitation, le jeune vicomte ne se fit pas prier et devint vite un homme de sport de grand mérite. Sa réputation comme veneur et comme chasseur était incontestée et incontestable. C'était également un cavalier d'une audace et d'une énergie sans limites, montant à cheval dans un style supérieur.

Le veneur ne laisse rien non plus à désirer. Le vicomte de la Besge a toujours été son premier piqueur, c'est lui-même qui conduit ses chiens. Aussi en a-t-il toujours possédé d'admirablement créancés. Pendant bien des années, le vicomte de la Besge partait deux fois la semaine, à cheval, le matin, de son domaine de Persac, et allait à la forêt de la Moulière, distante de onze lieues ; il prenait son cerf et revenait, le soir, coucher chez lui. Vingt-deux lieues ! sans compter la chasse. Il faisait en outre des déplacements continuels de 30 et 40 lieues, couchant dans de mauvaises auberges, souvent seul avec son piqueur, et privé de toute espèce de confortable pendant des semaines entières.

Persac a été de tout temps renommé par la large et gracieuse hospitalité qu'on y recevait. Depuis plus de soixante ans, la tradition s'en est perpétuée.

Du temps de M. et Mme de la Besge, père et mère du vicomte actuel, le printemps et l'automne il y avait réception au château.

C'était le lieu de réunion de toute la jeunesse du pays ; on y jouait la comédie, en un mot on s'y amusait beaucoup. Plus tard, la vicomtesse de la Besge, née de Préfort, femme de la plus haute distinction, peintre, poète, musicienne, faisait les honneurs de son domaine avec une grâce parfaite. Aujourd'hui, ses deux filles, la comtesse de Beaumont et la baronne d'Huart, lui ont succédé. Elles sont, on peut le dire, aussi distinguées l'une que l'autre, et avec elles la réputation de Persac ne périclitera pas.

Le vicomte de la Besge m'amène naturellement à parler de l'origine et de la généalogie des chiens du Haut-Poitou, qu'on lui doit. A l'époque où le vicomte faisait ses premières armes comme veneur, on comptait dans le Haut-Poitou trois races de chiens courants, très différentes, composées des *Larry*, à MM. de Villars et de la Guéronnière ; des *Couhé*, à M. de Gréaulme, et des *Foudras*, à M. de Savatte.

Les chiens de Couhé, — pourquoi les appelait-on ainsi, c'est ce que j'ignore, — étaient grands, forts, blanc orangé, très foncés, presque rouges, la tête un peu forte et de grosses voix courtes. Ils chassaient le sanglier et le cerf, mais ne voulaient pas du loup. En somme, c'étaient d'assez brillantes bêtes, mais sans ni belles et grandes qualités ; aussi n'ont-ils pas tardé à disparaître complètement.

Les Foudras, ainsi appelés parce qu'ils avaient été importés en Poitou, vers 1740, par l'évêque de Poitiers, M. de Foudras, qui avait un grand équipage au château de Dissais, près de la Moulière, s'étaient conservés dans le pays. Quoique disséminés pendant la Révolution, M. de Savatte en avait retrouvé quelques sujets isolés, et il en avait reconstitué une meute très belle et très bonne.

Les chiens de Foudras étaient tous, sans exception aucune, blancs, très mouchetés ; leur conformation était excellente. Ils avaient la tête légère, un peu courte et carrée, l'oreille également courte et un peu plate. Ils étaient de très haut nez, avec des voix magnifiques, très longues et très sonores. Ils étaient d'une fougue insensée au départ, passant à l'ajonc comme dans des prés. C'eût été la perfection, s'ils avaient eu le fond des Larry ; mais cette qualité leur manquait.

Enfin, viennent les Larry, qui sont les ancêtres de tous les chiens actuels du Haut-Poitou. Leur origine est assez curieuse. Un M. de Larry, dont l'aïeul avait accompagné le roi Jacques en France, s'était fixé sur les limites du Poitou et du Limousin. Il aimait passionnément la chasse, surtout celle du loup.

Il possédait des chiens tricolores parfaits. D'où venaient-ils ? C'est ce qu'on n'a jamais su. Plusieurs vieux chasseurs de la contrée prétendaient qu'ils venaient d'Écosse. C'était fort possible : ce qui est certain, c'est que ces chiens étaient doués d'un fonds inépuisable et étaient capables de résister aux plus grandes fatigues. Ils étaient admirablement construits : tête fine, légère, intelligente, la taille ne dépassant pas 22 pouces, et, malgré les croisements anglais, l'oreille assez courte, mais mince et tournée en tire-bouchon ; rapprocheurs émérites, voix claires et prolongées, droits dans la voie, collés, quoique très vites ; leur seul et unique défaut : difficiles à créancer. Tels étaient les chiens de Larry, dont la race s'est perpétuée chez M. de la Besge avant la Révolution ; tels, à peu de chose près, qu'il les a trouvés chez son oncle de Villars lorsqu'il a commencé à chasser.

Comment avait-on pu les conserver pendant la Révolution ? C'est assez curieux et mérite d'être raconté. M. de Larry, l'aïeul maternel du comte de Montbron, avait émigré. Avant de partir, il avait coupé la queue et les oreilles à ses chiens et les avait distribués dans ses fermes.

Plus tard, quelques-uns de ces chiens furent recueillis par différents chasseurs; un, entre autres, superbe, par M. de la Borderie, qui habitait Bellac, en Limousin.

Au retour de l'émigration, M. de la Guéronnière, qui adorait la chasse, voulut se constituer une meute. Il y avait à cette époque un M. de Montembœuf, qui habitait en Angoumois; il possédait de grands chiens blanc orangé, qui n'étaient autres que les grands chiens blancs du roi, qui avaient été donnés dans ces provinces à différents gentilshommes, lorsque Louis XV s'en était défait pour introduire à leur place les chiens anglais.

M. de la Guéronnière se rendit acquéreur de deux de ces belles grandes chiennes et les conduisit à Bellac, chez M. de la Borderie, pour les livrer au beau chien Larry qu'il possédait; le croisement réussit à merveille. Deux portées splendides s'élevèrent. M. de la Guéronnière en donna à son ami intime, M. de Villars.

Plus tard, M. de Villars retrouva encore chez M. Prélong un chien Larry, échappé un peu par miracle! Il s'en servit encore comme étalon.

La race se trouva alors reconstituée, et elle s'est conservée pure d'abord chez ces Messieurs, puis plus tard chez le vicomte de la Besge, jusqu'en 1842, époque où il perdit toute sa meute par la rage, sauf deux chiennes qui se trouvaient séparées et un chien malade.

Il lui restait donc deux chiennes et un chien. Il résolut alors de faire venir des anglais. Léon Bertrand voulut bien lui en procurer dix comme essai. Il fut médiocrement satisfait.

Cependant il y avait deux très bons et très beaux chiens qui avaient le seul défaut de craindre l'ajonc. Le vicomte de la Besge ne se découragea pas pour cela. Un de ses bons amis, le comte de Pully, qui avait un oncle en Angleterre, voisin du duc de Rutland, eut la gracieuseté de lui ramener lui-même deux magnifiques étalons qui avaient toutes les qualités désirables, il leur livra ses chiennes et alors il obtint ces magnifiques bâtards, *Talbot*, *Rochester*, *Faublas*, etc., dont le souvenir s'est perpétué jusqu'à nos jours. Il n'existe pas un seul chien actuel du Haut-Poitou qui n'ait du sang de ces splendides étalons dans les veines. Malgré bien des déboires, le vicomte E. de la Besge a conservé leur sang à peu près pur jusqu'à ce jour, et le chien *Lionceau*, qu'il a exposé en 1883, sans être aussi splendide que quelques-uns de ses ancêtres, a conservé le type bien accentué de la race.

Passion de la chasse, vitesse exagérée, finesse de nez, jolie voix prolongée, intrépidité à l'ajonc. Sous tous les rapports, grâce à ce sportsman, le chien n'a en rien dégénéré de ses ancêtres.

LA DUCHESSE D'UZÈS

L'équipage de Bonnelles, à Mme la duchesse d'Uzès, est installé au château de La Celle, à 7 ou 8 kilomètres de sa résidence, au centre du théâtre de ses laisser-courre. Elle a pu de la sorte diminuer la fatigue des hommes du service en facilitant les quêtes du matin; procurer aux animaux une installation réunissant toutes les conditions d'hygiène et de confort qu'ils réclament; en même temps, pour une sportswoman habituée à tenir un compte médiocre des intempéries, la distance à franchir ne devait qu'ajouter un attrait de plus aux visites qu'elle rend quotidiennement à ses chenils.

Ce château de La Celle est une construction de la Renaissance établie dans un des sites les plus pittoresques de l'une des branches de cette riante vallée de Chevreuse, devenue le centre le plus important de la villégiature aristocratique.

La Celle était un fief des marquis de Palaiseau-Paloyseau ; il fut donné à un sire de Palaiseau par le roi François Ier, en récompense de ses services, et resta dans cette famille jusqu'en 1789, époque où elle était encore représentée par une demoiselle de Palaiseau, qui habitait le château. Après sa mort, il passa aux Verneuil, aux comtes de Rougé et d'Ollogny, et, en dernier lieu, à M. Cibielle, le député, de qui feu M. le duc d'Uzès l'avait acheté en 1868.

On y pénètre par une vaste cour d'honneur ; à la droite, s'élève le vieux château, vieil édifice un peu massif dans ses pierres de taille, qui ont reçu la patine des siècles, percé de baies immenses, avec des corniches et des entablements sculptés ; sur la gauche et en face de la porte se trouvent les chenils, les logements des piqueurs et des valets, les écuries qui sont de construction récente.

Nous dirons quelques mots du personnel avant de passer à l'examen de son établissement. Il en est exactement d'un équipage de chasse comme d'une armée en campagne, la perfection de son organisation est le grand secret de ses victoires. A Bonnelles, cette organisation peut être proposée pour modèle ; le nombre et l'expérience des piqueurs, la qualité des montures, rien n'a été négligé, tout a été prévu, non seulement pour assurer le succès des laisser-courre, mais pour leur imprimer ce cachet de suprême élégance que le monde des sportsmen est unanime à leur reconnaître.

L'équipage est sous le fouet d'Armand, son premier piqueur, un veneur actif, entreprenant, très intelligent, connaissant à fond la chasse du cerf et, ce qui, dans le métier, n'est pas un petit mérite, profondément jaloux de la belle condition de ses chiens. Armand a sous ses ordres trois seconds piqueurs à cheval et deux valets de chiens à pied, tous portant la grande tenue rouge; deux autres valets à pied sont exclusivement employés à relayer les piqueurs en chasse, et deux autres restent de garde au chenil, les jours où la meute est dehors. Les piqueurs ont à leur rang douze chevaux, presque tous Irlandais. Un darboulin mène les valets à leur quête et apporte les effets et les vivres.

La maîtresse de l'équipage ne monte que des chevaux de pur sang qui sortent des écuries de Bonnelles.

L'équipage se compose de 80 bâtards vendéens, de grande taille et tous uniformément tricolores ; 60 seulement sont en chasse : 6 limiers, 2 étalons et 12 lices portières complètent le total. Mme d'Uzès recrute le plus possible par l'élevage, qui lui a donné environ la moitié de sa meute ; le reste est acheté avec le plus grand soin en Vendée.

On sait, à Bonnelles, que l'hygiène de la race canine a des règles déterminées, dont on ne saurait s'affranchir sans compromettre leur santé et leur vigueur, et tout a été fait pour s'y conformer. Le grand chenil de la meute est très vaste, largement aéré, ses bancs sont judicieusement disposés et l'eau y abonde, condition si essentielle à la bonne tenue du logement des chiens : le chenil principal ouvre sur deux cours, l'une devant, l'autre derrière ; ces cours sont d'un large périmètre, et cependant l'une d'elles ouvre sur un parc de 2 hectares, planté de grands arbres, où pendant la morte-saison on les met à l'ébat. Les logements des valets de chiens se trouvent précisément au-dessus des chenils, en sorte que la surveillance est facile et incessante.

D'autres chenils, non moins soigneusement aménagés pour les limiers, les lices en gésine, les chiots et une infirmerie complètent cette installation vraiment grandiose.

Nous avions admiré les beaux échantillons de la meute de

Bonnelles aux expositions de 1882 et de 1883, mais nous devons déclarer qu'ils nous ont apparu presque transformés lors de la visite que nous leur avons rendue au manoir de La Celle. Ce n'étaient plus les animaux tristes et languissants qui bâillaient et étiraient leurs membres engourdis derrière les grillages de la terrasse des Tuileries. Quoique la meute eût été quelque peu éprouvée par les rudes débuts de la saison, elle était superbe non seulement de santé, mais d'ardeur. Ce fut pour nous une véritable jouissance de contempler ces beaux animaux, si bien en condition, au poil frais et brillant, gambadant et criant comme s'ils accusaient la lenteur avec laquelle les piqueurs les ramenaient à leurs luttes.

Mme la duchesse d'Uzès a utilisé, d'une façon fort originale, les quatre ou cinq immenses pièces du rez-de-chaussée de l'antique manoir; elle en a fait le musée des exploits de son équipage. Du haut en bas, les murs disparaissent sous les têtes de cerf qui y sont accrochées. Daguets, deuxièmes, troisièmes, quatrièmes têtes, dix cors plus ou moins chevronnés, têtes bizardes, toutes les couronnes du superbe roi de nos forêts sont là représentées; sur le massacre de chacune d'elles sont inscrits, avec la date et le lieu de la prise, les noms des veneurs auxquels revient l'honneur du laisser-courre, et à ce titre celui de Mme d'Uzès y figure souvent.

LE BARON LÉON DE DORLODOT

Le baron Léon de Dorlodot est un de nos plus intrépides veneurs, courageux même jusqu'à la témérité. Son vautrait, réuni autrefois à celui du vicomte de Saint-Périer, découple dans les forêts de Senonches, de Bellême, de la Ferté-Vidame, du Perche, de la Trappe, de Longny, de Champrond, de Breteuil, de Dreux, etc., c'est-à-dire dans toute la partie d'Eure-et-Loir qui confine à la Sarthe et à l'Orne.

Ce terrain de chasse, un des plus étendus de France, est très varié. Si les environs de Senonches présentent des plaines découvertes, en revanche le Perche est rempli de bois difficiles dans lesquels on rencontre, à chaque pas, des fourrés impénétrables, de longues branches d'arbre entrelacées, près du sol, les unes dans les autres, des fossés et des doubles haies vives. Les débuchers, dans la région de Senonches, sont très rapides et, la plupart du temps à vue; la poursuite est plus lente et plus difficile dans le Perche, parce que les obstacles et la vigueur des bois arrêtent la chasse à chaque instant. Il faut être cavalier pour suivre, car, si on n'est pas bien dans sa selle, on court les risques de la vider ou de ne pas arriver à l'hallali. Les sangliers sont très remuants, et presque toujours il faut aller les chercher fort loin. On est quelquefois obligé de pousser jusque dans la Sarthe, et il est arrivé souvent à M. de Dorlodot d'aller prendre son sanglier dans la forêt de Montmirail ou dans celle de Vibraye.

Dans Eure-et-Loir, à Thiron-Gardais, un solitaire a fourni une chasse des plus émouvantes. Attaqué au milieu d'une compagnie de bêtes noires, il essaya à plusieurs reprises de donner le change; mais les chiens du vautrait du baron de Dorlodot soutiennent vaillamment leur réputation bien méritée. Ils ne quittent pas leur animal! Ce sont toujours eux qui relèvent les balancés et les défauts, tiennent les abois, évitant le plus possible de se faire blesser! Leur instinct est admirable! Ils connaissent parfaitement le danger qui les menace, de même que le renfort qui leur arrive à un moment donné.

Chasseurs et piqueurs s'occupent tous de rompre les mauvaises chances et d'ameuter aux chiens de change! Tout se fait avec entente et réussit parfaitement.

Le solitaire, arrivé à Bois-Landry, après avoir fourni un débucher de cinq lieues et parcouru les cantons les plus impénétrables, fait tête aux chiens, tue *Réveillot*, et, après avoir écrasé les plus hardis qui l'approchent, est pris au carrefour de Sesmaisons.

Malgré les inconvénients de la situation, les abois n'en sont pas moins bruyants et admirables.

Aucun des chasseurs n'ose s'aventurer. M. de Dorlodot, comme toujours dans les cas difficiles, s'avance à cheval ; l'animal pointe et le charge ; il se dégage, et, la carabine à la main, l'ajuste et tire. Son cheval, qui avait eu l'épaule labourée, sentant ses forces paralysées sous l'étreinte des puissantes jambes de son cavalier, n'avait pas osé bouger.

Pendant un instant, l'angoisse de tout l'équipage était indicible : la position était des plus dangereuses, car, si le sanglier avait été manqué, il serait certainement revenu à la charge, et alors l'intrépide veneur aurait pu courir les plus grands risques.

Une autre fois, un grand sanglier, qui avait été vigoureusement chassé, s'arrête, fait tête et charge la jument *Jeanne la Folle*, que montait le baron de Dorlodot.

Celui-ci, sans perdre un instant son sang-froid, prend sa carabine, tire le sanglier, et, comme sa balle ne l'a que blessé, il met aussitôt pied à terre et l'achève au couteau de chasse. Ce jour-là, le combat avait été si rude qu'il fut obligé de prendre une charrette pour ramener les chiens blessés.

L'équipage de Senonches attaque généralement de meute à mort, et les animaux sont pour la plupart portés bas par les chiens, ou, s'ils sont trop gros, servis au couteau par M. de Dorlodot, pour épargner la casse.

Son vautrait compte environ 100 chiens, ce qui permet, en tenant compte de l'infirmerie — toujours bien garnie de blessés — d'en découpler ordinairement de 80 à 85. L'équipage se compose, pour moitié à peu près, de pur sang anglais et, pour l'autre moitié, de bâtards. Leur taille est comprise entre 20 et 23 pouces. M. Léon de Dorlodot a principalement obtenu ses produits par des croisements avec les chiens de Saint-Hubert de M. Le Couteulx ; M. de Saint-Périer a tiré ses élèves des lices bâtardes provenant des chenils du vicomte d'Onsenbray et de M. de Vatimesnil.

Malgré cette diversité d'origine, les chiens ont un ensemble surprenant, sont vifs et très mordants.

Les chasses de Senonches, qui sont presque toujours très mouvementées, ne suffisent point à calmer l'activité de ce veneur. Il fait partie de plusieurs équipages, entre autres celui du marquis de Chambray.

C'est lui, du reste, qui alla en bateau prendre et servir, au milieu de l'étang de la Bennette, le millième cerf pris par cet équipage.

A ce sujet, nous pourrions ajouter qu'une autre fois il se jeta à la nage et traversa une grande rivière, le couteau de chasse entre les dents, pour aller servir, de l'autre côté de la rive, un sanglier qui faisait un horrible carnage de chiens.

M. de Dorlodot est de la vieille race des veneurs, ne craignant jamais la fatigue, couchant n'importe où, de manière à pouvoir briser sur le pied de l'animal, afin de le rattaquer le jour suivant. Cela lui est arrivé vingt fois. Et, une fois, avec M. de Condamy, la chasse ayant été arrêtée à cause de la nuit, il s'en va relancer l'animal le lendemain matin, à la première heure. Le vaillant veneur n'avait pas de temps à perdre, puisqu'il devait être à onze heures à un autre rendez-vous de chasse.

Il se mit donc à l'œuvre tout de suite, et, à neuf heures, le sanglier, un beau ragot, était pris et ramené triomphalement à Tardais. La chasse avait duré trois heures, le débucher très beau et très gai, car l'animal était vigoureux, et comme tous les sangliers de ce pays-là, accoutumé à être chassé par de petites meutes ; il était en haleine et parfaitement aguerri aux fatigues et aux courses rapides.

Envoyé à Mexico avec la mission diplomatique belge, M. Léon de Dorlodot profita de son séjour en ce pays pour se livrer à son sport favori, la chasse.

Les chasses furent aussi merveilleuses que ses exploits furent nombreux, et il étonna tout le monde par la rapidité et la justesse de son tir.

A propos de Mexico, racontons une anecdote assez curieuse de la vie du baron de Dorlodot. Au moment où la mission dont il faisait partie quittait cette ville, M. Léon de Dorlodot et le comte Alcantara partirent, la veille à cheval, armés de pied en cap et sans escorte. La voiture qui conduisait le général Foury, le chef de la mission, ne quitta Mexico que le lendemain, avec une forte escouade, ce qui ne l'empêcha pas d'être attaquée par les guerillas. Cette nouvelle parvint à M. Léon de Dorlodot au moment où il arrivait à Puebla. N'écoutant que son devoir, sans souci du danger qu'il allait courir, puisque son compagnon ne pouvait l'accompagner, obligé qu'il était de rentrer en Europe, il rebroussa chemin, et, en moins de onze heures, il parcourut au galop, en changeant quatre fois de cheval, les trente-quatre lieues qui le séparaient de son chef. L'empereur Maximilien lui conféra, pour le récompenser de cet acte de courage, les insignes d'officier de l'Ordre de la Guadeloupe.

Quelques jours après, Léon de Dorlodot repartait avec le général Foury, en occupant, pendant tout le trajet de Mexico à Vera-Cruz, le poste le plus dangereux.

En novembre 1867, nous le voyons parmi les défenseurs de Rome. Et, en Belgique, lors des derniers troubles, nous le voyons à la tête des habitants d'Acoz, dont il est le bourgmestre, faisant face aux émeutiers et sauvegardant, par sa vigilance, son courage et son énergie, les propriétés et les personnes. Aussitôt l'émeute réprimée, M. Léon de Dorlodot, certain que ses concitoyens ne couraient plus le moindre danger, allait de nouveau courre le grand sanglier.

Ce grand amour de la chasse est rare aujourd'hui ; aussi les vaillants disciples de saint Hubert, les veneurs intrépides qui, comme le baron de Dorlodot, aiment à courre le grand sanglier, méritent-ils nos sincères félicitations ; il faut avoir du courage et un mérite incontestable pour s'adonner aujourd'hui, avec les difficultés que rencontre la vénerie, à ce sport si attrayant, qui est, à mon avis, le plus beau des sports cynégétiques.

La tenue de l'équipage est verte, parements et gilets amarante, galon de vénerie, culotte de velours vert. Le vautrait, qui réside au château de Tardais, est servi par Antoine, piqueur, Hourvari, valet de limiers, Valabert, premier valet de chiens, et trois valets de chiens à pied, Vol-au-Vent, Marcassin et la Rosée.

Suivent habituellement les chasses qui ont lieu deux fois par semaine, pendant toute la saison : Baronne et Mlles de Dorlodot, MM. Eugène, Gontran, Louis de Dorlodot, comte et comtesse de Tessières, comte et comtesse d'Amilly, M. de Laperelle, baron de Vaux, comte et comtesse de Bonvouloir, baron Buffin, vicomte de Leusse, vicomtes René et Urbain de Saint-Périer, comte de Beauregard, comte de Chambray, etc., etc.

LE MARQUIS DE WORCESTER

Le portrait que nous allons donner est peut-être moins romantique que celui de certains sportsmen, dont les dangereuses aventures de chasse et les lointains voyages excitent la curiosité et l'intérêt. Mais, s'il n'a pas le charme d'une récréation, il a le charme non moins grand d'une étude ; la vie de tous ceux qui touchent à la famille des ducs de Beaufort étant une véritable école. Les ducs de Beaufort, de père en fils, ont toujours été des sportsmen classiques ; c'est-à-dire qu'ils ont choisi une seule des innombrables branches de la noble science du *Hunt ;* et qu'ils ne s'en sont jamais départis, tout en cherchant toujours la perfection pour laquelle ils pouvaient disposer d'un grand courage, d'une grande force et d'une immense fortune.

Aussi, nous le répétons, les critiques les plus sévères et les plus habiles sportsmen n'hésitent pas à s'incliner devant les ducs de Beaufort ; et ils ont, depuis longtemps déjà, déclaré leur digne descendant, le marquis de Worcester, *nulli secundus.*

Le père du premier duc de Beaufort était lord-lieutenant du pays de Galles à l'époque de Charles Ier. Dévoué entièrement à la cause royale, il fut créé « marquess of Worcester » et ce fut lui qui, avec son fils et une garnison de huit cents hommes, cernés à « Raglan Castle », porta la bannière royale et jeta le dernier défi aux puritains.

On ne sait à quelle époque la passion du hunt et des hounds entra dans cette famille, mais cela doit dater de deux siècles au moins ; car on voit dans la galerie de Badminton un tableau représentant Henry, troisième duc de Beaufort, et son frère, Charles-Noël, quatrième duc, qui mourut en 1756. Ils sont tous deux en costume de chasse, et entourés de hounds. Le tableau a été peint entre 1730 et 1745, date à laquelle le troisième duc mourut.

Depuis cette époque, tous les historiens ont été unanimes pour proclamer que tous les de Beaufort avaient pratiqué et perfectionné la science du *fox-hunting,* tout en reconnaissant aux autres équipages leur mérite et leur valeur. C'est un honneur insigne et même envié que de sonner de la trompe à côté d'eux, car personne ne peut les égaler. C'est comme un secret de famille que leur façon de sonner, tout à fait fantastique, tant les sons légers et aigus sont *répercussifs.*

Mais la supériorité incontestable des équipages de Beaufort, c'est de connaître à fond la chasse au renard ; ils devinent instantanément l'instinct de l'animal et prévoient ses directions et ses hésitations ; ils savent d'avance dans ses plus *slight rings* vers quel point il prendra sa course. Et, selon le proverbe : « A tous seigneurs, tout honneur, » les de Beaufort ont parfois mis sur pied des renards exceptionnels, qu'on eût pu supposer spécialement destinés à leurs équipages, car ils fournirent de légendaires huntings-runs. Il est un axiome anglais, du reste, qui dit que, pour chasser les renards de Badminton, il faut les premières meutes du monde pour ne pas être immédiatement à bout de voie. Et pour ces meutes il faut des chevaux de relais. C'est ainsi que le marquis de Worcester fatigue trois chevaux dans la même journée.

Le cinquième duc, né en 1744, prit la succession en 1756, et entretint des stag-hounds à Badminton et à Netheravon, dans Wiltshire. Mais ce jeune duc eut, à dix-huit ans, en 1762, l'occasion de *such a fox-run* depuis Silk-Wood, que cela lui valut d'être converti aux mérites de *fox to calf*, et il se consacra entièrement à la chasse au renard, battant les contrées de Badminton et de Heythrop. Il loua dans le Oxfordshire la propriété du Earl of Shrewsbury, — Heythrop-house, — qu'il habita avec son fils jusqu'à sa mort, en 1803. Son fils, le sixième duc, conserva la même résidence jusqu'au jour où elle fut détruite par un terrible incendie.

Le premier hunstman connu, en rapport avec les packs de Badminton, était Will Crane, à qui succéda Thomas Ketch. Quand il se retira, ce fut Thomas Alderton qui obtint cette fonction si convoitée.

Ensuite vint John Dilworth, qui eut pour successeur, Philip Payne, déjà célèbre dans les chasses de Cheshire et Cottesmore, mais qui atteignit le zénith de sa réputation parmi les *Dark Green* (vert foncé), qui avait été jusque-là la couleur des équipages de chasse des ducs de Beaufort, à Badminton. C'est au commencement seulement du sixième *duc's Matership* (direction) que l'uniforme prit la couleur bleue avec revers et parements buffle.

Payne avait derrière lui, comme whip, un nommé Will Long, qui avait succédé à Jack Woods, en 1808, et qui devint fameux, car il fut élevé au grade de huntsman et sonneur. Payne, avant de se retirer, avait formé une meute extraordinaire de *badger-pied hounds* (1), dont les couples descendent tous d'un chien célèbre amené de New-Forest, et bien connu en Angleterre sous le nom de *the Beaufort justice*.

Will Long s'est retiré en 1855, avec une pension, quand le duc reprit lui-même the Horn. Et personne mieux que Sa Grâce ne sut mener une chasse avec jugement et succès. En 1858, le duc passa the Horn à Tom Clark, qui garda les fonctions pendant dix ans, après quoi il se retira, remettant les honneurs au marquis de Worcester. — Cette série de noms biens connus nous a fait penser que beaucoup de sportsmen, qui se les rappelleront, seront satisfaits de les retrouver ainsi classés par ordre de succession.

Henry Adelbert Wellington Fitzroy, marquess of Worcester et fils aîné du duc de Beaufort, est né en 1847, et, comme tous ceux de sa famille, fut élevé à Eton. Mais, avant d'entrer à cette école, il avait régulièrement suivi les chasses de son père, sous la direction de Tom Clark, en montant son poney alezan *Mayflower*.

En 1865, il rejoignit le régiment de cavalerie des «Blues», où il acquit là sa réputation de *hard rider*, car il était toujours en tête du Badminton hunt avec ses deux chevaux favoris *Stonemason* et *Methuselah*. La passion du marquis et ses connaissances de la chasse devinrent si grandes qu'à vingt et un ans, au départ de Tom Clark, en 1868, on le trouve chassant avec la meilleure meute du monde et recevant l'approbation unanime des fermiers et habitués de la chasse dans le Badminton hunt; en Angleterre, le fermier est sportsman. Dès qu'il entend la musique de la chasse,

(1) Le blaireau, qui disparaît sous terre et vit parfaitement au fond de l'eau, est, comme on pense, un animal fort difficile à chasser.

son cœur bat; le bruit du pas des chevaux excite son enthousiasme, il est honoré de voir passer la chasse à travers ses terres labourées, dût-elle briser ses taillis, il se contente, enchanté, de tout réparer.

Le marquis de Worcester, qui est grand (sa taille a 6 pieds (1) 4 cent.), est un des plus forts joueurs de Polo qui existent. Il n'est pas, selon lui, d'exercice plus propre à bien préparer un cavalier pour la chasse au renard. A part les obstacles imprévus des prairies, le jeu du Polo présente non seulement toutes les péripéties de la chasse au renard, mais c'est un exercice qui rend la chasse plus facile; car on est forcé de galoper à côté ou derrière une balle relativement petite, allant dans des directions imprévues, le corps porté en avant, quand il n'est pas absolument penché sur l'encolure du cheval, position qu'on est forcé souvent de garder au hunt pendant certains *runs at a pace* (courir la bête à un pas de distance), et ce genre de poursuite demande plus que des connaissances; il exige un entretien régulier, une pratique constante, un entraînement, et le jeu équestre du Polo constitue un exercice gracieux, animé, et certes des plus propres à ce but. A beaucoup de points de vue, c'est une branche spéciale de l'équitation; il réunit les surprises, l'équilibre et l'habitude, plus précieuse que la force. Le plus habile cavalier, le plus audacieux sauteur d'obstacles ne tiendrait certainement pas les séries de runs auxquelles sont habitués les sportsmen de la force du marquis de Worcester; surtout dans la position exigée quand on côtoie le renard ou qu'on le chasse *at a pace*. Le Polo est donc un bon entraînement pour les sportsmen qui ne passent pas la plus grande partie de leur vie dans les hunting-fields. Le marquis doit beaucoup à ce jeu pour *his huntsmanship* (facilité à chasser), aussi il s'y consacra avec enthousiasme. Un des plus grands *votarys*, il favorisa l'institution de différentes pelouses qui attirent, comme *the Burlingham Club*

(1) 1 pied, $0^{m},3048$.

et *the Ranelagh Club*, les plus aristocratiques spectateurs et spectatrices de l'Angleterre.

Nous ne pourrions, sans écrire un volume, suivre toutes les chasses du marquis de Worcester. Nous citerons la journée mémorable du 22 février 1871 que nous choisissons.

Une meute de 17 couples fut amenée au meeting à Swallet's gate, quand un gros renard, d'aspect poussif, dit l'Annuaire, sortit de son gîte à l'est, et, après avoir couru en *slight rings* (cercles indécis), dans la direction de Brinkworth, revint brusquement vers son gîte où il pénétra à nouveau et d'où l'on fut forcé de le déloger. Sortant alors par une autre issue, il traversa le Great Western Railway et le canal, dans la direction de Shaw-House, qu'il tourna pour revenir retraverser encore ces derniers obstacles. Alors, partant en ligne droite au-dessus de Thunder Brook, il reprit sa direction sur Brinkworth où *the hounds* fut *checked* (arrêtée) ; mais le marquis, par un coup habile (*clever cast*), remit le renard en vue et la chasse reprit sa course à un pas de distance (*a pace*) jusqu'à la commune de Somerford, sans un seul défaut. Le renard frôla juste l'abri (*covert*) de Red Lodge, qu'il tourna court à droite, et partit pour Bury Hill, traversant le Cirencester Railway; puis courut sur Bradon Lodge, ensuite sur Castle Eaton, traversant la rivière Isis, dans laquelle le marquis s'engagea le premier. De Castle Eaton il courut à Kempsfort, et enfin jusqu'à Highworth où... il sauva sa vie dans un terrain près de l'église, après *a run* de trois heures et demie et un parcours de 28 milles presque tout le temps à travers les herbes. Était-ce un insuccès? Oh que non ! c'est une exception et une course exceptionnelle, c'est pourquoi nous la citons. Elle montre que l'honneur du nom oblige chez les de Beaufort à ne pas abandonner un renard tant qu'il est en vue, et que *His Lordship* aurait poursuivi la bête au besoin sans trêve et sans regarder derrière soi. Le marquis se montra en cette occasion comme toujours un des plus intrépides chasseurs du siècle. Il mena son courageux cheval, qui n'était autre que le fameux Flea Bitten gris *Beckford*, jusqu'à Kempsford, où il le laissa prendre *a full stop* et fut obligé de retourner à pied. Cependant, à moitié chemin, il rencontra une âme charitable qui lui donna un autre *nag*, les relais ayant été laissés à plusieurs milles de là.

Cependant, le marquis eut, en janvier 1873, une autre série de longs runs, qui atteignirent quatre heures et demie.

Où le marquis excelle, c'est dans les runs at a pace, et nous sommes de l'avis que le Polo est pour beaucoup dans cet avantage. Il eut justement, à Dunley Gorce, l'occasion d'un de ces runs le lendemain d'un bal chez sir John Neeld, et qui dura une heure quarante minutes. Il était accompagné du colonel Kingscote, master of the Buck Hounds, et de lord William Beresford. Au mois de mars de cette année, il avait tué 88 brace of foxes (couples). Pendant le mois de février 1876, du 1er au 22, sur vingt-deux jours de chasse, il tua 24 renards. En 1877, il perdit un de ses plus fins dox-fox, dans une course de trois heures quarante minutes, entre Boxwell et Tresham. Cette année compta 90 brace of foxes.

En 1878, le marquis de Worcester fit la connaissance du jeune Prince impérial, qui était à ce moment l'invité des earl and countess Cowley à Draycot House. Et pris d'amitié pour le Prince, il le pria de l'accompagner dans les hunts qu'il organisa en son honneur. Malheureusement, le généreux marquis ne put que pendant une semaine éclairer de quelques sourires cette physionomie assombrie par les plus amères désillusions au début de la vie.

Le Prince partait pour le Zululand.

C'est ainsi que, d'année en année, sont continuées les chasses des ducs de Beaufort, qui ont écrit de nombreux et intéressants ouvrages sur les hunting fields de Badminton.

Le marquis de Worcester, quoique de physique un peu dur, est le gentilhomme le plus affable qu'il soit possible de rencontrer. Il possède au dernier degré cette courtoisie que donne le grand air, empreint d'une timidité si agréable et si rare ; cette espèce de gêne qu'ont les hommes habitués à l'espace et qui respire tant de franchise et tant de noblesse. Telles sont les qualités que donne le contact constant du cheval. Et certes, le sport au point de vue du hunt peut être regardé comme la plus noble science à cause de son influence sur la nature d'un homme. Aussi le marquis de Worcester est-il le digne successeur des ducs de Beaufort, et il peut marcher à l'aise dans la longue galerie des ancêtres qui, tous, comme son père, seront fiers de lui.

LE MARQUIS DE CHAMBRAY

Le marquis de Chambray est le descendant d'une très ancienne famille de Normandie. Le domaine de Chambray (Eure), où il réside pendant une grande partie de l'année, est d'une importance considérable, et, dans toute la contrée, le châtelain, héritier de la tradition de ses pères, est l'objet d'une vénération sans égale. Très attaché aux intérêts du pays où il est né, le marquis réalise bien le type, trop rare aujourd'hui, du gentilhomme terrien de jadis, par la loyauté de son caractère, l'affabilité de son accueil et l'intarissable bienveillance qu'on est assuré de rencontrer en lui.

Le marquis de Chambray, qui appartient à la race des vieux veneurs, a commencé à chasser le cerf en 1850, et, en 1884, il célébrait la prise du millième cerf par une fête, à laquelle prenaient part tous les veneurs, ayant le bouton de Chambray, tous les paysans, tous les tenanciers, ayant à cœur de donner à cette occasion au « Grand Chef », comme on le nomme, un témoignage de respectueuse sympathie et de gratitude.

Cette fête cynégétique avait amené une telle affluence de monde à Chambray qu'il ne restait plus à Châteauneuf, Verneuil et La Loupe, les trois gares d'accès de la Framboisière et de Senonches, un seul véhicule pour les invités. Rien d'étonnant à cela, puisque près de deux mille personnes se trouvaient réunies autour de l'étang au moment de la prise du millième cerf. La curée eut lieu à la nuit close en présence de cette même assistance. Un détail très typique de cet hallali, et qui a beaucoup surpris les veneurs étrangers, c'est que les chiens ne se sont pas jetés à l'eau derrière le cerf. Ils sont restés tranquillement sur le bord, pendant que M. le baron Léon de Dorlodot allait le daguer. Les chiens de M. de Chambray ne vont jamais à l'eau : ils sont dressés à s'arrêter au bord des étangs et des mares. On évite ainsi, pour ces braves serviteurs, les rhumatismes et les maladies similaires, qu'engendrent assez souvent les bat-l'eau à la suite d'une chasse un peu vive.

Avant de chasser le cerf, M. de Chambray a pris bon nombre de lièvres, et c'est à cette savante et difficile école qu'il est devenu le veneur que nous connaissons.

Après avoir chassé pendant quelque temps avec des chiens achetés en Vendée et en Poitou, le marquis de Chambray trouvant que, tout en chassant bien, il manquait un peu de pied, eut l'idée de mettre ses chiens dans la voie du cerf. L'idée fut excellente et ces chiens, vite et bien gorgés, lui firent prendre huit cerfs en 1850. Il abandonna alors ses chiens vendéens et éleva exclusivement de la race de ses chiens de lièvre.

Son équipage se compose de quarante chiens de pur sang normand, qui descendent tous d'un étalon unique nommé *Cajolant*, qu'il avait trouvé chez un garde de la forêt de Conches, lequel prétendait qu'il l'avait tiré des chiens du marquis de Hallez, qui avait chassé dans toutes les forêts de la Normandie pendant la Révolution, et qui lui-même avait trouvé cette race dans la vénerie du roi.

M. de Chambray fit un seul croisement de ces chiens avec une chienne venant de chez M. Frossard, dans la Nièvre ; il a conservé cette race pure, sans autre croisement. La couleur qui domine dans la meute est le blanc avec manteau orange à poil ras. Les chiens sont bien taillés, vigoureux, très criants et remarquablement chasseurs. Ils vont vite, et les moyennes des prises sont, à peu de chose près, celles des équipages anglais. Si, en chasse, ils vont un peu moins vite, ils relèvent vite les défauts, ont le pied régulier et sont infatigables.

Le comte Ogier d'Ivry a composé sur eux des vers charmants, que je suis heureux de pouvoir reproduire :

On en a bien pris mille ! on en prendra le double !
La voix est chaude et de bon temps !
Sans défauts, sans hasards, sans clameurs et sans trouble
Et sans que ça traîne longtemps.
Nos chiens sont purs normands. Ils ont pennon de chasse
Qui date de François Premier.
On dit avec raison : « Bon chien chasse de race, »
A nous le Change et le Limier !
A nous le vieux Chambray, les vieilles performances,
La chasse à la française enfin
Qui, par les pays durs, les bois et les semences,
S'en va droite dans son chemin.
A nous les vieux piqueux qu'aucun autre équipage
Ne peut monter sur l'étrier
Plus vaillant et plus fier et plus sûr et plus sage
Par la brande et par le hallier.
Qui retrouva ces chiens ? Qui refit la méthode ?
Dites, « Grand-Chef », le savez-vous ?
Quand vous rêviez cela, ce n'était plus de mode
Parmi les Normands de chez nous.

....

Ces chiens sont tellement chasseurs qu'il est arrivé souvent à M. de Chambray de prendre avec ces mêmes chiens deux cerfs de suite, avec une moyenne de deux heures, en laissant une heure de repos à ses chiens, entre les deux chasses.

La progression des prises de l'équipage est fort curieuse à suivre. La première année, comme je l'ai dit plus haut, il prend huit cerfs et, chaque année, le nombre va en augmentant, et aujourd'hui la moyenne est de 50 cerfs par an. En 1878, il a pris 60 cerfs sur 62 attaqués. En 1873, il prenait son cinq centième cerf et dix ans après son millième. Aujourd'hui, il a dépassé 1.600. L'équipage a chassé sans interruption depuis le mois d'octobre 1850, jusqu'à ce jour, sauf pendant l'année terrible 1870.

Le chenil construit à Chambray est des mieux compris et des plus pratiques. C'est de là que partent les chiens pour chaque déplacement. Les déplacements durent de huit à quinze jours, rarement plus, et c'est à Chambray que reviennent les chiens entre chaque déplacement.

On se demande comment le marquis de Chambray peut prendre une aussi grande quantité de cerfs en ne faisant que des déplacements aussi courts et en perdant, par l'aller et le retour des chiens, un temps considérable.

Le fait est que, s'il chassait dans une seule forêt, il pourrait prendre un tiers plus de cerfs ; mais il prétend qu'une partie du succès des chasses dépend du soin qu'il donne à ses chiens, et que jamais les chiens ne sont aussi bien en déplacement que dans leur chenil.

M. de Chambray commence à chasser dès le mois de septembre : il est rare qu'il manque le premier cerf attaqué. Sauf de rares exceptions, le jour après l'ouverture, il fait sa première chasse dans la forêt d'Evreux, et, pendant bien des années, il a pris cinq à six cerfs en septembre.

En déplacement, ses chiens chassent au moins trois fois par semaine, quelquefois quatre : les lundi, mercredi et vendredi, et bien souvent, à la fin d'un déplacement, on recommence le samedi. L'emploi de la carabine est absolument proscrit dans l'équipage. Le couteau est seul en usage, quelque long et difficile que soit l'hallali.

Les forêts dans lesquelles chasse maintenant le marquis de Chambray sont : Évreux, Breteuil, Évry et Vernon, dans l'Eure; Senonches, la Ferté-Vidame, Bugeau, Châteauueuf, Champrond, Montecot, la Grandmaison, dans Eure-et-Loir; Ecouves, la Perche, la Trappe et Andaine, Cerisy, Conches, Roumare, la Londe, etc. Il n'existe peut-être pas dix forêts dans toute la Normandie qui n'aient fourni leur contingent à la magnifique collection de bois de cerfs du château de Chambray.

M. de Chambray n'a qu'un piqueur à cheval et deux valets de chiens à pied. Par le fait, il faut dire qu'il y a un grand nombre de piqueurs à cheval, car, parmi les membres de l'équipage, il y en a quelques-uns qui quittent rarement la tête de la chasse.

Un mot sur le vieux piqueur Louis Guinot. Celui-là peut bien être considéré comme un des doyens des piqueurs français. Il a pris le premier cerf avec M. de Chambray et n'a pas manqué dix chasses dans sa vie. Louis, avant d'entrer à Chambray, avait été valet de chiens chez M. Brière, le fameux chasseur de loups de la Nièvre. C'est bien le plus fin valet de limier qu'on puisse trouver.

La tenue de l'équipage de Chambray est vert foncé avec le col et les parements en velours noir, le gilet amaranthe ; le bouton est de bronze, portant un huchet, un fouet et un couteau entrelacés.

Voici, par ordre de leur entrée, la liste des membres de l'équipage depuis sa fondation :

MM. de Corday, de Fayet, de Courval, Collas de Gournay, de Laubepière, général Bataille, marquis de Boury, de Rostolon, Méry, de Bellegarde, de Salvandy, Avenel. Comte de Clinchamps, baron de Sepmanville, Sévaistre, du Mesnil-Adlée, comte de Meaussé, Lavessière (Jules, Émile et Ernest), Morgon, comte de Boynes, vicomte Adrien de Boynes, Waddington, marquis d'Aligre, Le Prince, comte de Prunelé, baron de Vigan, vicomte de Tertu, Thomine-Desmazures, Frossard, vicomte de Saint-Périer, Piron, vicomte des Brosses, Yver, de la Brière, vicomte de Pontoi, Collas de Gournay, Mosselman, Méry de Bellegarde (Louis et Robert), de Montuel, vicomte de Souchey, comte de Boury, comte Ogier d'Ivry, vicomte Ogier d'Ivry, Latham baron L. de Dorlodot.

P. Donon, Hincelin, La Haye, Lhopital (Henri et Joseph), comte Treillard, marquis de Chavaignac, comte de Neufbourg, vicomte de Préaulx, de Gasté, baron Levavasseur, comte de Malterre, Delamarre, Le Creps, vicomte de Malterre, Sargenton, Fauche, Didot, Laurent d'Argentré, Valpinçon.

L'équipage de Chambray est, de tous les équipages français, depuis la Révolution, celui qui a pris le plus de cerfs et le seul équipage à cerfs qui chasse avec des chiens français.

A nous les vieux Chambray, les vieilles performances,
La chasse à la française enfin !
Qui, par les pays durs, les bois et les semences,
S'en va droite dans son chemin.

L'ÉQUIPAGE DU MARQUIS DE ROCCAGIOVINE

Cet équipage, qui chasse le renard, se trouve à Rome ; il est monté par actions sous le nom de Société romaine de la chasse à courre, et c'est le marquis de Roccagiovine qui en est le chef. Cette dignité, qui est considérée chez nos voisins d'outre-Manche comme l'un des plus grands honneurs que puisse acquérir un gentilhomme dans tous les comtés de l'Angleterre, ne pouvait être conférée à un sportsman plus digne et connaissant mieux la science du *hunting* que le marquis de Roccagiovine. Possédant toutes les qualités que doit réunir un maître d'équipage, le marquis est non seulement un très bon cavalier, ayant de la voix, du jugement et du coup d'œil, mais c'est encore un homme ayant une volonté et un caractère de fer. Et c'est nécessaire, car il a quelquefois une tâche très difficile. Quoique la responsabilité de la chasse se partage entre les différents grades, c'est lui qui porte sur ses épaules la plus lourde charge, le succès ou la défaite de la journée. Le *fox-hunting* ne serait plus un divertissement si l'on était toujours certain de réussir; il faut s'attendre à des mécomptes, je crois même qu'ils sont nécessaires de temps en temps, pour tenir les hommes aussi bien que les chiens sur le qui-vive. Il y a,

LE MARQUIS GÉRINI

comme nous disons, des jours blancs et des jours noirs, la chance de gagner et la chance de perdre : mais si les chiens se trouvent désappointés plusieurs semaines de suite dans la recherche du renard, ils finissent par se décourager et par perdre toute espérance. Malheur alors au *master of fox-hounds!* Ses sacrifices, ses bonnes intentions, ses efforts ne sauraient le mettre à l'abri des traits de la critique. Au lieu de lui savoir gré des dépenses qu'il a faites et des peines qu'il s'est données, ses compagnons de chasse le déchirent à mille dents et le mettent en pièces, comme pour venger les chiens de n'avoir eu à mordre que le vide. Cette conduite peut vous sembler sévère, mais après tout n'est-ce point justice ? Toute prérogative entraîne des devoirs, toute dignité oblige. Celui qui entreprend de chasser dans une contrée, même à ses frais, est tenu de remplir ses engagements ; or, il est entendu

LE COMTE SOHEIBLER

qu'on attend de lui des connaissances et un caractère à la hauteur de la responsabilité qu'il assume. N'oubliez pas, d'ailleurs, qu'en principe la chasse appartient à tous, puisque tous y concourent dans une certaine mesure en permettant au renard de manger leur gibier et en ouvrant aux chasseurs les enclos ou les fourrés dans lesquels se réfugie la bête. Le *maître* n'est donc après tout qu'une sorte de mandataire qui doit à ses commettants du plaisir et auquel ces derniers sont en droit, jusqu'à un certain point, de demander compte des fautes qu'il peut renouveler par ignorance ou par faiblesse. Et à Rome, le *master* n'est en réalité que le chef d'une société en commandite. Ai-je besoin d'ajouter que ses fonctions sont encore plus délicates et plus difficiles à remplir, puisqu'il n'exerce qu'une autorité consentie et précaire sur le groupe de chasseurs qu'il représente. Le marquis de Roccagiovine s'acquitte

LE CAPITAINE GIACOMETTI

à merveille de cette charge ingrate, où il s'est acquis une renommée incontestable, et comme il est très habile diplomate, il est arrivé à faire accepter de bonne grâce à tous ses voisins les inconvénients de la chasse au renard.

L'équipage, qui se compose de 40 fox-hounds, formant un bel ensemble, commence généralement ses laisser-courre dans la deuxième quinzaine de novembre. Les chiens de cette société, qui sont éminemment propres à la chasse au renard, sont très requiérants et très actifs ; tous travaillent dans les défauts qu'ils relèvent avec une rapidité merveilleuse. Parfaitement créancés, ils sont tout à fait sous le fouet de leur piqueur Saverio Lispi. L'équipage chasse sans relais. On attaque avec quelques chiens et le renard lancé, on découple la meute.

Quoique existant depuis près d'un demi-siècle, l'équipage de Rome a pris un nouvel essor sous la direction du marquis de Roccagiovine et c'est, à l'heure qu'il est, un sport fort en honneur dans la haute société romaine et aussi dans les régiments de

SIGNOR PIERCY

cavalerie du pays. On a compris dans l'armée que rien ne pouvait mieux donner, à l'officier de cavalerie, cet entrain qui lui est si nécessaire, que son initiation à tous les exercices du sport. De tous ces exercices, le meilleur pour former et perfectionner un bon cavalier est évidemment la chasse à courre.

Aussi, dès qu'arrive la saison des laisser-courre, dont le premier rendez-vous a lieu habituellement à *Cecilia Metella*, à l'entrée de la Via Appia, on est sûr d'y rencontrer toute l'aristocratie de la chasse au renard, et rien n'est plus intéressant que les chaudes poignées de main qu'échangent entre eux les sportsmen, le piaffement des chevaux, le claquement des fouets, les aboiements sonores des chiens, qui témoignent leur impatience et semblent parfaitement savoir ce qu'ils viennent faire.

L'ordre d'attaque est donné et alors le *covert* présente un spectacle extraordinaire. Chaque broussaille, et en quelque sorte chaque feuille, remue comme si elle était animée par un esprit mystérieux. On peut dire avec les Anglais que toute la sombre bruyère vit. Cette illusion est produite, on le devine, par le travail des chiens, qui sont devenus à peu près invisibles, mais qui font sonner les tiges mortes, remuer les branches et palpiter jusqu'aux brins d'herbes. Le renard est enfin trouvé, il s'agit maintenant de

LE DUC DE BELGIOSO

le forcer à sortir de ses retranchements. C'est l'affaire de quelques minutes. *Tally-ho ! Tally-ho !* le huntsman sonne de la trompe, les chiens dispersés se réunissent en un corps d'armée et tous les chasseurs piquant des deux partent à un galop d'enfer.

Les habitués du fox-hunting de Rome sont : MM. le comte de

GABRIEL D'ANNUNZIO

Santa-Flora, le prince Rufo di Bagnara, le marquis Patrizi, le lieutenant Charles Fontana, d'Ayala-Valva, le marquis Theodoli, le marquis Tiberi, le prince de Sonnino, les marquis di Rudini, Tiberi, le baron Celesia, le colonel Néedham, le marquis de la Gandara, le comte Senni, le comte Soheibler, Gabriel d'Annunzio, signor Piercy, le capitaine Giacometti, les marquis Gérini, Rangoni, de Villamarina, le duc Quarto de Belgioso, le baron Herwarth de Bittenfeld, le baron de Heeckeren, comte René Talon, etc.; au

LE MARQUIS RANGONI

nombre des amazones figurent la marquise de Roccagiovine, née comtesse de Wagner, la duchesse d'Avalos, dona Lina Corsini, la marquise Patrizi, la comtesse Scheibler, la marquise Costanza, etc.

LE VICOMTE DE MONTSAULNIN

Au début de cette notice, M. Louis de Montsaulnin me permettra d'évoquer le nom des MM. de Danne, qui lui est maintenant doublement cher, et le souvenir de quatre frères qui s'illustrèrent dans la chasse du chevreuil. En effet, dans la période de 1840 à 1850, MM. de Danne donnèrent un nouvel aspect à cette chasse savante du chevreuil qui, avant eux, ne se faisait guère qu'au fusil. On ne forçait alors le chevreuil qu'exceptionnellement. MM. de Danne, en Anjou, trouvèrent le moyen de le prendre régulièrement; d'abord, en appliquant à ce courre de nouveaux principes et, surtout, en introduisant le sang anglais dans le chenil de leur père, composé de vendéens à poil dur.

L'équipage à jamais célèbre de MM. de Danne fut d'abord dirigé par l'aîné des quatre fils. Mais Louis s'étant, plus tard, marié en Bretagne, il céda le commandement à son frère Paul,

qui lui paraissait le mieux doué au point de vue cynégétique. C'est à la mort de celui-ci que MM. de Montsaulnin qui jusque-là, chassaient le sanglier, achetèrent de leurs amis l'excellent équipage, dont les descendants se trouvent encore dans le chenil de la Grande-Garenne, près de Vierzon, où il fut toujours exclusivement consacré à la chasse du chevreuil.

Cependant, le vicomte de Montsaulnin, plus spécialement chargé de la direction de la meute, y a introduit un grand nombre de chiens d'origines diverses. Depuis quinze ans, il ne s'est pas vendu un seul équipage sans que M. de Montsaulnin n'y fasse l'acquisition des meilleurs reproducteurs. C'est ainsi que les sangs de Vendée, de Saintonge, du haut Poitou et de Normandie, ce dernier par le sang de La Broise, se trouvent mêlés à la famille créée par MM. de Danne. D'ailleurs, il faut bien dire que cette famille ne possédait point les caractères d'une race réellement fixée. On ne peut donc reprocher aux veneurs de la Grande-Garenne de n'avoir pas su la conserver. On ne peut conserver que ce qui existe sans conteste. Cela dit, parce que j'ai quelquefois entendu blâmer l'ensemble de la meute, qui manque d'homogénéité dans la taille et dans les formes de ses sujets, j'ajoute que ce défaut est voulu par MM. de Montsaulnin. Les forêts où ils chassent présentent des terrains très différents : les uns

découverts, les autres en futaies, ou enfin couverts d'ajoncs, dans lesquels les petits chiens entrent plus facilement que les grands. Depuis quarante ans qu'il élève, M. de Montsaulnin ne tire race que de chiens dont les généalogies lui sont connues et qui, en outre, ont le type de distinction et de finesse qu'il a toujours cherché. Des encolures longues et légères, des chiens faits sur les modèles des chevaux de pur sang. M. de Montsaulnin ne veut pas d'épaules charnues ou rondes, d'encolures lourdes.

En Sologne, on traverse souvent de hautes bruyères mêlées

d'ajoncs, dans lesquelles les chiens lourds d'avant-train galoperaient mal et pas assez vite pour prendre le chevreuil.

Je ne crois pas que dans les chenils français on puisse trouver des chiens plus beaux que ceux de la Grande-Garenne et surtout aussi bien tracés. Voilà, ce me semble, une excellente raison pour sacrifier l'homogénéité à la réussite finale.

Cette réussite est complète, et l'équipage de la Grande-Garenne, s'il a des rivaux, n'a point de vainqueurs. Il se place tout à fait au premier rang de la vénerie française. Comment s'en étonner, quand on sait que M. Louis de Montsaulnin est l'élève de M. Paul de Danne ? Je tiens de la bouche même de ceux qui ont vu chasser le célèbre veneur angevin que sa manière est celle de son prédécesseur, même calme, même décision prompte, même sobriété de trompe et de cris. MM. de Danne chassaient un peu trop « à la muette » pour que leurs chasses fussent gaies. On m'a dit qu'elles portaient, parfois, dans certaines forêts très vives un caractère de tristesse, peu à sa place dans un plaisir. MM. de Montsaulnin ne vont pas jusque-là ; mais ils conservent, en l'atténuant, la tradition qu'ils ont reçue de leur maître et ami. Plus gaie, plus entraînante est la manière des Vendéens, dont les cris répétés : *Au coute, en avant!* succédant aux nombreux bien-aller, donnent à leurs chasses une grande animation.

L'équipage de la Grande-Garenne est parfaitement tenu et fait honneur au piqueur. Il se compose de quarante chiens en chasse et se remonte, chaque année, dans un élevage nombreux, le plus nombreux de France. L'écurie ne le cède en rien au chenil. Il compte une vingtaine de chevaux, tous plus ou moins près du pur sang anglais.

La tenue est verte avec parements blancs.

M. ÉTIENNE COSTE[1]

C'est à côté du Morvan, au milieu d'un pays dur et accidenté, avec de vastes et sombres forêts, au château de Lacanche, que demeure M. Étienne Coste, un veneur de la bonne école, comme le souhaitait le savant du Fouilloux.

L'équipage de M. Étienne Coste se compose de 40 à 45 chiens griffons, vendéens, nivernais, d'un modèle parfaitement uniforme et dont l'harmonie et l'ensemble ne laissent absolument rien à désirer. La critique et, disons-le, le parti pris de certaines coteries ont beaucoup reproché à M. Coste de n'avoir pas une robe uniforme dans ses chiens et de mêler du blanc et orange avec des noirs, blancs et feu. Cette critique, qui s'est renouvelée du reste à une des expositions canines des Tuileries, importait peu à M. Coste, dont le but, avant tout, était de reproduire le type.

Pour cette race de chiens, il ne suffit pas, en effet, de récolter dans tel ou tel endroit, dans tel ou tel équipage, voire même

(1) L'équipage a mis bas depuis que cette étude a été faite.

à l'étranger, un bel étalon ou une belle lice, et de reproduire avec ces éléments. Non ! puisqu'il n'existe pas, en dehors de son équipage, des types comme les comprend ce veneur. Il sait bien qu'il n'est pas le seul à avoir des jolis griffons parbleu ! Il en a vu et il en connaît certainement d'aussi beaux que les siens, il en a même introduit au prix de très grands sacrifices ; mais, de là à dire qu'il a réussi et qu'il a trouvé les résultats qu'il cherchait, il y a loin. Pour la couleur, il est donc vrai qu'il a dans son équipage du blanc et du noir, et du blanc et orange ; il est vrai aussi de dire qu'il ne s'applique qu'à faire que du blanc, noir et feu, et qu'il y arrive petit à petit. D'ici un an ou deux, il aura fixé le type complètement sous ce rapport.

Le nom sous lequel on a dénommé ces chiens : griffons-vendéens-nivernais, indiquerait à lui seul la cause de ce qui a paru une anomalie à plusieurs. Le vendéen est plus généralement blanc et orange, témoins les beaux chiens qu'avait autrefois M. de Baudry-d'Asson, les superbes griffons de M. de la Brunière. Le type nivernais, celui qui était si admiré jadis chez M. Frossard le père, est au contraire plus couvert de noir. M. Coste, qui a l'amour du beau, le recherche partout, le désire instinctivement, a fait sa race en unissant ces deux types différents. Et pour arriver à ce type que nous avons tous admiré aux Tuileries, c'est-à-dire des chiens ayant comme taille 22 à 24 pouces, avec des reins irréprochables, beaucoup de membres, de la profondeur de poitrine, des jarrets droits et des arrière-mains comme dans les meilleurs bâtards, pour faire cela, en faisant des têtes larges avec des yeux énormes et expressifs, des oreilles fines et détachées, M. Étienne Coste a dû prendre ce qu'il y avait de meilleur sans faire grande attention à la couleur. Et, en cela, M. Coste s'est rencontré avec de la Conterie qui dit dans son ouvrage sur la vénerie :

« Il est si fort important, à quiconque crée un équipage, de le former de chiens convenables, bien faits et bien choisis, que, sans cela, il ne peut en tirer qu'un plaisir imparfait. La taille n'est à considérer que relativement à la bête que l'on veut chasser, mais pour ce qui est des signes de bonté et des attributs de la beauté, les uns et les autres doivent se rencontrer dans un petit chien comme dans un plus grand.

« Le chien courant, pour être bien fait et beau, doit avoir la tête bien attachée et plus longue que grosse, le front large, l'œil gros et gai, les naseaux bien ouverts et plus humides que secs, l'oreille basse, mince, avallée, papillotée en dedans et plus longue que le nez de deux doigts seulement, le corps d'une grosseur et d'une longueur proportionnée à celle des jambes, de sorte que, sans être trop long, il soit plus étriqué que goussant, les épaules ni trop larges, ni trop peu larges, le rein large, haut et harpé, les hanches hautes et larges, la queue grosse près des reins, mais se terminant comme celle d'un rat et légèrement tournée en demi-cercle, la cuisse très troussée et bien gigotée, la jambe nerveuse, le pied sec, les ongles gros et courts. »

Maintenant, pour revenir aux chiens de M. Étienne Coste, disons qu'ils sont très vites et très gorgés et qu'ils ne sont jamais fatigués. Ils suivent gaiement et gaillardement et ils arrivent à la prise aussi frais qu'au départ ; ils sont tellement peu fatigués que le lendemain ils ne demandent qu'à repartir.

Le caractère de ces chiens est excellent ; ils sont dociles et se créancent vite et bien, à tel point que le piqueur les gouverne et les tient comme les bâtards les mieux créancés. Jamais on ne les couple, et on les mène aux branches en les dirigeant et en les faisant partir comme on veut. Ils rapprochent admirablement pendant des distances parfois considérables, à toute heure du jour, à l'arrière-saison, ce qui prouve la finesse de leur nez.

Dans les défauts, ils requêtent avec activité, mais avec sagesse et sur place; ils ont rarement besoin d'aide, car ils sont très tenaces sur leur voie et suffisamment expérimentés pour chasser sans appui.

M. Étienne Coste chasse en Morvan, dans ce pays dur, coupé de haies, et où le terrain est très lourd et très mauvais pour les chevaux; il est aussi très accidenté. Comme il n'y a presque

plus de sangliers, il chasse maintenant chevreuils et lièvres.

Les changes sont rares et plus rarement encore y a-t-il deux chasses simultanément, quoique le lièvre se fasse souvent chasser et prendre sans avoir voulu voir la plaine. C'est lorsqu'on a été témoin des ruses du lièvre qu'on sait juger la science et l'intelligence des chiens de cet équipage, dont la décision est une des qualités maîtresses. L'année dernière, l'équipage a pris 17 chevreuils et 23 lièvres.

Cette chasse à courre du lièvre est sans contredit la plus savante et la plus difficile, celle où le succès n'est acquis qu'au chasseur le plus expérimenté dans le grand art de la vénerie.

« Pour forcer un lièvre, c'est-à-dire pour prendre à courre un lièvre, dit le comte de Vezins, un animal rusé comme celui-là, dont les voies sont si légères qu'elles laissent à peine de sentiment, il faut avant tout posséder une excellente meute. » En citant ces paroles, c'est le plus bel éloge que je peux faire du chenil du château de Lacanche.

Le triomphe de ces chiens-là est le loup, mais hélas ! il n'y en a plus, et M. Coste s'en plaint, d'autant plus franchement, qu'il n'est pas louvetier, et... pour cause.

L'équipage, dont la devise est : *Ni trêve, ni repos*, se compose de trois hommes, deux à cheval, un à pied ; il chasse deux à trois fois par semaine. Le premier piqueur, Simon, dont la réputation n'est plus à faire, car il a fait ses preuves dans deux équipages où il a passé avant d'être à Lacanche, et qu'il n'a quittés qu'à cause de la mort de ses maîtres, est un homme de chasse hors ligne, et ces 50 griffons, que beaucoup s'imaginent indomptables, comme beaucoup de chiens français, sont par lui gouvernés et tenus comme des caniches.

Je ne veux pas terminer l'historique de cet équipage sans raconter une prise de lièvre fort intéressante.

Le lièvre sur ses fins avait battu et rebattu un sentier sec et graveleux ; le chien de tête, très vite et très rusé, avait suivi ce même sentier et n'avait eu aucune connaissance du passage de l'animal, — on sait que le lièvre sur ses fins ne laisse que des effluves infimes, — il recule et quête près de l'endroit où il avait senti les dernières émanations. Un autre chien, très fin de nez, arrive, suit le chantier, le rabat en filant doucement la voie et finit par donner un coup de gueule.

Le chien de tête accourt, certain que son camarade a dit vrai. Il flaire le sentier, mais ne sent rien... Que se passe-t-il alors ? Le chien fin de nez se colle à la voie, la suit pas à pas, tandis qu'à quelques mètres de lui le chien de tête, guidé par cet indice et par ses instincts, évente en tous sens pour savoir si le lièvre n'a pas fait un saut de côté et n'est pas blotti derrière une ronce ou un buisson, et fait comprendre, par ses manières, qu'il rachète par la ruse son défaut.

Tout à coup, le chien de tête se précipite sur un paquet de broussailles. Le lièvre repart grand train, mais portant la hotte!... Les chiens lui soufflent au poil, lui coupent les devants. Il fait des feintes inutiles ! Il est pris, déchiré et croqué à belles dents.

La ruse habituelle du lièvre sur ses fins est de doubler sa voie dans les sentiers, de faire ensuite un saut de côté et d'attendre que les chiens aient passé pour reprendre son contre-pied, de doubler encore et de recommencer jusqu'à ce qu'il trouve un endroit propice pour se cacher plus sûrement.

La tenue de l'équipage est gris bleu avec col et parements de drap rouge garnis d'un petit galon de vénerie.

LE COMTE JOSEPH POTOCKI

C'est à Antoniny, dans le gouvernement de Volhynie, qu'est installé l'équipage de chasse du comte Potocki. Homme des bois et des champs, il s'est toujours montré un fervent du sport; il les pratique tous, et il est considéré dans son pays, où les sportsmen ne manquent pas, comme un des premiers.

Grand, fortement charpenté, adroit, élégant, d'un commerce agréable, servi par un esprit ouvert, chercheur et jamais rassasié, le comte Joseph Potocki a une existence des plus heureuses: sa fortune lui permettant de satisfaire tous ses goûts sportifs.

Irréprochable dans son habit de chasse, monté sur ses beaux hunters qu'il conduit aux obstacles avec la plus grande crânerie, le comte chasse à la française, et son équipage est le seul de son espèce existant en Russie. C'est en 1885 qu'il fut créé.

La conduite de l'équipage est confiée à un piqueur français, Célestin Pillot, emmené en Russie, deux années auparavant, par S. A. I. Mgr le grand-duc Nicolas, pour diriger la meute du régiment des hussards de la garde.

Sans avoir été élevé à la grande école de Chantilly, mais follement épris de son art, Célestin Pillot est un bon piqueur. Poli, propre, exact dans son service, ne se contentant pas de faire le bois à « l'à peu près », il tient à honneur de donner de belles brisées. C'est un marcheur infatigable, adorant ses chiens et profondément dévoué à son maître. Connaisseur en chiens comme il en est peu, c'est lui, en suivant les sages conseils du comte, qui est arrivé à donner à la meute, composée de chiens importés de France, la vitesse des harriers anglais.

Les chiens sont mis sur la voie du lièvre et du daim. Les lièvres des steppes sont fort difficiles à prendre; ils ne ressemblent nullement aux lièvres d'Allemagne ou de France; ils sont beaucoup plus grands, plus vigoureux et filent droit devant eux. Ils fournissent généralement des chasses superbes qui durent de quarante à soixante minutes.

La chasse du lièvre en France est regardée par tous les veneurs comme la plus fine de toutes les chasses, et un fin chasseur de lièvres est certainement un bon veneur. Le lièvre a si peu de sentiment, ses voies sont si légères et il a tant de ruses dans son sac, que le chasseur et le chien qui en viennent à bout sont certainement capables tous deux de triompher de tous les autres animaux de vénerie. C'est une chasse fort intéressante et fort difficile partout et surtout en Russie à cause de la sécheresse du terrain, qui est généralement considérée comme un obstacle à la réussite, les chiens ne pouvant enlever la voie.

Les chiens de l'équipage d'Antoniny ont grand nez et sont travailleurs, aussi ils réussissent presque toujours. La saison dernière, ils ont donné, sur 28 chasses, 26 hallalis.

L'équipage chasse également le daim ; c'est plutôt une épreuve pour les chevaux qu'un laisser-courre, car les daims sont élevés dans des parcs, et les jours de chasse on le conduit dans une

LA COMTESSE POTOCKA

sorte de *van*, jusqu'à l'endroit où doit avoir lieu le lancer. Le découplé se fait à vue et les chiens le chassent alors, presque sans défaut, avec une vitesse vertigineuse. Ce laisser-courre amuse beaucoup les veneurs qui sont bons cavaliers, car il a de nombreux et de grands obstacles à franchir et une quantité de haies à passer.

Actuellement, l'équipage, dont la tenue est bleue avec parements jaunes et culotte blanche, se compose de vingt-quatre couples, provenant pour la plupart de l'équipage du comte de Fadate. Le premier piqueur, Célestin Pillot, est secondé par la Feuille, qui était autrefois chez le prince Murat ; les écuries comprennent trente et quelques chevaux.

La saison de chasse, étant limitée par le climat rigoureux, est généralement très courte. Le nombre des animaux pris varie entre 30 à 35 lièvres et 6 à 8 daims. C'est le comte Joseph Potocki, le maître d'équipage, qui conduit la chasse. Il est toujours accompagné de la comtesse, qui est une des meilleures horsewomen du pays. Aucun obstacle ne l'arrête, et on est toujours certain de la voir arriver première à l'hallali. Le comte n'est pas seulement un grand veneur, c'est encore un chasseur intrépide. En 1890, il est aux Indes à la chasse au tigre ; en 1894, il est à Ceylan à la chasse au buffle et à l'éléphant, et tout dernièrement il était en Afrique, au Somaliland, d'où il rapportait les trophées de 8 lions, 3 éléphants, 8 rhinocéros, 5 panthères et 100 têtes de différentes antilopes.

A sa rentrée, il a publié dans sa langue maternelle ses deux premiers voyages, *Indes et Ceylan*. Comme on le voit, le comte Potocki est aussi brillant la plume en main que le fusil sur l'épaule.

M. PAUL DE SINÇAY

Le Rallye-Vielsalm est, je crois, la plus ancienne société de chasse qui existe en Belgique. Fondé en 1853, par le comte de Cornelissen, pour chasser le lièvre, le Rallye-Vielsalm ne se mit en société qu'en 1875, après avoir été successivement sous la direction de son fondateur, celle de MM. Grart et le baron Camille du Rosée.

La meute, qui jusqu'à cette époque ne comptait que des chiens français, se transforma également et ne tarda pas à se composer entièrement de chiens anglais. Comme on chassait, presque tous les jours de la semaine, le lièvre ou le renard, il fallait des chiens très vites. Le baron du Rosée était un veneur de la bonne école; il resta à la tête de cet équipage jusqu'en 1894, et tous les veneurs qui ont pris part à ses laisser-courre sont unanimes pour vanter ses grandes qualités. C'était un homme fort affable, d'un caractère excessivement gai et d'une bonne humeur constante.

La succession qu'il laissait, lorsqu'il fut forcé par la maladie, de se démettre de ses fonctions de maître d'équipage, était fort difficile à recueillir; et elle serait certainement tombée en déshérence, si M. Gaston Saint-Paul de Sinçay avait refusé cette charge.

M. Paul de Sinçay, le maître d'équipage actuel de Rallye-Vielsalm, est un parfait gentilhomme d'une grande compétence en vénerie, familiarisé avec tous les sports. Homme de cheval remarquable, il possède une écurie de chasse de premier ordre. C'est en Angleterre qu'il a fait ses premières armes et où il s'est familiarisé avec la chasse au renard. D'une solidité à cheval à toute épreuve, il passe partout, aucun obstacle ne l'arrête, ce qui ne l'empêche pas cependant de ménager son cheval de manière à le conduire à l'hallali sans trop de fatigue.

Le Rallye-Vielsalm possède deux meutes, une pour le renard, composée de quatre-vingts fox-hounds, et une seconde pour le lièvre, composée de quarante-cinq à cinquante harriers. Le personnel compte un premier piqueur, Débucher, deux valets de chiens à cheval et deux autres valets de chiens qui ne quittent pas le chenil. C'est William Peyle, au service de M. de Sinçay depuis trente-cinq ans, qui est chargé de la direction des écuries qui comptent de vingt à vingt-cinq chevaux, choisis parmi les meilleurs types que l'on puisse rencontrer.

Les membres sociétaires du Rallye-Vielsalm sont : MM. le comte John de Marnix, le vicomte Desmanet de Biesme, Lambert de Rothschild, Josse Allard, le baron del Marmol, Émile Hauzeur, Jules Nagelmackers, le vicomte de Spoelberch, Georges Chaudoir, le vicomte de Jonghe, le baron F. de Macar, le comte de Jonghe-d'Ardoye, le capitaine Reintjens, Mme Peltzer-Hauseur, MM. Georges et René Peltzer, le comte de Marnix de Sainte-Aldegonde et Adolphe May.

La saison de chasse ne comporte à Vielsalm, à cause de la rigueur du climat, que trois ou quatre mois de laisser-courre, mais tous les laisser-courre de cet équipage sont des plus attrayants.

La chasse au lièvre, qui est une des chasses les plus difficiles, constitue un sport de tout premier ordre. Si la chasse au lièvre ne présente pas la brillante mise en scène, l'émouvant spectacle du laisser-courre sur les grands animaux, elle passionne cependant les vrais veneurs, car elle est une des plus savantes. et, malgré son rôle modeste, considérée comme l'école et la clef de l'art de la vénerie.

Pour forcer le lièvre, c'est-à-dire prendre à courre l'animal le plus rusé, dont les voies sont si légères qu'elles laissent à peine de sentiment, il faut posséder une excellente meute, et, pour créer cette meute, connaître à fond les qualités et les défauts du chien courant.

La fureur de *prendre vite* a modifié souvent non seulement l'espèce et la qualité du chien, mais aussi la manière de courre le lièvre : marcher grand train est le but ambitionné par un bon nombre de veneurs ; essouffler l'animal par tous les moyens et le prendre dans quarante ou quarante-cinq minutes, les jours de bon vent et de bonne terre, est un succès fort recherché par quelques-uns, mais fort peu apprécié par M. de Saint-Paul de Sinçay. A ses yeux, tout l'intérêt de la chasse du lièvre consiste dans cette lutte qui s'établit entre la finesse, la ruse de l'animal et le travail intelligent d'une bonne meute.

A Vielsalm, on n'a jamais admis qu'on sacrifiât la gorge, la science de l'équipage, à la rapidité de la chasse, et que le désir de prendre en peu de temps fît substituer au travail, si passionnant d'une meute savante, une course furibonde, constamment secondée par l'action immédiate du piqueur.

L'équipage de Vielsalm a compris que, pour forcer un animal, qui tient à peine deux heures devant un train soutenu et régulier, une vitesse excessive n'était pas nécessaire ; que, dans des pays cultivés, le chien devait être savant par lui-même, se servir seul dans les défauts, et qu'il fallait surtout rechercher la meute de l'équipage, avant d'y adjoindre la meute du piqueur.

Il n'en est pas de même de la chasse du renard, qui demande à être menée rondement, car dans les Ardennes le fox-hunting voit surgir une foule de difficultés, qui arrêtent l'élan des fox-hounds et lui font souvent manquer leur animal. Néanmoins la chasse du renard est suivie avec passion par tous les membres de l'équipage, bien plus à cause des grands espaces parcourus que par la prise presque toujours incertaine du renard.

La tenue de Rallye-Vielsalm, pour la chasse du lièvre, est l'habit bleu, parements et cols rouges, boutons argent ; pour le renard, habit rouge, parements et cols bleus, boutons or.

LE VICOMTE PIERRE DE RODAYS

Parmi les jeunes veneurs du Blaisois, nous pouvons citer en première ligne M. le vicomte Pierre de Rodays. Son équipage se compose de trente bâtards poitevins tricolores de 23 pouces. Nous en avons vu du reste un type très beau à l'exposition canine de 1884 : *Mirabeau*.

Cet équipage, qui se remonte par l'élevage, est des mieux tenus et des mieux créancés. Il est servi par Victor, piqueur monté, et porte la tenue vert clair, parements et gilets rouges (velours pour les maîtres et drap pour les hommes).

Le vicomte de Rodays chasse presque exclusivement le chevreuil et est passé maître dans ce noble déduit ; malgré cela il découple parfois sur des renards et de grands sangliers. Il chassait autrefois en Sologne et en Berry, aujourd'hui il chasse le loup dans le Poitou ; et ses chiens résident, pendant la saison des chasses, à l'abbaye de Valence, par Couhé (Vienne). Il n'aime pas les chasses à grand apparat et chasse presque toujours seul avec son piqueur et un petit nombre d'amis. Intrépide cavalier, il est toujours aux chiens, n'épargnant ni ses peines ni ses chevaux. La fanfare de l'équipage est *la Rodays* par Henri de la Porte, le bouton, une tête de brocard et la devise : *de Meute à mort.* Les prises annuelles étaient, lorsqu'il chassait le chevreuil, de quinze à vingt chevreuils.

Très gai compagnon, d'un charmant caractère, M. de Rodays est fort apprécié dans son voisinage. Le château des Minières, où il habite maintenant, est situé en Indre-et-Loire. Il a toujours un aspect de fête, car le vicomte Pierre de Rodays y a amené une charmante châtelaine, Mlle de Bouillé, avec laquelle il s'est marié pendant qu'il habitait le château des Orties, dans le Blaisois.

M. DE CONDAMY

Après la guerre de 1870, pendant laquelle il avait rempli avec une noble ardeur, en sa qualité de fils d'officier supérieur, son rôle de volontaire, M. de Condamy, qui était né avec la passion de la chasse, du dessin et des chiens, monta un équipage avec de grands briquets d'Artois, chassant bien le lièvre et parfaitement dans la voie du sanglier.

A la mort du comte de Chassepot, il lui succéda comme lieutenant de louveterie pour l'arrondissement d'Amiens.

Le nouveau louvetier conçut alors un projet d'une singulière hardiesse, celle de constituer un grand équipage pour sanglier capable de prendre de « meute à mort ».

Ceux qui connaissent l'arrondissement d'Amiens et les grands bosquets qu'on y qualifie de forêts, séparés entre eux par des prairies, des tourbières, des terres à labours profonds, seront seuls à bien comprendre quelles difficultés allait avoir à surmonter le jeune veneur.

Les bosquets ou grands bois, appelons-les forêts pour ne blesser personne, ne sont pas percés ; le couvert est épais, dru, serré, c'est un taillis avec futaie impénétrable au chasseur.

Sous bois, il est impossible de suivre les chiens autrement qu'à la voix, en les relevant à de rares intervalles, quand on peut, et on ne le peut qu'avec des efforts inouïs et avec le danger incessant de se faire écarteler en plein taillis.

Ce n'est rien encore; comme les animaux qu'on rencontre dans ces bois sont tous de passage, ils prennent un parti dès qu'ils se sentent poussés vigoureusement et, de bosquets en bosquets, regagnent les grandes forêts de l'Ile-de-France ou de la Normandie.

Alors ce sont des débûchers sans fin à travers bois, labours et fondrières.

On part, on ne s'arrête plus.

A pareille besogne, les pur sang et demi-sang tombent fourbus, et les chiens anglais, avec leurs pattes rondes, s'épuisent et mettent bas au bout de deux heures, c'est-à-dire juste au moment où le laisser-courre commence à prendre son train.

Le problème qui s'offrait au jeune louvetier se résumait ainsi : créer des chiens chauds de gorge, puissants de voix, d'une résistance à toute épreuve et d'un pied à tenir bon partout où d'autres mettent bas.

Les briquets de M. de Condamy, richement gorgés, volages sur le lièvre, mais bien dans la voie du sanglier, manquaient de fond et de train et n'avaient pas le tempérament voulu pour soutenir de pareilles chasses.

Il fallait créer une race de chiens spéciale.

M. de Condamy fut assez heureux pour trouver, dans l'ancien chenil de M. de Chassepot, des pur sang normands de grande taille. Il se mit alors à l'œuvre, croisant les briquets avec des *fox-hounds* du Nord puissamment charpentés, puis restituant, à ces premiers produits, le type et la valeur des normands, par les étalons pur sang du chenil de Chassepot.

Qu'on se représente ce dessinateur à la main si sûre, ce peintre de si bon goût esquissant ou peignant ses chiens modèles et affirmant leur type par des croisements judicieux : l'on aura alors une idée du travail de reconstitution de M. de Condamy.

Ces efforts furent d'ailleurs récompensés par un succès complet ; en 1883, il possédait une meute parfaitement d'ensemble aussi près que possible du vieux type normand, richement gorgé et doué d'une vigueur et d'un fond rare.

Les veneurs n'ont pas oublié *Morico*, primé à l'Exposition d'Amiens, et qui véritablement laissait peu à désirer comme reproducteur normand.

Roméo, un limier de Rallye-Picardie, était le chien le plus singulier qu'on puisse voir, très sûr et très fin chasseur par le menu ; il était avec cela de haut nez ; élevé avec un chien d'arrêt, il n'avait pas pu se faire au chenil et vivait librement, allant dans la maison, au besoin on l'aurait fait chasser en plaine. Quand on voulait, on le mettait en garenne, et, avec sa voix de tonnerre, il était admirable sur le lapin et le lièvre, et s'amusait à les mener en pleine gorge.

Au reste, ces pur sang normands sont étonnants, ils s'amusent au lapin et chassent tout, jusqu'au lion. On sait que la meute avec laquelle M. de Raousset-Boulbon chassa le lion à cors et à cris, en Algérie, était uniquement composée de vieux normands.

Dans ces derniers temps, M. de Condamy a adopté le croisement du normand pur sang ou vendéen pur sang avec une lice bâtarde de ces races et près du sang anglais, 3/4 par exemple : il en obtint des chiens de premier ordre ayant plus de pied que les anglais, bien gorgés, très mordants et rapprochant à grand train et grand recri.

C'est, selon nous, la meilleure méthode de croisement; elle conserve aux chiens le type et le caractère français et elle en relève suffisamment la charpente et la musculature sans altérer le fond du sang.

L'équipage de M. de Condamy, ainsi constitué, se compose de 20 chiens d'ordre de 20 à 21 pouces, d'un valet de limier et de deux hommes montés.

La tenue est bleu ciel, parement et col velours noir, retroussés rouge, avec galon, la toque de velours noir et la botte dure avec genouillère blanche.

Le bouton de l'équipage porte une tête de sanglier or sur fond d'argent, avec la devise : *Rallye-Picardie.*

M. de Condamy, qui a proscrit de son équipage les chiens anglais, n'admet pas les chevaux de sang et leur préfère le normand près de terre, au garrot élevé, au rein court et doublé, aux muscles d'acier.

Cet équipage, depuis qu'il existe, fait les beaux jours et la gloire de la Picardie.

On y avait de tout temps forcé le chevreuil qui randonnait dans les bois ; mais je ne crois pas qu'on y ait jamais chassé le cerf à cors et à cris ; quant à découpler sur un tiers-an, en Picardie, pour sonner l'hallali en Normandie ou en Ile-de-France, personne n'y avait encore songé, et l'honneur en revient en entier à M. de Condamy. C'est un tour de force qui trouvera de très rares imitateurs, s'il en trouve jamais.

M. de Condamy chasse peu, la peinture et le dessin lui prennent une grande partie de son temps. La moyenne de ses prises ne dépasse pas vingt par an.

Quelques-unes des chasses de Rallye-Picardie sont restées légendaires.

Un jour, c'est une bête de 80, tiers-an, attaquée dans la Somme, et qui, après six heures de chasse et de débucher, est prise dans la Seine-Inférieure, près de la forêt d'Eu, dans la cuisine d'un curé qui allait se mettre à table et qui crut avoir affaire à l'esprit des ténèbres.

Tous les chiens avaient mis bas successivement; un seul, *Roméo*, ne lâcha le sanglier qu'après l'avoir forcé et étranglé. La poursuite avait duré six heures à fond de train et sans un seul temps d'arrêt.

D'autres fois, les chiens donnent si vigoureusement que l'animal est au ferme une heure après. C'est ainsi que, dans les bois d'Aubermenil, appartenant à M. le comte de Brigode, deux sangliers de 80 à 110 sont successivement portés bas en moins de deux heures de chasse.

Nous en passons et des plus émouvantes : luttes terribles de l'équipage dans les fermes de l'animal aux abois, ou débucher de cinq à six heures, auprès desquels les steeple-chases d'Angleterre ou le fox-hunting ne semblent que des jeux d'enfant.

C'est en chassant et en observant que M. de Condamy a acquis ce sentiment parfait de la vérité que l'on retrouve dans ses tableaux et ses dessins.

Ses chiens sont d'un naturel admirable et pleins de mouvement et de vie.

Ses croquis sont merveilleux, c'est un peu le genre des premières planches de Victor Adam, mais la supériorité de M. de Condamy est incontestable : la souplesse et la variété de son crayon laissent bien loin derrière eux le style un peu poncif du vieux dessinateur.

Le maître de *Rallye-Picardie* partage son temps entre ses devoirs de louvetier, sa passion pour la chasse et sa passion non moins vive pour la reproduction des scènes du sport.

C'est un de nos plus aimables peintres et un de nos plus valeureux sportsmen.

LE BARON LOÜAN DE COURSAYS

Depuis quelque temps déjà, deux loups de la plus grande taille jetaient l'effroi dans les campagnes du canton de Sainte-Sévère, et leur pelage singulier ne contribuait pas peu à stupéfier les bergers et les cultivateurs.

L'un, complètement noir, surnommé Joséphine, et l'autre, son compère, presque blanc, travaillaient ensemble avec une entente parfaite et une ardeur infatigable à satisfaire leur insatiable appétit et à pourvoir en même temps aux besoins de leur famille. Ils avaient élu domicile dans la forêt de Bougozot, commune d'Urcier (Indre). Il ne se passait pas de jour où l'on n'eût à constater des méfaits d'une audace inouïe.

Une semaine, ils attaquèrent et détruisirent entièrement un troupeau de dix-huit moutons appartenant à M. Vigeon des Chaumes. Le lendemain, ils emportaient deux brebis au berger.

Les rapines ne se bornaient plus, comme on le voit, à des lièvres gueulés à la rentrée, à des volailles aventureuses, qui s'étaient hasardées hors de la ferme, à quelques faons de chevreuils, étranglés malgré les bramements plaintifs de la chevrette et le courroux impuissant du broquart : c'était du peuple entier qui paît ou qui rumine qu'ils entendaient faire leur tributaire. Ils avaient enlevé d'abord quelques moutons écartés du troupeau ; un jour vint où, pressés par le besoin, ils livrèrent assaut au parc qui protégeait le troupeau pendant la nuit.

Escaladant la palissade, ils se ruèrent dans la bande éperdue, culbutant d'un coup de leur terrible mâchoire les braves chiens commis à sa défense, puis voyant rouge, affolés par la rage du meurtre, tuant pour tuer, faisant dix victimes pour n'en dévorer qu'une seule. Une autre fois, visant plus haut encore, ils s'attaquaient à un poulain et à une génisse au pâturage, s'approchaient d'eux à bon vent, d'un pas... de loup, leur sautaient à la gorge, plantaient leurs crocs d'acier dans leur chair frémissante, les étreignaient de leurs griffes, ne lâchant prise que lorsque leur proie, épuisée par la perte de son sang, expirait. C'était une nuit de ripaille ; ils se gorgeaient de chair et avaient peine à regagner leur fort d'un pas alourdi.

Dans la saison rigoureuse, lorsque l'hivernage des bestiaux et des troupeaux créait pour eux la disette, tenaillés par la faim, affranchis de la terreur que leur inspirait la suprématie humaine, ils la bravaient dans ses habitations comme dans ses représentants, rôdaient de nuit autour des villages, renouvelaient la scène du parc de M. Vigeon des Chaumes, et tentaient d'enlever une vieille femme que l'âge et la faiblesse mettaient à leur merci.

Leurs petits, très précoces à la rapine, paraît-il, à l'exemple de la maman, décimaient, de leur côté, avec non moins d'habileté et de hardiesse, les oies de celui-ci, les dindons de celui-là, et en faisaient une prodigieuse consommation.

Quant à la répression, ils parvenaient à en déjouer toutes les tentatives. Dix fois déjà, le lieutenant de louveterie les avait rembuchés, et dix fois il était rentré, lui, ses piqueurs et sa meute, l'oreille basse et réduit à sonner la retraite manquée pour se réchauffer le long du chemin.

Les victimes de ces déprédations, ayant appris que M. Loüan de Coursays avait un excellent équipage de loup et connaissant parfaitement sa bonté et son obligeance légendaires, le prièrent de venir les débarrasser de ces hôtes dangereux.

M. Loüan de Coursays et son fils, sportsmen distingués, s'empressèrent d'envoyer aussitôt leur piqueur Antoine en reconnaissance de la demeure des louvarts, avec ordre, dans le cas où il trouverait leur liteau, de prévenir les notabilités de la contrée de l'arrivée de ses maîtres pour le lendemain.

Propriétaires et chasseurs s'empressèrent de répondre à l'appel du sympathique louvetier et, le lendemain 18 octobre, on pouvait compter au rendez-vous plus de cent personnes au nombre desquelles figuraient : MM. le vicomte de Monsabré, de Bonneau, Massin, Delétang, Desages, maire d'Urcier, Desage, notaire, Duchier.

De nombreux cavaliers escortaient le brillant équipage du grand veneur, composé de quarante magnifiques bâtards de Vendée à l'air rébarbatif.

Le piqueur arriva au rapport. Le silence se fait, le moment est solennel. Antoine est jeune et vigoureux, de grands yeux noirs animent sa physionomie très expressive.

— Messieurs, dit-il, j'ai fait le bois avec la plus grande attention, j'ai bien connaissance des foulées, qui m'ont paru être de la nuit, mais je n'en suis pas très sûr, car les louvarts sont forts et rusés. Ils marchent sur la pelouse. Je n'ai pu en reconnaître par le pied, mais mon chien s'en est rabattu, le poil hérissé, et j'ai lieu de penser que, si ce n'est pas la voie du grand loup, c'est au moins celle de l'un des siens. Je le crois au carrefour de l'allée des Belles.

Morico, le limier, est mis sur les foulées présumées des louvarts. Il se déchausse aussitôt, goûte la voie et se met à rire en sentant la branche.

— Eh bien ! camarade, lui crie Antoine, sont-ils près, sont-ils loin ? Dis-moi ça ? C'est le moment.

Un coup de gueule des plus sonores est la réponse. Un second le suit de près, et, au bout de quelques instants, ses coups de voix animés et répétés annoncent le lancer ; mais tout à coup la menée est interrompue.

Que se passe-t-il ?

Le courageux limier, saisi d'effroi sans doute, en voyant la grimace et les dents du loup, s'est arrêté coi...

Un bien-aller des plus sonores, qui est le signal du découpler, se fait entendre. En peu d'instants, les hardes de meute sont lâchées, les chiens volent aux sons de la trompe. *Morico* reprend sa voie, tous se rallient à lui et aussitôt commence une musique comme je n'en ai entendu de plus belle depuis de longues années que je chasse.

L'animal est au nez des chiens. Un coup de feu retentit, bien inutile en la circonstance, car, quoique vigoureux, le louvart est essoufflé. Blessé ou non, il est pris et étranglé par la meute en fureur, qui n'en aurait laissé trace, si le piqueur n'eût tenu à honneur de le montrer en entier aux nombreux chasseurs et aussi peut-être à M. le maire pour qu'il puisse certifier la prise.

Tout le monde accourt au son de la trompe annonçant l'hallali. Mais, ô surprise ! Est-ce une bizarrerie de la nature ? Est-ce un chien-loup. Personne de nous, même les gardes les plus anciens, ne peut expliquer ce phénomène.

Le louvard est gris cendré et porte une livrée d'un noir d'ébène... Le fait une fois constaté, le vieux refrain de la chanson :

Allons, chasseur, vite en campagne !
Du cor n'entends-tu pas le son ?

se fait entendre.

— A la voie, à la voie, mes beaux ! Harloup, mes amis !

Et tous repartent à l'attaque dans l'enceinte des foulées.

— Harloup, Morico ! Harloup !

Presque instantanément, le lancer à vue se fait entendre, le branle-bas recommence, plus acharné et plus bruyant encore, et pendant près d'une heure c'est un roulement de voix et de fanfares des plus animées.

Un coup de fusil vient interrompre le cours de cette charmante chasse.

Tous les chasseurs arrivent au son des trompes sonnant l'hallali.

Mais, ô surprise nouvelle ! ce n'est pas un louvart gris zébré, mais un louvart noir comme une taupe, ayant les oreilles démesurément longues, les crochets très aigus.

Il ressemble plus encore au chien-loup du Jardin des Plantes.

C'est un phénomène d'un autre genre.

— Allons, mon brave Antoine, la chandelle brûle. Si nous voulons avoir la peau du troisième, il faut nous dépêcher.

Aussitôt l'équipage et les cavaliers reprennent le chemin des foulées.

Les requêtes se font entendre de nouveau; et après quelques instants de quête, le numéro 3 est lancé.

Les chiens, échauffés, le *brûlent de gueule*, et le même carillon recommence plus bruyant que jamais.

La gaieté et l'étonnement se voient sur tous les visages.

La chasse tourne et retourne par les mêmes fourrés. Des lignes de tireurs barrent le passage à l'animal qui se fait battre et rebattre dans les mêmes contours.

Le tapage est infernal et jamais loup n'a entendu le pareil.

Lancé et relancé plusieurs fois, il est pris par les chiens qui l'étranglent et lui broient les os.

L'hallali est sonné, et tous les chasseurs réunis peuvent constater que le louvart est bien le loup ordinaire couleur fauve ayant le bout des poils noirs, ressemblant exactement aux trois pris la semaine précédente, par le même équipage, dans la forêt d'Albert (Cher) et autres.

Bien des fois j'avais entendu parler des loups ayant sailli des chiennes, mais jamais de chiens ayant sailli des louves. Cependant, le fait était incontestable : parmi les trois louvarts pris, il y avait deux chiens-loups de pères différents.

La retraite est sonnée. L'équipage reprend la route de Château-Meillant, petite ville du Cher, où tous les veneurs et chasseurs reçoivent le plus charmant accueil.

M. RAOUL ALDEBERT

S'il est un équipage de lièvres qui mérite de figurer dans cet ouvrage, c'est sans contredit celui de M. Raoul Aldebert. La meute qu'on a vue à l'exposition de 1888 est issue du croisement de la race de Virelade avec les chiens de l'Ariège, deux souches françaises des plus pures.

Le titre de *briquet*, donné aux chiens de l'Ariège, est parfaitement déplacé. Les véritables chiens de l'Ariège sont des chiens de race très suivie et du plus pur sang français ; ce sont, du reste, des chiens appartenant pour la plupart à cette race que l'on voit figurer, dans les expositions canines, sous le nom de gascons ou de saintongeois.

L'Ariège, la Haute-Garonne, le Tarn-et-Garonne possédaient, il y a dix ans, une race de chiens qui a presque totalement disparu aujourd'hui. Blancs et noirs, très gorgés, ces chiens, appelés chiens de l'Ariège ne le cédaient en rien aux chiens de Saintonge et de Gascogne, par la pureté de leur sang français.

Plus légers de conformation, ils se prêtaient mieux à la chasse du lièvre en montagne ; ils avaient une très grande vitesse, se distinguaient par la rapidité de leur travail, la vivacité de leurs requêts, leur intelligence merveilleuse secondée par un nez parfait.

Le mariage de ces deux races absolument françaises produit des chiens de lièvre admirables, ayant la gorge, l'élégance, la taille des chiens d'ordre, de première vitesse, rustiques, vigoureux et merveilleusement intelligents.

Voilà la race à laquelle M. Raoul Aldebert, en veneur intelligent qu'il est, consacre tous ses soins et toutes ses peines. Il a été très aidé dans cette tâche par M. de Carayon-Latour, qui ne lui a jamais refusé non seulement ses chiens, mais encore ses conseils.

Aussi M. Aldebert est-il arrivé à avoir chez lui une réserve de meute composée de 14 à 19 chiens hors ligne ; tellement hors ligne qu'il peut prendre n'importe lequel de ces chiens et chasser isolément avec lui, c'est-à-dire lancer le lièvre, le tambouriner carrément, en un mot le bien chasser et quelquefois le prendre. Il est, je crois, difficile de trouver des chiens de lièvre plus parfaits. Mais si ces chiens sont arrivés à être aussi bons, c'est grâce à leur éducation et au système employé par M. Aldebert.

Tous ces chiens sont restés à la campagne jusqu'à l'âge de trois ans et ont chassé seuls, nuit et jour, depuis l'âge de six mois.

Ce n'est qu'après avoir travaillé de la sorte et s'être distingué, qu'un chien est admis dans la réserve dont je parlais plus haut ; et encore il ne fait partie de cette meute qu'après un nouvel essai dans cet ensemble de 16 chiens excellents.

Ils sont très vites, et, dans un déplacement fait avec eux au château de Malbose, chez M. Louis Cros-Bonnel, ils mettaient généralement de quarante à quarante-cinq minutes pour prendre leur lièvre; et sur dix attaques ils ont pris huit fois. C'est une assez jolie moyenne.

Le système employé par ce veneur est un de ceux qui donnent les meilleurs résultats. Les chiens élevés au chenil et mis en meute dès leur jeune âge sont généralement défectueux. Ils passent deux ans à suivre leurs vieux camarades, sans rien apprendre, et encombrent sans être d'aucune utilité. Ils s'usent plus vite et, lorsqu'ils deviennent savants, ils n'ont déjà plus de train et doivent être réformés.

M. Aldebert part de ce principe, et il a raison, qu'avant d'accepter un chien de meute, on doit l'avoir essayé, et qu'il faut impitoyablement écarter tout chien qui, seul, n'est pas capable de se tirer d'affaire et de chasser crânement un lièvre.

La rigueur qu'il apporte au choix de ses chiens ne lui a pas encore permis de composer exclusivement sa petite meute, en chiens appartenant à la race qu'il cultive. Demander à ses élèves de se distinguer dans un pareil ensemble avant de leur ouvrir les portes du chenil, c'est exiger d'eux un ensemble de qualités, que bien peu de chiens possèdent, quelle que soit la race à laquelle ils appartiennent ; c'est aller très lentement, mais plus sûrement, il me semble.

Conserver le beau chien d'ordre, au seul point de vue des lignes et des qualités plastiques, intéresse très médiocrement ce veneur, pour ne pas dire nullement. Il n'admet le beau chien qu'autant qu'il est bon, et il n'a jamais été l'admirateur d'une rosse, quels que soient ses attraits physiques.

Faire le chien français avec l'énergie, la santé, la vigueur, l'intelligence, la rusticité, surtout du chien utile en chasse, tel est le but qu'a presque atteint aujourd'hui M. Aldebert.

Il y est arrivé par des croisements avec d'excellents chiens de lièvre de l'Ariège et par l'éducation qu'il donne à ses chiens.

Le chenil est à Millau (Aveyron). Les chasses ont lieu dans les montagnes du Rouergue les plus rudes et les plus inaccessibles, sur des terrains couverts de cailloux et brûlés par le soleil.

Les pentes y sont à pic et demandent aux chiens qu'il emploie une construction particulière : large garrot, rein court et large.

Faire des chiens qui *montent* bien et sans s'essouffler : telle est la grande difficulté.

Les lièvres qui se nourrissent de l'herbe courte et savoureuse qui croît entre les cailloux atteignent un fonds incroyable.

En avril 1887, un lièvre lancé sur le Larsac, près de la Cavalerie (Aveyron), fit une pointe sur le Caylar (Hérault), et se fit prendre à 7 kilomètres du Nizau (Gard), après six heures de chasse à fond de train sans un défaut.

Les difficultés sans nombre qu'offre le pays et la grande résistance qu'offrent les lièvres demandent une organisation très sévère et des qualités exceptionnelles chez les chiens que l'on emploie.

L'ÉQUIPAGE DU BARON DE CRAWHEZ

L'équipage de Bièvre, qui est aujourd'hui la propriété des barons de Crawhez, s'appelait autrefois *Royale-Ardennes*. Il était en société et avait pour maîtres d'équipage le comte Adhémar d'Oultremont de Duras et le duc de Croy. On y menait grand train, car la plupart des membres de l'équipage avaient fait bâtir à Bièvre des pavillons de chasse, où on s'amusait ferme. Autres temps, autres mœurs !

L'équipage Royale-Ardennes a fait place à l'équipage des barons de Crawhez, qui sacrifie plus à la chasse qu'au faste et au plaisir. Aussi si cet équipage n'a pas en Belgique sa renommée de luxe et d'élégance qu'avait son ancien, il n'en passe pas moins pour être un des meilleurs du pays.

Le baron Jean de Crawhez, qui a la direction des bâtards, avec lesquels il chasse toute bête de vénerie, est un sportsman dans toute l'acception du mot. Homme de cheval de premier ordre, il accomplit à cheval de véritables prodiges. Rien ne l'arrête, et comme son cheval est toujours en confiance, il passe partout, ce qui lui permet de se tenir constamment à la queue des chiens. M. Smits, un de ses compagnons de chasse, raconte qu'au printemps passé il se trouvait avec lui en déplacement de chasse en Angleterre ; le renard suivi de la meute traverse un fleuve : aucun pont, sauf à plusieurs kilomètres de là ; le baron de Crawhez n'hésite pas, et, poussant son cheval dans l'eau, il traverse le fleuve à la nage et arrive seul à l'hallali.

Dans ces chasses si dures et si rapides des Ardennes, jamais il ne lui est arrivé de perdre ses chiens. Si parfois, dans un moment difficile, un veneur novice s'inquiète en ne l'apercevant pas auprès de la meute, qu'il se rassure ; le maître est là, surveillant, de plus loin peut-être, le travail de ses chiens, mais toujours en mesure de leur porter secours au moment opportun.

Bien que destinés principalement à la chasse du renard, dit M. S. Williams (1) dans son historique de l'équipage Crawhez, les bâtards de Bièvre ne sont pas spécialement créancés sur cette bête puante, et attaquent indifféremment tout animal de vénerie. Les quêtes se font à la *billebaude*, et c'est un plaisir de plus que l'incertitude où l'on se trouve de l'animal qui sera attaqué. Sera-ce un sanglier, un cerf, un chevreuil ou tout simplement un lièvre rapide qui sortira de ce grand bois ? Le plus souvent on l'ignore même après le lancer, car, dans ce pays peu habité, les animaux se mettent de très loin sur pied. Ce n'est qu'après quelques minutes de galop qu'il est possible de déduire du pays parcouru, de l'allure des chiens et surtout de la façon de faire de certains d'entre eux, spécialistes en la matière, l'animal poursuivi.

Ce qui caractérise principalement les chasses au renard de Bièvre, c'est l'allure vertigineuse, fantastique, à laquelle elles sont habi-

(1) *Le Sport universel.*

tuellement menées. Certes les chasses du Leicestershire et du Yorkshire n'ont pas usurpé leur réputation de *Cross-Country*, très vites et très durs pour les chevaux ; cependant, de l'avis de tous ceux qui ont pu faire la comparaison, le train est encore beaucoup plus rapide à Bièvre et il est certain que, si l'on devait y rencontrer les mêmes obstacles qu'en Angleterre, bien rares seraient les chevaux et les cavaliers qui arriveraient à l'hallali. Depuis dix ans, les barons de Crawhez réforment régulièrement leur meute par la queue, c'est-à-dire en supprimant les animaux ayant le moins de pied et de tenue ; ils ont de plus incorporé dans leur équipage bon nombre de chiens choisis parmi les plus vites qu'ils pouvaient rencontrer. Les résultats obtenus sont merveilleux, l'automne qui vient de s'écouler a compté cinquante-six hallalis sur cinquante-huit sorties. Combien d'équipages dans le monde entier pourraient inscrire un pareil chiffre ?

Comme les vieux grands loups, continue M. S. Williams, les cerfs des Ardennes sont réputés imprenables à force de chiens. La relation de chasse du prince de Condé fait mention d'un cerf ardennais importé en forêt de Chantilly qui, lancé en cet endroit, se fit prendre à Chartres, après avoir parcouru la distance de 35 lieues, et mis successivement six relais sur les dents. Tout en faisant la part de l'exagération évidente de ce récit, il est certain que le fait de forcer un cerf dans les Ardennes est unique en son genre. Depuis cinquante ans, ce cas ne s'est jamais présenté, et le seul exemple d'un hallali de ce genre date de 1842, époque à laquelle le baron de d'Hoogvorst fit hommage à la chapelle de l'église de Saint-Hubert, au village de ce nom, du pied d'un cerf forcé par des chiens.

Il appartenait à la meute des barons de Crawhez de renouveler cet exploit. Le 26 octobre 1896, un gros cerf à tête bizarde, lancé dans les sapinières de Merny, fut porté bas à Glaireuse après quatre heures de chasse vivement menée et un superbe bat-l'eau. Il fut servi au couteau en présence d'une nombreuse assistance par le maître d'équipage. Le pied du superbe animal fait actuellement pendant, en la chapelle de Saint-Hubert, à celui de son ancêtre.

La meute de beagles est sous la direction de M. Théodore de Crawhez. C'est également un grand veneur et un cavalier de tout premier ordre. La petite meute se compose de quarante chiens, admirablement gorgés, descendant pour la plupart de la meute des beagles du marquis de Goulaine.

L'équipage est servi par trois hommes à cheval, un premier piqueur Lafeuille, anciennement à l'équipage du baron du Sart, qui chassait en forêt de Baudour, un second piqueur Lavue, plus spécialement attaché à la meute de beagles, et un valet de chiens Ragot.

La tenue est l'habit rouge, bouton or portant un renard courant avec la devise : « Bien aller. »

LE MARQUIS DU BOURG

Non content d'occuper une des premières places dans le monde de la vénerie, le marquis du Bourg est encore un homme de sport du plus grand mérite. L'escrime, le tir, l'équitation et en général tous les exercices de force sont les distractions favorites de ce gentilhomme qui habite, dans la riche vallée des Aucognes, le château ancestral de Prye. Propriétaire d'une fortune considérable, le marquis du Bourg s'adonne aussi à l'élevage du cheval de sang et de demi-sang. Le nombre de ses juments poulinières et de ses élèves est considérable ; c'est aux écuries les plus renommées de

France, d'Angleterre et du Norfolk que ce sportsman demande ses juments, car il ne faut pas oublier que le choix de la jument est aussi important que celui de l'étalon, et que plus elle sera parfaite et semblable à celui-ci, plus le produit sera lui-même parfait. On se figure trop souvent qu'une jument quelconque, usée et ne pouvant plus rendre de services, est encore bonne pour la reproduction, et qu'avec un bon et bel étalon elle donnera de bons produits ; c'est une grave erreur, et c'est là une des principales causes de l'abondance de ces produits mal venus et défectueux qui pullulent sur les foires.

Ce n'est que par des soins continuels, une grande sévérité dans les accouplements et une hygiène particulière, que les chevaux anglais de courses conservent leurs caractères et leurs qualités spéciales et il est évident que, si ces soins et cette hygiène venaient à disparaître, il ne faudrait pas longtemps pour que, sous l'influence des milieux et du sol, cette race se fondît complètement dans celles qui sont propres au pays où elle a été importée.

Un établissement de la nature de celui fondé par le marquis du Bourg à Prye est un fait trop exceptionnel en France pour ne pas en parler. M. du Bourg continue du reste l'œuvre de son père, qui s'est intéressé, il y a une cinquantaine d'années environ, à la production chevaline.

Dans la position du marquis du Bourg, à moins d'une répulsion exceptionnelle et très rare, on s'occupe de chevaux à peu près depuis l'enfance. Il est impossible de ne pas être initié et mêlé d'une manière quelconque aux questions chevalines; on ne peut s'empêcher de se rendre compte des intérêts agricoles et industriels, des besoins auxquels elles se rattachent. Si, plus tard, un goût particulier porte un homme dans cette situation à s'occuper plus spécialement de ces études, son éducation est terminée, il évite tous les tâtonnements d'un apprentissage long et difficile.

Nul ne fut jamais mieux à même d'aborder ce terrain dans d'excellentes conditions. Le marquis du Bourg a parcouru une à une toutes les étapes par lesquelles il est indispensable de passer pour se bien convaincre que le meilleur et le plus rapide moyen d'amélioration générale réside dans la propagation de la race du pur sang.

Les premiers essais de ce sportsman se portèrent naturellement sur la production du demi-sang : il s'attacha d'abord à créer cet éternel cheval de service que l'on s'obstine à séparer de l'élevage de pur sang, bien qu'ils soient aussi intimement liés que l'effet et la cause.

On est toujours quelque temps avant de bien se convaincre qu'il n'existe, à vrai dire, pas de demi-sang, sans père de pur sang, ou du moins qu'il faudrait s'efforcer de faire disparaître ces espèces parasites. Le milieu dans lequel vivait le marquis du Bourg devait forcément le ramener aux idées et aux traditions auxquelles on doit, depuis plus d'un demi-siècle, la seule amélioration appréciable dans l'ensemble de nos espèces chevalines.

Si l'on envisage une pareille entreprise, dans ses résultats, ses détails et son ensemble, on reste confondu de la somme d'aptitudes spéciales indispensables pour faire fonctionner un pareil établissement.

Le marquis du Bourg élève également un grand nombre de chiens courants et de chiens d'arrêt des plus grandes races, choisis et importés par lui des meilleurs chenils d'Angleterre!

En 1874, le marquis du Bourg avait ramené de Londres cinquante fox-hounds ; tous ces chiens étaient jeunes et vigoureux et admirablement bâtis pour résister aux plus grandes fatigues.

Le vautrait de Prye se compose aujourd'hui de bâtards du Haut-Poitou, chiens excellents et admirables par l'élégance de leurs formes et par leur robuste constitution.

M. du Bourg a l'amour du beau et du bon chien ; il réforme invariablement les moins brillants pour les plus minimes imperfections : irrégularité de pelage, trop ou pas assez de taille, etc. ; aussi tous ses chiens sont-ils d'une beauté et d'une qualité irréprochables.

Les chiens du marquis du Bourg se rapprochent beaucoup de la race de Saintonge avec laquelle on les confond souvent. Ce sont des chiens parfaits de forme, pleins d'ardeur, au nez exquis, à la voix de stentor.

Comme je l'ai déjà dit, je crois, la chasse est très difficile en Nivernais, parce que les forêts sont immenses et très fournies et les enceintes trop grandes, ce qui ne permet pas de surveiller le change ! A ces écueils vient encore s'ajouter un danger des plus inquiétants ! Dans certaines parties des forêts, on rencontre un grand nombre de minerais. Ce sont des trous en forme de bouteille, très étroits à l'orifice, très larges au fond, d'une profondeur de 10, 20, 30 mètres, et cachés le plus souvent par des branches ou des bruyères. Ils sont extrêmement dangereux.

Ces trous ont été creusés autrefois pour extraire le minerai qui se trouve enfoui à une certaine profondeur et dont avaient besoin alors les forges d'Imphy, de Guérigny et d'ailleurs. Ces minières ont été abandonnées depuis des années et sont restées telles. Tous les ans il arrive des accidents des plus lamentables. Il y a une quinzaine d'années, un nommé Thibaudat, garde de la famille du Vergue, en faisant sa tournée, est tombé par mégarde dans un de ces minerais très profonds. Il y est resté deux jours et une nuit à crier et à gémir. Une femme, qui cherchait du bois mort, a entendu ses plaintes et est allée chercher les gens d'un domaine voisin qui ont arraché le malheureux à l'effroyable situation dans laquelle il se trouvait.

Le fusil du garde était resté en haut de l'orifice du trou,

heureusement, car Thibaudat a affirmé que, s'il l'avait eu en sa possession, il s'en serait servi pour mettre fin à ses souffrances.

Il arrive fréquemment des accidents de chevaux.

Onze chiens du marquis du Bourg sont tombés, un jour de chasse, dans un de ces puits à sec, en courant le sanglier. Il a fallu aller chercher des cordages et y descendre un homme pour les remonter. Souvent ils se trouvent pleins d'eau : malheur à qui, homme ou animal, s'y laisse tomber.

Comme on le voit, il y a de grandes précautions à prendre pour chasser dans ces contrées, et il faut, de plus, avoir un grand amour de la chasse.

En novembre 1874, un sanglier à son tiers an avait été attaqué dans les cantons de la Machine par l'équipage de Prye, composé à cette époque de trente fox-hounds et d'une vingtaine de bâtards.

La chasse fut très animée pendant cinq heures ; le sanglier fut chargé à cheval, à deux reprises différentes, par le maître de l'équipage et par ses hommes, dans de jeunes ventes en exploitation, et la chasse fut menée aussi rapidement que le permettait la nature du sol et des bois.

Il était alors trois heures du soir. Le sanglier se faisait rebattre dans les fourrés du Chalet, les plus épais de la forêt d'Azy. Tous les chiens à peu près avaient lâché la voie, il ne restait plus que trois bâtards vigoureux qui chassaient l'animal avec une ardeur superbe.

Les chasseurs étaient découragés, les chevaux harassés. Le maître d'équipage seul conservait encore de l'espoir. Doué de beaucoup d'esprit d'à-propos, il donne ordre très énergiquement à son piqueur Duvivier, aussi courageux que robuste, de suivre son vaillant chien *Harpeur*, dont la voix retentissante enflammait l'esprit et le cœur des vieux veneurs, qui savaient par expérience qu'à la chasse il ne faut jamais désespérer du succès, et de sonner sans relâche pour attirer les chiens à soi, et il prescrit au second piqueur, Joseph, et aux valets de chiens de suivre aussi près que possible, pour les encourager et pouvoir en même temps juger les chiens et faire choix des meilleurs.

Les chiens qui avaient lâché pied n'avaient pas, pour la plupart, les poumons faits à fournir des courses aussi rapides et d'aussi longue haleine, ils étaient plutôt essoufflés que rendus.

Voilà donc les hommes et les chiens à la suite de *Harpeur*, de *Roméo* et de *Tintamarre*, sonnant, criant et excitant la meute par un entrain des plus bruyants. Les fox-hounds, qui avaient repris un peu haleine, sentant la voie brûlante, se remontent peu à peu et font entendre leurs cris aigus et perçants qui indiquent que l'animal est à leur nez.

Pressé par l'ensemble des chiens, le ragot sort des fourrés, s'engage dans les bois d'Azy et, après trois quarts d'heure d'une menée ronflante, il est porté bas près des prés de Lavault. Le piqueur Duvivier lui a brisé la tête avec un marteau de fer emmanché au bout de son fouet.

Cette fin de chasse a été véritablement belle et due à l'initiative du marquis du Bourg, maître d'équipage, à l'intrépidité de ses hommes et au courage du vaillant chien *Harpeur*, bâtard du Haut-Poitou. M. du Bourg a toujours, dans les fossés d'enceinte du château de Prye, un certain nombre de sangliers de différents âges, destinés à former ses chiens.

De temps à autre il fait lâcher un ragot dans le parc et découpler cinq ou six jeunes chiens sur la voie. Un nombreux personnel, muni de fouets bien emmanchés, suit à cheval. Malheur au chien qui part sur un chevreuil, tous tombent dessus et lui administrent une correction des plus vertes. A la troisième, il est complètement corrigé. Lorsque l'éducation de tous les jeunes chiens est complète, on les lâche ensemble sur la voie du sanglier. Ce jour-là, c'est la chasse des dames.

Le parc de Prye a la forme d'un carré long ; il est situé dans une charmante vallée. La partie basse, qui est en prairie, représente plus de la moitié du clos ; des coteaux en taillis et futaies pelousés, traversés par des allées en tous sens, occupent l'autre partie. Un ruisseau longe la prairie dans le milieu. Sur ce cours d'eau se trouvent plusieurs ponts couverts en chaume et fermés par des barrières mobiles, ce qui permet aux gracieuses sportswomen de voir passer et repasser la chasse en toute sécurité.

L'animal chassé est forcé de traverser les prés et l'eau pour se rendre d'un bois à l'autre suivi de cinquante ou soixante chiens et des piqueurs, qui ne cessent de sonner le *bien-aller*, le *bat-l'eau* et la *vue*.

L'entrain est donc des plus animés et le coup d'œil des plus amusants.

Ce jour-là l'animal est sacrifié et doit être porté bas par les chiens, servi au couteau de chasse, puis abandonné à la meute. Telles sont les conditions dans lesquelles la bonne et aimable châtelaine de Prye invite ses amies à venir assister au laisser-courre d'un sanglier du parc de Prye.

La chasse dure quelquefois plusieurs heures et se termine toujours au ruisseau, ce qui complète le tableau. C'est donc une fête des plus agréables pour les dames, toujours suivie d'une brillante soirée à laquelle président l'aménité et la plus parfaite courtoisie.

Ces chasses exceptionnelles ont le grand avantage de mettre les chiens dans la voie du sanglier et sous le fouet, mais elles ont l'inconvénient de rendre les chiens trop mordants et imprudents.

En voici la preuve : un jour, l'équipage de Prye attaque un

grand sanglier dans les bois de Saint-Ouen ; après quatre heures de chasse très mouvementée, l'animal est mis aux abois à la nuit tombante, près du parc de Prye ; le ruisseau était débordé par suite des pluies torrentielles, le quartenier fait tête sur une espèce de butte qui se trouvait au milieu de l'eau. Impossible d'aller aux chiens. La bataille fut acharnée, terrible.

Seize bâtards des plus beaux et des plus courageux furent tués ! et le sanglier ne put être servi.

Ce fut une grande perte, non seulement parce que les vaillants chiens étaient excellents, mais parce qu'ils représentaient le meilleur sang du Haut-Poitou.

D'où il faut conclure qu'on ne doit pas trop s'attacher à la beauté des chiens destinés à courir le sanglier par la raison qu'ils sont exposés chaque jour à être tués, ni les rendre trop mordants non plus.

LORD LONSDALE

Homme de cheval de premier ordre, the Earl of Lonsdale passe, avec raison, pour le plus habile amateur de tout le Royaume-Uni. Personne ne sait mieux que ce sportsman, qui possède des notions hippologiques très étendues, faire choix d'un beau et bon cheval : ses écuries, connues du monde entier, affirment du reste son savoir hippique. Que ce soit pour l'équitation proprement dite ou le coaching, le hunt ou le turf, les chevaux du Earl of Lonsdale sont sans rivaux ; et ce précieux résultat est dû bien plus encore au savoir qu'à la fortune. Tous les chevaux de cette écurie sont alezans. Tous ont été passés à l'examen du poids et de la mesure, de manière à ce qu'ils soient tous, outre leurs droits de naissance et leurs qualités, absolument uniformes.

La taille des chevaux d'attelage est de 1^{m},60 et leur poids de 9 1/2 *cut* « *hundred-weight* ».

Les chevaux de chasse sont également soumis *to the tape and standard*, et leur taille ne dépasse jamais 1^{m},62 ; et pour arriver à cette homogénéité dont on ne s'écarte jamais, on ne regarde pas au prix. L'attelage le meilleur marché a été payé 25.000 francs au colonel Ewart, et, quoique merveilleux, il a été bien des fois dépassé depuis lors, par les nouvelles acquisitions qui ont été faites par ce sportsman.

N'allez pas croire que the Earl of Lonsdale fait commerce de chevaux, car, s'il achète les chevaux dont nous parlons, n'importe quel prix, il ne les revend jamais. Une fois entré aux *stables*, le cheval n'en sort plus, quelles que soient les offres dont il pourrait être l'objet, tant qu'il conserve, bien entendu, ses précieuses qualités.

La place de ce gentilhomme de la plus vieille noblesse était tout indiquée dans cette galerie qui ne compte que des sportsmen de haut mérite.

Hugh Cecil Lowther, cinquième Earl of Lonsdale, est né en 1857. Il fit ses études à Éton. Sans remonter trop en arrière dans la famille des Lowther aussi ancienne que leurs comtés de Westmoreland et de Cumberland, nous parlerons de sir Richard Lowther, qui fut high scheriff de Cumberland sous le règne de la reine Élisabeth. Il tomba en défaveur pour avoir permis au duc de Norfolk de faire visite à Marie Stuart, alors *pensionnaire* au château de Carlisle. Un des descendants de sir John Lowther fut créé vicomte Lonsdale et baron Lowther. Ces titres revinrent à sir William Lowther, qui épousa, en 1781, la fille de Earl of Westmoreland, et fut créé à cette occasion Earl of Lonsdale. A sa mort, qui eut lieu en

1844, son fils aîné lui succéda. Comme ce dernier mourut garçon, ce fut son neveu Henry, troisième Earl, fils du député de Westmoreland, qui hérita des titres et des terres.

Henri, le troisième Earl, né en 1811, entra au premier régiment de Life-Guards, dont il sortit colonel. De son mariage avec la fille du député de Denamont naquirent deux fils. L'aîné, le quatrième Earl, ne vécut que jusqu'en 1882, et tous les titres et biens revinrent alors à son frère, Hugh Cecil Lowther, que nous portraicturons aujourd'hui.

Maintenant qu'on connaît l'homme, revenons au sportsman qu'on trouve, aussitôt sa sortie d'Éton, chassant avec succès dans le Leicestershire avec *Her Majesty's staghounds* ou avec *the Household Brigade drag*. D'une solidité à toute épreuve à cheval, dans les concours où les *Jumping Prizes* sont offerts, c'est presque toujours lord Lonsdale qui est victorieux ; ses défaites sont considérées comme de vraies exceptions.

Ses sauteurs, qu'il a dressés lui-même, sont bien connus sur le hunt. *Owner up*, *the North*, *Rhône*, *Quirk*, *White-Oats* ont été des hunters-winners qu'on ne rencontre nulle part. Ils avaient toutes les qualités voulues : d'abord pureté de race, puis charpente forte, près de terre, osseuse et musculeuse, ensuite vitesse et dextérité, et puis enfin un caractère doux. A côté de ces hunters merveilleux figuraient des ponies et des chevaux de harnais tels que *Quicksilver*, *Silverlocks Alice*, *Little Bell;* aussi c'est par centaines que se comptent les prix remportés par lord Lonsdale dans les différents concours hippiques.

En 1883, à son retour du Concours hippique d'Islington, où il avait été nommé juge pour les hunters, lord Lonsdale réforma toute son écurie et créa le *Stud of Hunters*, *Hacks* et *Harness Horses*, dont nous parlions au début de cette étude. Tous les chevaux qui n'étaient pas alezans, et parmi ceux-là figuraient : *White-Oats*,

Rillington, *Relal*, *Royal-Mail*, etc., furent vendus chez Tattersall, et cela en dépit de leurs performances et de leurs brillantes qualités. Vingt et un chevaux de luxe sortirent également le même jour des écuries, résolu qu'il était de ne conduire ou de ne monter que des chevaux d'une même couleur.

Marié, en 1878, à lady Grâce Gordon, fille du marquis de Huntly, lord Lonsdale, au lieu d'être contrarié dans ses goûts, fut au contraire encouragé par sa femme qui était aussi passionnée que lui pour tout ce qui se rattachait au sport. Toute jeune, elle avait suivi les célèbres meutes de Fitzwilliam et, comme son mari, elle était dévouée aux *horses and hounds*.

Trouvant chez sa femme un terrain merveilleusement préparé pour l'expédition sportive qu'il rêvait, lord Lonsdale s'en alla avec elle explorer l'Amérique.

Aussitôt débarqués, ne prenant pour tout guide qu'un trapper, ils s'engagèrent résolument dans le pays, traversant prairies, montagnes et forêts sans s'inquiéter des obstacles qu'ils pourraient rencontrer ou des dangers qu'ils pourraient courir. Lord Lonsdale était obligé souvent de s'engager seul dans les broussailles, à la recherche d'un animal mangeable, laissant à sa jeune femme, qui était malgré elle réduite à l'office de poney-holder, la garde des chevaux.

Tout ce qui tombait sous le rifle de ce hardi sportsman était plumé et rôti par lady Lonsdale qui s'acquittait à merveille de cette tâche, et sa cuisine plaisait tellement au lord, qu'à l'heure qu'il est il répète qu'il n'a jamais mangé aussi bien et d'un aussi bon appétit que pendant cette campagne.

A l'exemple des héros de Gustave Aymar, ils pénétrèrent jusqu'aux Montagnes Rocheuses. La vie devenait là beaucoup plus difficile. Le cerf, le daim et le chevreuil y sont nombreux mais fort sauvages. Ils vivent de la même manière que le chamois et il faut être très habile tireur pour les chasser : lord Lonsdale, qui avait fait ses preuves en Suisse, ne s'effraya pas pour si peu, et chaque fois qu'il allait en expédition, il en revenait avec les honneurs de la guerre. Un jour qu'ils étaient joyeusement attablés autour d'un gigot de daim, plusieurs ours s'en vinrent leur souhaiter la bienvenue : mal leur en prit, car lord et lady Lonsdale, qui avaient toujours à côté d'eux un rifle, s'en armèrent immédiatement pour répondre à ces souhaits de bienvenue. A l'heure qu'il est, la tête de plusieurs de ces ours orne le hall du château de Lowther, en souvenir de cette visite et aussi comme autant de trophées de ce dangereux voyage.

Ce n'est pas le seul péril auquel ait été exposée lady Lonsdale. Un autre jour, au moment où le noble cordon-bleu se préparait à servir le dîner, elle aperçut une longue ligne noire, masquant l'horizon, qui s'étendait petit à petit.

Les ponies qui étaient au piquet baissaient les oreilles et poussaient des hennissements effrayants. A peine avait-on eu le temps de les remarquer que la ligne s'approchant avec une rapidité vertigineuse avait communiqué le feu à la prairie où elle se trouvait avec son mari. Heureusement elle n'est pas de ces femmes qui perdent connaissance. Abandonnant comme on pense son déjeuner, elle sauta en selle et son mari n'eut que le temps de l'imiter. Une fumée épaisse et asphyxiante d'herbes brûlées envahissait la place, et, comme le vent s'élevait de plus en plus, on pouvait craindre que l'incendie, passant au-dessus d'eux, vînt leur fermer toute issue.

Entièrement aveuglés, les deux intrépides voyageurs se débarrassèrent de tout ce qu'ils avaient pour ne pas gêner les ponies auxquels ils rendirent la main en les laissant libres de suivre leur instinct. Les malheureuses bêtes, dont la croupe était chatouillée par les étincelles, prirent le galop, et c'est à ce train diabolique que lord et lady Lonsdale durent leur salut.

Avant de quitter ce pays, lord Lonsdale fut assez heureux pour prendre au lasso un poney indien, et, par un bonheur providentiel, le poney était alezan. Aussi fut-il expédié aussitôt en Angleterre, et il fut pendant longtemps le plus bel ornement de cette écurie sans pareille.

Nous compléterons le portrait de ce sportsman en disant qu'il excelle dans la chasse au renard. C'est lui généralement qui dirige la meute. Il préfère cela au *shooting*. Il faut dire aussi qu'il possède, grâce à ses soins et à sa persévérance, des *packs* uniques, qui ne sont connus que des intimes, car ces meutes ne figurent jamais dans aucune exposition. En dehors de la meute de la contrée, achetée et entretenue par souscription, lord Lonsdale possède cent couples merveilleux choisis dans les meutes du duc de Beaufort, de Fitzwilliam et de sir B. Cunard. A côté de ces chiens se trouvent quelques fox-terriers qui ont les ongles et le courage, selon l'expression anglaise *in sticking to their fox*, et une race de lévriers extraordinaire pour courre le cerf.

Comme le parc de Lonsdale est peuplé de grands animaux, parmi lesquels se trouvent les cerfs rouges achetés à lord Guilford, tué en tombant de cheval, les lévriers sont découplés deux ou trois fois par semaine. Ils chassent dans un très bon style et, chose étrange, ils ont une grande finesse d'odorat, et leur course est si rapide qu'il n'est pas de quadrupède qui puisse en plaine échapper à leur poursuite.

Lord Lonsdale n'est pas seulement, comme on vient de le voir, un sportsman émérite, c'est encore un amateur de musique des plus distingués. Un orchestre, dans le genre de celui qui existait, jadis, chez le duc de La Rochefoucauld, au château de la Gaudinière, est attaché à son service et n'a pas le droit de se faire entendre ailleurs que chez lui. Aussi suit-il Earl of Lonsdale dans tous ses déplacements pour la plus grande joie de ceux qui ont le privilège de jouir de l'hospitalité de ce grand seigneur.

Rappelons, en terminant, le match extraordinaire dont lord Lonsdale fut le héros. Après un dîner auquel assistait lord Shrewsbury, à Ingestre, la conversation vint à tomber sur les chevaux, et le propriétaire de Lowther Castle, qui possédait une magnifique paire de trotteurs américains, émit l'opinion que des animaux de ce genre battraient toujours sur la distance, n'importe quels galopeurs. Cette thèse ayant été vivement discutée, un match de 100 livres fut conclu pour une distance de 20 milles à courir en quatre attelages différents. Il était convenu que les concurrents prendraient leurs chevaux dans leurs écuries respectives. Mais lord Shrewsbury ayant fait choix de deux pur sang de chasse, lord Lonsdale fit de même, et des deux côtés les préparatifs se firent avec une grande animation.

Au jour fixé, lord Lonsdale était présent au rendez-vous, mais malheureusement il neigeait légèrement, et cette circonstance avait paru à lord Shrewsbury une raison suffisante pour ne pas donner suite à son pari. Tel ne fut pas l'avis de lord Lonsdale qui résolut de ne pas tenir compte de l'absence de son adversaire et d'effectuer le parcours dans les conditions convenues et dans le minimum de temps.

Il prit donc place à 1 heure précise dans un buggy qui lui était prêté par un sportsman américain, M. Fox, et auquel était attelé *War Paint*, un fils d'*Uncas* et de *Toilette*. Marchant dans une allure magnifique, le pur sang courut ses 5 milles en treize minutes dix-neuf secondes. La seconde étape de 5 milles fut accomplie en douze minutes cinquante et une secondes par un buggy attelé de deux chevaux fournis par lord Chelmondelley. A Reigate un four-in-hand était préparé attendant le coureur qui accomplit ainsi la troisième partie de son trajet. La quatrième fut couverte par son hunter favori *Drapee* en treize minutes cinquante-cinq secondes.

La distance totale fut parcourue en cinquante-six minutes cinquante-cinq secondes, temps qui dépassait de loin les prévisions de ceux qui avaient parié pour lord Shrewsbury.

Le résultat de cette magnifique course, accomplie avec un brio incroyable, fut fêté avec enthousiasme par tous les amis de lord Lonsdale, qui ne regrettaient qu'une chose : l'absence de son adversaire dont la défaite certaine aurait encore ajouté à l'intérêt de la lutte.

LORD CHESHAM

Très connu dans le monde du sport, lord Chesham est sans contredit une sommité équestre dont la science hors ligne, pour mettre un cheval, est très connue de tous les hommes de cheval. Sa réputation est si universelle qu'il est impossible de ne pas lui consacrer ici une place toute particulière. Non seulement il monte à cheval de premier ordre toujours et partout, mais nul ne comprend mieux que lui l'équitation anglaise, cette équitation large et usuelle, si en honneur dans tout le royaume.

Cavalier hardi et entreprenant, lord Chesham est doué de cette tenue, de cette audace, de ce mépris du danger sans lesquels un homme de cheval ne saurait jamais être complet. L'équitation, comme d'ailleurs à peu près toute chose en ce monde, est soumise à des lois dont il n'est pas permis de s'écarter, sous peine de devenir dangereuse ou ridicule. La position de l'homme, l'équilibre du cheval, résultent d'une éducation commune, sans laquelle l'accord ne saurait exister entre eux. Une pratique constante et journalière, jointe à un sentiment naturel, peut parfois en tenir lieu, en faisant deviner ou exécuter, sans s'en rendre compte, ce que l'on aurait appris beaucoup plus vite avec l'aide d'un professeur, à la condition, bien entendu, que celui-ci soit à la hauteur de sa mission, autrement le remède serait pire que le mal. Mais c'est là une exception applicable seulement à un très petit nombre, ayant le goût du cheval et surtout la facilité d'en faire une occupation presque exclusive; elle ne saurait donc être prise comme l'expression d'un principe, car elle restreindrait étrangement le nombre des hommes de cheval, et aujourd'hui, tout le monde, ou à peu près, croit avoir droit à ce titre.

En Angleterre, tous les hommes nés dans des conditions où l'usage du cheval devient une nécessité presque obligatoire, ont par devers eux, dès l'enfance, une pratique équivalant, pour les usages ordinaires, au meilleur de tous les enseignements.

La chasse au renard est un réel et grand enseignement s'il en fût. C'est là, à travers champs, qu'il faut que le cavalier se mette, bon gré, mal gré, dans sa selle; autrement il l'aurait bientôt vidée. Il prend ainsi la solidité, base première de toute équitation, la sûreté de main et surtout le sentiment du train, sans compter l'audace, le sang-froid nécessaires pour aborder franchement et prendre juste un obstacle sérieux. Devenu homme, cette équitation est tellement affaire d'habitude, qu'il s'y livre non seulement avec habileté, mais encore avec une liberté de faire que l'on ne trouve que fort rarement chez le cavalier qui ignore les périlleux déduits du *fullery*.

Lord Chesham ne s'est pas contenté de cette équitation, il a voulu, profitant de ses aptitudes naturelles, compléter son éducation équestre; et si aujourd'hui sa supériorité est incontestable, c'est parce qu'il a parcouru, à l'exemple de M. Mackensie-Grieves, successivement toutes les phases de cet art. D'une tenue exceptionnelle, d'une puissance de jambes hors ligne, lord Chesham est infatigable à cheval. Il aime et recherche les difficultés ; et dans tous les exercices équestres, auxquels il prend part, c'est vraiment plaisir à le voir manœuvrer son cheval avec lequel il ne semble absolument ne faire qu'un. Pendant toute l'action, il dispose d'une force et d'une énergie étonnantes, et dont on ne se douterait pas en voyant sa physionomie empreinte de la plus grande douceur. Son habileté à manier son cheval, son adresse, son audace et même sa témérité ont fait de lord Chesham, dans les luttes hippiques, un adversaire redoutable, car il sait toujours, par la vivacité de ses attaques ou par la rapidité de ses fuites, faire pencher la balance du côté de son camp qui est presque toujours victorieux.

The Right Hon. Charles W. Cavendish, troisième lord Chesham, est âgé de quarante et quelques années. Après avoir suivi les cours d'Eton, il s'en alla rejoindre le 16e lanciers, qu'il quitta comme capitaine.

C'est alors que, lié avec le duc de Beaufort, il fut pris de la passion de la chasse. La chose n'est pas bien étonnante, car *the duke of Beaufort's hounds* sont certainement les plus célèbres du monde. Tout cet équipage du hall historique du duc de Beaufort est absolument imposant, et bien fait pour développer le goût de la chasse chez les amateurs de ce genre de sport.

Après avoir passé deux années à cette école, lord Chesham, comme il convient en Angleterre à tout cavalier de marque, partit pour les Indes, où il resta quatre années consécutives, qu'il consacra entièrement à l'équitation : et c'est là qu'il acquit la réputation d'un des plus grands *Polo-Players*. Tous les jours, il s'exerçait à ce jeu, et il était arrivé à être d'une si grande force que personne n'osait lui disputer la balle. Sa supériorité était tellement reconnue, que, n'osant plus le combattre, on avait pris le parti de le suivre et de l'imiter. En véritable sportsman, ayant un respect profond pour tout ce qui est vigueur physique, il s'était adonné au « Polo » comme aux autres sports du reste, dans le but de développer sa musculature, et il n'y avait rien d'étonnant à le voir ensuite tirer partie d'un athlétisme si vaillamment conquis pour ses plaisirs.

Et, de fait, le Polo est un des jeux les plus agréables, car non seulement il vous permet de montrer votre agilité à lancer la balle, mais encore votre habileté à conduire un cheval : il réunit ainsi les agréments du jeu de balle aux charmes de l'équitation. Ce n'est pas un sport extrêmement compliqué : il ne demande que du champ et huit ou seize joueurs qu'on divise en deux camps. Chaque joueur est monté sur un poney qui doit n'avoir peur de rien et obéir au moindre mouvement du cavalier. La hauteur de ces poneys ne doit pas dépasser 14 *hands*, et les buts, c'est-à-dire *the goals*, ne doivent pas être à plus de 250 mètres l'un de l'autre.

La balle est mise en mouvement par un des joueurs à égale distance des deux camps, et les cavaliers alors, en frappant avec leurs bâtons, cherchent à faire passer la balle par les portiques, défendus par leurs adversaires.

Pendant son séjour aux Indes, lord Chesham se fit initier à un sport beaucoup plus périlleux que le Polo, connu sous le nom de *Pig-Sticking*, et qui consiste à donner la chasse à un *Pig*, l'animal le plus incertain, paraît-il, dans sa course. Parti à fond de train, le capricieux pig se retourne brusquement dans les jambes des chevaux qu'il jette, effrayés, les uns sur les autres, puis il court en cercle à droite, à gauche, en zigzags, passant au milieu des bonds, des écarts, des tête-à-queue et de tout ce que peut faire un cheval pour démonter son cavalier.

Deux prix sont courus : *the Hadir Cup* et *the Ganges Cup*. Lord Chesham ne put gagner *the Hadir Cup*, qui revint à un capitaine de hussards, mais il gagna haut la main *the Ganges Cup*. Après cette victoire, qui étonna tous les sportsmen de l'Inde, il s'en revint à Londres, où il épousa lady Beatrice, seconde fille de Sa Grâce le duc de Westminster. Lady Beatrice est une horse-woman des plus accomplies, comme doit l'être du reste toute descendante d'un sportsman comme le duc de Westminster. Aujourd'hui, lady Chesham n'a de comparable à cheval que sa sœur aînée Élisabeth Marchioness d'Ormonde, mariée en 1876 au marquis d'Ormonde, lord lieutenant of country Kilkenny.

Ces deux sœurs sont connues et célèbres dans le monde sportif comme *straight riders*.

L'équitation des femmes a cela de particulier que, lorsqu'elle en a le goût et le sentiment, la femme se montre d'ordinaire sous ce rapport supérieure à l'homme, n'en déplaise à l'amour-propre de celui-ci. Au reste, s'il est de bonne foi, il doit reconnaître que cette toute-puissance qu'il s'est adjugée de son autorité privée est purement honorifique. J'avoue humblement, pour mon compte, avoir toujours été le serviteur de beaucoup de femmes. Je n'éprouve donc aucune fausse honte à m'incliner devant elles sous le rapport du cheval comme pour tant d'autres.

Ce que préfère surtout lady Chesham, c'est le *hunt;* et jamais elle ne manque un rendez-vous du *Bister fox hounds* dont son mari est master ; elle s'est fait une réputation légendaire par son audace et son habileté à suivre une chasse. Personne ne sait *glisser le long* (GLIDE ALONG) de la chasse et prendre son chemin à travers les obstacles comme elle. Elle s'en va droit devant elle, sautant tout ce qui se trouve sur son chemin, uniquement pour ne pas s'en détourner, tout cela naturellement comme s'il s'agissait de l'action la plus usuelle du monde, car l'absence de toute prétention constitue un des traits les plus saillants de son caractère. Son sentiment et son intuition du cheval sont tels que l'équitation n'a pas de porte fermée pour elle.

Aimant tous les sports, elle est toujours prête à seconder son mari, un des plus savants sportsmen et un des plus courtois gentlemen qui existent. Très recherché et très répandu dans la haute société parisienne, lord Chesham est un des propriétaires du Royaume les plus aimés et les plus respectés de ses fermiers. Sa résidence à Londres est dans Grosvenor Street.

LE BARONNET HENRY MEYSEY-THOMPSON

Quarante-quatre ans, de grands yeux, le nez aquilin un peu fort et une fine moustache sur une bouche souriante, le menton napoléonien ; les joues légèrement creusées faisant ressortir les pommettes, en un mot une ressemblance frappante, il y a quelques années, avec les derniers portraits du feu prince impérial : tel est au physique le portrait du baronnet Henry Meysey-Thompson.

Entré de bonne heure à Eton, sir Henry Meysey, qui se sentait vivement entraîné vers les exercices du corps, c'est-à-dire vers tous les plaisirs et déduits qu'on désigne sous le nom de sport, s'y adonna avec une véritable passion ; aussi, lorsque plus tard il arriva au collège de Cambridge, était-il de première force. Dans toutes les luttes athlétiques, soit à la marche, soit à la course, soit comme sauteur d'obstacles ou comme joueur de cricket, on était sûr de toujours le voir arriver premier. Personne mieux que lui ne savait lancer la balle ; et comme il était réellement supérieur à tous ses camarades, Cambridge l'emporta toujours dans ses défis contre Oxford, quand le jeune baronnet figurait parmi les siens.

Aussi, tout délicat qu'il paraisse, sir Henry est un véritable hercule, d'un courage à toute épreuve qui s'est manifesté à maintes reprises différentes. Très habile tireur, il a, en sortant de Cambridge, obtenu de grands succès au tir au pigeon du Bois de Boulogne et au Grand International de Monte-Carlo, où en 1873 il remportait le grand prix.

Comme on le pense, avec des goûts sportifs comme ceux-là, qui s'augmentaient encore de la passion du cheval et de la chasse, l'Angleterre ne suffisait plus, il fallait l'espace, et sir Henry s'en alla à travers le monde, visitant l'Amérique, le Canada et la Californie. En 1873, la mort de son père le rappela à Londres et, une fois son deuil terminé, n'étant plus retenu par rien, il fit bon marché de sa vie et, pouvant satisfaire ses goûts, il affronta les plus grands dangers.

Homme de cheval autant qu'homme de sport, sir Henry était toujours à la recherche des chevaux les plus difficiles qu'il arrivait à rendre aussi souples que dociles. Il eut la chance de faire ses premières études équestres et de chasse sous la direction de deux sportsmen qu'il suffit de nommer : sir Charles Plingsby et M. George Lane Fox. Ses progrès furent si rapides que pendant deux ans à Eton il fut *whip*, et pendant une autre année *master of the Eton beagles*.

Familier du Hurlingham-Club, le baronnet était un des joueurs de *Polo* les plus adroits, et pendant son séjour en Amérique passait pour le plus intrépide, en chassant le *Buffalo Running*, qui consiste là-bas à suivre l'animal côte à côte et ventre à terre, sans le laisser s'écarter, jusqu'au moment où il tombe sous la balle de votre revolver. .

La maison qu'il installa à Melton fut le rendez-vous général de tous les cavaliers et chasseurs de la contrée, qui la désignaient comme : *a forward and hard rider*. En 1882, il fut repris de la passion des voyages, il s'en alla alors aux Indes. Voyageant seul à travers les jungles désertes d'Assam ou des montagnes Bhootan sans autre compagnon que son rifle, il fut assez heureux pour tuer huit tigres, six rhinocéros, de nombreux sangliers, des buffalos, des bisons et des caïmans. Lorsque la grosse bête l'ennuyait, il prenait son fusil et il allait chasser dans la forêt d'Assam le perroquet vert, qui est, paraît-il, un excellent manger. Mais toutes ces prouesses ne se firent pas sans de grands dangers, et parmi les plus sérieux qu'il eut à courir il convient de noter celui où, monté sur un éléphant, il traquait un buffalo blessé. L'animal, rendu furieux par sa blessure, bondit tout à coup d'un fourré et, se jetant résolument sur l'éléphant, il le blessa assez grièvement à la trompe. L'éléphant chercha alors à forcer le buffalo, et le chargea la tête en avant. Mais, dans l'effort qu'il fit pour accomplir ce mouvement, il brisa la barre de fer qui tenait la courroie de la *howdah* (selle) qui tourna et tomba avec sir Henry aux pieds du buffalo, juste au moment où les deux colosses s'étaient dégagés et se mesuraient.

Fort heureusement que le jeune baronnet ne perdit pas son sang-froid et qu'il ne lâcha pas son rifle, sans cela il est probable qu'il eût été broyé. L'éléphant, pris de peur en sentant la selle tourner, se sauva avec un bruit terrible de trompe et le buffalo, pensant alors qu'il avait fait sauver l'éléphant, s'éloigna dans une autre direction sans prendre garde à la howdah et à sir Henry qui lui envoya alors un dernier coup de fusil qui mit fin à l'odyssée. Néanmoins il assure qu'il n'a jamais été plus heureux et en meilleure santé qu'aux Indes. Marié à miss Pottinger, fille de sir Henry Pottinger (baronnet, à Durham, descendant d'une des plus honorables familles britanniques,. membre de presque tous les clubs importants de Londres, tels que *the Four-in-hand, the Coaching-Club*, *the Marlborough*, *White's-Brooke's*, etc., membre également du Cercle de la rue Royale, sir Henry a ses grandes entrées dans les salons parisiens.

SIR GEORGES WOMBWELL

Sir Georges Wombwell a doublé depuis longtemps le cap de la cinquantaine, mais il paraît beaucoup plus jeune; bénéficiant de cet avantage inhérent aux hommes de sport de garder toujours l'énergie, la santé, la bonne humeur jusqu'à un âge avancé, et de traverser vaillamment leur siècle, s'ils ne sont pas *stopped* dans leur marche par quelque grave accident. Sir Georges a vu la mort de trop près pour la craindre ; il s'y est exposé tant de fois qu'il faut bien croire qu'elle ne veut pas de lui quoi qu'il fasse, et cela à la grande satisfaction de tous les membres du *Carlton-Club*, la fine fleur de l'aristocratie d'Angleterre.

Comme la plupart des gentilshommes d'ancienne famille, sir Georges Wombwell fut élevé à Eton. A sa sortie de l'école, il fut nommé officier au 17e régiment de lanciers, connu sous le nom populaire de « Mort ou Gloire », et fit la campagne de Crimée en qualité d'aide de camp de feu Earl of Cardigan.

A Balaklava, où il eut deux chevaux tués sous lui, il fut le premier qui pénétra dans les rangs de l'armée russe, et revint l'un des derniers de cette charge qui peut être comparée à celle de Reischoffen. Fait prisonnier par les Russes, il profita d'un instant où il n'était pas surveillé pour sauter sur un cheval, s'échapper et rejoindre sain et sauf son régiment.

Homme de cheval dans toute la force du terme, il est un de ceux pour lesquels l'équitation n'a pas de secrets. D'abord parce qu'il connaît admirablement, au double point de vue du sentiment et de la science, la nature du cheval. Il voit de suite les qualités et les défauts de cet animal dont il connaît l'anatomie en véritable savant. Or, d'après l'opinion des hommes de sport les plus connus, il n'est personne en Angleterre capable, comme sir Georges, d'acheter un cheval. Ses conseils sont une faveur aussi précieuse pour celui qui achète que dangereuse pour celui qui vend. Pour les maquignons, sir Georges serait un véritable *Ghost*.

Telles sont les connaissances indispensables au véritable homme de cheval, car la solidité s'acquiert avec l'exercice, et l'élégance a beaucoup à compter avec la nature et... (il faut l'avouer)... avec le tailleur.

Quant à l'art de bien tomber — n'en déplaise à l'auteur Smith — c'est un art très incertain et même douteux.

Une chute n'est romanesque que si les conséquences en sont dramatiques ; le cavalier qui tombe sans se faire mal s'expose à des critiques mordantes et désagréables. Il vaut donc mieux s'appliquer à rester sur son cheval.

Le sport a deux attraits : le plaisir et le danger, et nous croyons que c'est le dernier qui attire le plus, on se fatigue du plaisir, on ne se fatigue jamais du danger.

On connaît les accidents nombreux et terribles qui arrivent journellement à la chasse au renard. Un jour c'est l'oncle du marquis de Waterford qui trouve la mort dans les prairies du Hunt, un autre c'est lord Evenbury qui est tué en chassant près de Rugby, ou lord Guilford qui est écrasé par son cheval dans la province de Kent. Tous ces exemples ne font aucun effet sur le courage des sportsmen qui, tout en se livrant à leur passion favorite, rendent de très grands services.

Propriétaires en effet d'immenses terres, ils dépensent beaucoup pour le bien-être de leurs fermiers et les protègent, réglant les loyers d'après les revenus, et se prêtant à toutes les améliorations désirées. C'est ainsi que sir Georges Wombwell est idolâtré de ses trois mille fermiers locataires qui viennent tous le recevoir à Foxwold Station quand il vient visiter ses immenses propriétés.

Le vrai sportsman en Angleterre arrive sûrement à la popularité. Il n'est pas jusqu'au gamin anglais qui ne devienne grave quand on lui parle cheval. C'est à ce point que chaque fois qu'une des célébrités du sport paraît dans un théâtre, on lui fait une ovation.

En 1869 on parlait beaucoup d'un meeting organisé par quelques hommes du *Hunt*, dont il suffisait de prononcer le nom devant un Anglais pour que celui-ci se découvrît ; — ce qui ne s'obtient pas facilement. Cette réunion intéressante des plus nobles gentilshommes chasseurs eut lieu dans la province d'Yorkshire. Il s'agissait d'une chasse à courre, en l'honneur d'une célébrité quelconque... Hélas ! on ne l'oubliera jamais.

Les sportsmen présents étaient : sir Charles Slingsby, master of the hounds ; M. Edward Lloid et M. Robinson, deux des plus *harders riders* du Yorkshire ; M. Robert Vyner et son frère M. Clarke Vyner, le capitaine Molineux, M. William Ingleby, le major Mussenden, le capitaine Key, lord Downe, Orvis le huntsman (chargé de la meute) et sir Georges Wombwell.

Le 5 février, tous ces gentlemen arrivèrent devant la rivière *Ure*, qu'il fallait, selon l'usage, traverser en bac. Chacun d'eux engagea son cheval sur l'énorme bachot affecté aux cavaliers. Seulement lord Downe refusa de s'embarquer sur un bateau aussi chargé, priant quelques amis de rester avec lui pour faire la traversée en un second voyage. Mais on y était, on voulut y rester; et l'imprudente cargaison se mit en route dirigée par deux bachoteurs. Arrivés au milieu de la large rivière, les chevaux commencèrent à s'agiter. Le cheval de sir Charles Slingsby (son cheval favori Saltfish) envoya un coup de pied à celui de sir Georges Wombwell, et reçut en échange une ruade (avec intérêts), dit sir Georges, tellement violente, que le bachot chavira, précipitant à l'eau chevaux et cavaliers.

Sir Charles Slingsby, autour des poignets duquel les rênes étaient tournées, parvint néanmoins à se dégager et se dirigea bravement au secours d'Orvis qui ne savait pas nager. Mais le poids de ses vêtements et des cuirs imbibés d'eau le paralysa, et il fut, en même temps qu'Orvis, entraîné par le courant. M. Edward Lloid, connu comme un des meilleurs nageurs, ne put lui-même gagner la rive et disparut. M. Robinson ne sachant pas nager fit des efforts pour rester en selle; mais, à quelques mètres du bord, il fut séparé de son cheval et entraîné au fond de la rivière. Les deux passeurs, ayant reçu chacun une ruade des chevaux en question, perdirent connaissance, et furent noyés tous deux de la même façon.

M. Clarke Viner se cramponna à la coque ou plutôt au fond du bachot sur lequel il parvint à monter; et, à l'aide de son fouet de chasse qu'il tendit aux plus rapprochés, il sauva sir Georges Wombwell, le major Mussenden et le capitaine Molineux, qui purent se hisser à côté de lui.

Un des plus éprouvés de ces malheureux gentilshommes fut le capitaine Key, qui échappa à la mort de la façon la plus pénible. Voyant l'eau pénétrer dans le bateau, il sauta par-dessus bord sur la chaîne, le long de laquelle il eut juste le temps de grimper, pour atteindre la corde qui traverse la rivière et sur laquelle roule la poulie. A peine touchait-il cette corde du bout des doigts que la chaîne se rompit sous la secousse du bateau, et le capitaine Key se trouva suspendu au-dessus de la tombe de ses amis. Alors, par des efforts surhumains sous le coup de l'émotion, et sans oser regarder le drame qui se déroulait sous lui, il put avancer à la force des bras ; et quoique gêné par son lourd costume, il réussit à gagner la rive sur laquelle il s'évanouit.

M. Clarke Viner est mort depuis d'une fluxion de poitrine et fut suivi de près par les autres. Sir Georges Wombwell est le dernier survivant de cette catastrophe qui plongea l'Angleterre dans la consternation, mais qui n'altéra en rien ni la passion, ni le courage des sportsmen. Car sir Georges remplaça sir Charles Slingsby comme Mastership de York and Ainsty, aussitôt après cette terrible catastrophe, en attendant que the Hon. E. Lascelles en prît possession.

Une des principales résidences princières de sir Georges Wombwell est, sans contredit, Newburgh Park, dans le Yorkshire.

C'est un des plus anciens châteaux du royaume. Une partie de la construction date du temps des Plantagenets, et cette propriété a eu l'honneur de recevoir des visites royales : à cette époque, le roi James, et en 1877 le prince de Galles. La résidence de Newburgh Park est un véritable musée, et renferme des trésors d'antiquités pour lesquels sir Georges Wombwell a une réelle dévotion de collectionneur.

Et quant au fumoir, dans lequel sont classés tous les prix de sport gagnés par le bienheureux propriétaire, on peut, sans flatterie, lui donner le titre de glorieuse exhibition.

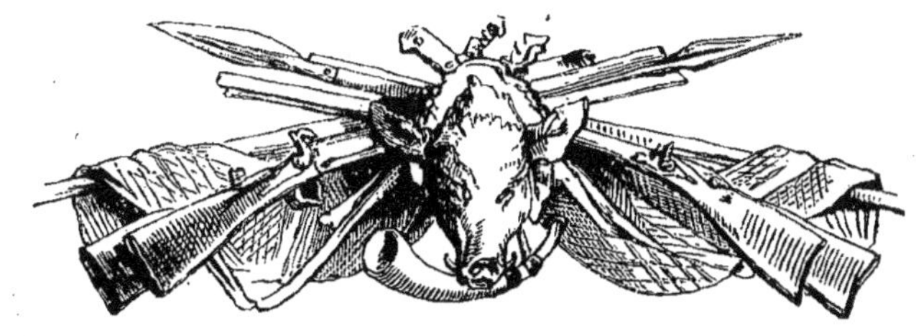

THE QUORN

The Quorn est le centre de chasse du Leicestershire. Lord Manners a succédé, comme master of the hounds, à M. Coupland qui avait rempli ces fonctions pendant quatorze ans, et qui, en se retirant, reçut des paysans et des bourgeois du pays et des environs un service de dîner en argent et un cor, aussi en argent, le tout acheté par des souscriptions limitées à un shilling. The Quorn est un établissement très ancien qui date d'un siècle, et lord Manners fit de grandes dépenses pour reconstruire les écuries et les chenils dans le style moderne.

Le nom de The Quorn a été donné par M. Meynell, qui fut master of the hounds pendant quarante-cinq ans. Depuis M. Meynell, parmi les masters qui ont présidé au Quorn se trouve le comte de Sefton qui partagea ces fonctions avec sir Richard Sutton. Ayant chacun leurs packs et divisant le terrain, les piqueurs du comte de Sefton se firent une réputation au Quorn : c'était Jack Raven et Stephen Goodall.

Ensuite vint lord Foley, qui eut pour successeur, en 1812, Thomas Assheton, Smith Squire, un homme de cheval remarquable. Il céda sa place à M. Osbaldeston en 1817, qui resta jusqu'en 1821. Ensuite vinrent : lord Southampton, sir Harry Goodricle, M. Francis Holgoake, M. Errington, lord Suffield qui chassa dans le pays du Quorn en association avec lord Gardner. Puis M. Tom Hodgson M. Greene, à qui succéda le célèbre sportsman sir Richard Sutton qui prit alors the Mastership à lui seul et qui, trouvant les chenils du Quorn insuffisants, fit construire d'autres kennels à Skeffington. Lord Stamford, M. Tailby vinrent après. Ensuite le marquis of Hastings M. Clowes, et M. Musters qui, en 1870, céda le poste à M. Coupland, à qui succéda, au commencement de 1885, lord Manners.

LE COMTE ÉLIE DE VEZINS

Le comte Élie de Vezins, auquel nous devons un livre fort intéressant sur *les Chiens courants pour la chasse du lièvre*, est cité à bon droit comme un des meilleurs veneurs du Midi.

Personne ne sait mieux que lui déjouer les ruses du lièvre, — l'animal le plus difficile à prendre, — surtout dans l'Aveyron, où les trois quarts du temps la poursuite se fait sur des rochers.

L'équipage de M. de Vezins est composé de seize à dix-huit gascons-saintongeois ; il ne date pas d'hier, car on a toujours chassé le lièvre dans cette famille et il faut remonter à trois ou quatre générations en arrière pour trouver la date de sa création.

C'est de septembre à décembre que M. de Vezins découple dans sa montagne de Lévézou, et, à ce moment, chassé par les neiges, il s'installe dans sa propriété de Chambord, près de Montauban.

Les laisser-courre ont lieu alors dans la forêt de Montenech et sont très suivis, car il n'y a pas de chasse plus intéressante pour un veneur que celle du lièvre. Cet animal, qui ne semble fait que pour donner plaisir, se rend extrêmement rusé pour se sauver.

Quand il se sait chassé par des chiens courants, il a la finesse de fuir tout doucement sans se presser comme s'il avait connaissance que la chasse doive durer longtemps, et qu'il a besoin de conserver ses forces. Il fait toujours des fuites et randonnées à *vaut vent* pour rendre ses voies plus difficiles à emporter et pour avoir le temps d'exercer toutes ses ruses. Il faut donc être très fin chasseur et avoir de bons chiens pour prendre son lièvre. On comprend combien sont attrayants les rendez-vous de l'équipage de Vezins et on s'explique pourquoi ils sont si recherchés.

La présence de la comtesse de Vezins, qui est une intrépide sportswoman, et de ses enfants en double encore l'attrait.

M. de Vezins chasse uniquement le lièvre et en prend de vingt-cinq à trente par an.

La tenue : habit à la française, culotte bleue de troupe, gilet amarante, boutons vieil argent, tête de lièvre au milieu ; en haut *Rouergue*, en bas *Toujours droit.*

Ce sportsman, homme de cheval remarquable, est un écrivain dont les écrits sont très appréciés par le monde du sport.

LE COMTE DE BOISGELIN

De tous nos animaux européens, le sanglier est celui dont la poursuite présente le plus d'attrait. La chasse du cerf a un caractère grandiose qui, dans certains esprits, doit lui assigner le premier rang ; mais c'est en raison de ce même caractère et de l'attirail qu'elle nécessite qu'elle n'est pas du goût de tout le monde. La chasse du loup, et par loup il est bien entendu que c'est des vieux loups que j'entends parler, se complique de difficultés si grandes qu'elle reste dans les attributions de quelques équipages d'élite. La chasse du sanglier, au contraire, est à la portée de tout le monde, et il n'en est pas qui puisse passionner le chasseur à un égal degré, parce qu'il n'en est pas non plus qui lui réserve d'aussi multiples et d'aussi vives émotions.

Le Rallye-Puisaye, dont la création remonte à 1832, a tour à tour chassé le cerf, le loup et le sanglier. Aujourd'hui l'équipage complètement transformé chasse le cerf avec une meute de 50 bâtards vendéens, dans les forêts de Beaumont-le-Roger, de Conches et de Broglie. Si la race des chiens, si l'animal de chasse et le pays ont changé, l'équipage est resté le même.

Le comte d'Osmond, qui fut le compagnon d'enfance du comte de Boisgelin, dit, en parlant de cet équipage :

« Toutefois depuis 1858 jusqu'à 1866, *Rallye-Puisaye* eut l'audace avec le même équipage de chasser le sanglier quatre mois d'automne en Bourgogne, et le cerf deux mois d'hiver en Normandie. Malgré les difficultés de ces saisons panachées, Boisgelin arrivait cependant à prendre à Beaumont douze grands animaux.

« Vers 1870, l'équipage fut réservé exclusivement pour le cerf.

« Plus tard, en 1878, Alexandre, abandonnant les stag-hounds pur sang, confia sa fortune à des anglo-vendéens et anglo-saintongeois de la plus grande taille. Avec ce genre de chasse, adopté définitivement par lui, il eut raison de faire cette infidélité à la vieille Angleterre, les bâtards lui donnant plus de gorge, de sagesse dans les changes, et cependant assez de pied pour des laisser-courre réguliers, dans un massif forestier, où souvent on a au rapport jusqu'à une quinzaine de cerfs dans la même enceinte.

« Le terrain de Normandie où se meut l'équipage représente un cône tronqué, dont la superficie de 3.900 hectares se compose de taillis sous futaie. La forêt de Beaumont, centre des opérations, est du reste fort bien percée, et si le sol est rocailleux et dur aux pieds des chevaux, il facilite en tout cas, aux voitures, de suivre la chasse. »

Aujourd'hui Rallye-Puisaye chasse toujours dans les forêts de Beaumont et ce sont les fils : les comtes Bruno, L. et G. de Boisgelin, qui conduisent les laisser-courre.

Les chiens de l'équipage sont uniquement dans la voie du cerf ; ils sont choisis et achetés par Chopelin en Vendée et forment une meute de 50 chiens, remarquables dans leur ensemble. Depuis 1896, Rallye-Puisaye comprend un second équipage pour chasser le chevreuil formé de 30 bâtards composant l'ancien équipage du marquis de Certaines.

Ils chassent toujours dans des forêts très unies, surtout à Beaumont, et l'on peut dire que, s'ils n'étaient pas de change, ils ne prendraient jamais, tellement est grand le nombre d'animaux.

Quatorze chevaux servent aux chasses. Personnel : Albert Chopelin, premier piqueur ; Labranche, second ; et Sicard, valet de chiens, à cheval ; plus trois hommes à pied.

Une anecdote sur Chopelin : Chassant en hallali, il sauta de dessus son cheval sur le dos d'un cerf hallali-courant, qui se dirigeait vers l'Oise ; il sauva ainsi ses chiens, qui allaient entrer dans la rivière, très dangereuse à cet endroit.

C'est à cette occasion qu'un veneur dédia à sa jument les beaux vers suivants :

Va, ma belle !... et va-t'en vaillante !... va sans trouble,
Appuyant sur le mors ton âme de pur sang,
Chasse et nage : « Oh !... oh là ! » détends-toi, franche et double
Dans cet affreux sentier qui conduit à l'étang.

Tu lèves tes sabots, belle, comme en bruyères ;
Et sur tous les bourbiers tu franchis en oiseau ;
Sage, pointant l'oreille, et renâclant l'eau,
Dans ce galop plongeant des chasses de Moulières,

Quand tu vas, méprisant la terre, et le pavé,
Au branle des grands trots que je bride à l'anglaise,
Parfois, comme un volant me sentant enlevé,
Sur la selle à bords plats je suis mal à mon aise,

Va, ma belle! va-t'en vers le petit château,
Où te sourit de loin ce bijou de comtesse;
Connais-tu plus doux cœur et plus charmante hôtesse,
Et plus mignonne main pour t'offrir du gâteau?

L'équipage prend une moyenne de 40 cerfs par an.

Suivent les laisser-courre de l'équipage :

Les comtes Bruno, L. et G. de Boisgelin, fils du chef d'équipage; comte et comtesse K. de Beaumont; marquis, comte et vicomte de Sarcus; Consett, baron de Montigny; comte et comtesse de Gauville; M. et Mme de la Haye-Jousselin; M. et Mme de Clercq; comte et comtesse Dauzer; vicomte et vicomtesse de Buisseret; baron de Vigan; comte de Maistre, Hennessy, Jadin, vicomte de Grente, etc., etc.

La tenue d'équipage est vert et rouge. Sur le bouton, une hure de sanglier et la devise : *Rallye-Puisaye*.

LE COMTE JOSEPH LAHENS

Le comte Lahens, très connu et très répandu dans le monde parisien, s'est livré de bonne heure à tous les genres de sport, qu'il a pratiqués avec succès. Celui qui entre tous a ses préférences est assurément la chasse à courre, et il place en première ligne celle du lièvre. Il a reconnu que le grand du Fouilloux avait raison quand il disait : « *Je puis le dire, la chasse du lieure est la plus plaisante, et de plus grand esprit pour les gentilshommes que nulle autre beste.* »

Le comte Lahens s'était livré à ce noble déduict dans son enfance, mais plus tard, au cours de ses nombreux voyages, il chassa le renne et le loup en Russie ; de retour en France, il suivit plusieurs équipages et fit partie pendant longtemps de Piqu'avant-Vexin ; puis il chassa pour son compte le sanglier dans le Médoc. Aujourd'hui, comme on revient toujours à ses premières amours, il s'est remis à chasser le lièvre, chasse dans laquelle il est passé maître.

Hallali! c'est ce joyeux cri qui termine toujours une chasse à Larose-Pèrganson. Le maître d'équipage, le comte J. Lahens rend cependant des points aux animaux qu'il attaque, il chasse par n'importe quel temps, multipliant ainsi à plaisir les difficultés du change. Mais le pli est désormais pris et les chiens de *Piqu'hardy Gascon* font aussi peu de cas des exigences du baromètre que de la vigueur de leurs partenaires.

Il était rudement bon, mes braves amis, ce ragot que vous avez attaqué le jour où j'étais de la fête; le train a été si endiablé que malgré moi, tout en piquant dur, je me remémorais les beaux vers d'Ogier d'Ivry sur le *Bien-Aller*.

Les revoirs sont saignants, les bois sont ressuyés,
La branche ce matin garde un fumet sauvage,
Hors les chiens, mes valets!... découplez l'équipage
Et sonnez *la Française* aux échos réveillés.
Rallie au bois!... écoute!...
Hu les limiers!... en route!
Empaumez de pur sang comme des tiercelets.
Rallie au bois, valets!

Au retour!... Au retour les chiens! — La voie est chaude.
Nous ne « choupillons » pas comme à la billebaude,
Les sangliers sont là, baugés sous les fourrés,
Pas de change aujourd'hui — rapprochez au plus près.
Rallie au bois!... écoute!...
Allez... coûte que coûte.
Par les ronciers, les eaux, les ravins, les galets.
Rallie au bois, valets!

Vlo!... vlo!... Sonnez la vue! et que la terre tremble
« Hou là hou!... » Que c'est beau, ce carillon des chiens!
Ah! le dur débucher... dites... que vous en semble?
Suivons, mordieu! suivons et cassons-nous les reins.
Rallie à haut!... écoute!...
La harde est en déroute,
Au galop les chevaux... claquez-vous les boulets.
Rallie à haut, valets!

Voilà le ferme!... Au fort!... Viens à la boucherie;
A toi « Schleswig!... Sedan!... Revanche!... Sadowa! »
La harde sur ses fins comme un seul cochon crie :
Ils vont être coiffés! Sonne un Bien-Aller, va!
Rallie au corps!... écoute!...
Le sang frais qui dégoutte
Sur le manteau des chiens met de charmants reflets.
Rallie au corps, valets!...

Sonnez des hallalis, mais non point la curée;
Recousez vos blessés, piqueux, sur le terrain;
Recouplons le vautrait, je connais la contrée,
Et venez avec moi laver la meute au Rhin.
Rallie au maître!...
A la route!... à la route!...
Rallie à moi, les beaux!... doucement, mes follets.
Rallie à moi, valets!

Quoique tout jeune, le comte J. Lahens est un veneur de la bonne école, car il a compris, tout de suite, qu'un élevage annuel nombreux deviendrait la garantie la plus certaine de la réussite.

La fondation de *Piqu'hardy Gascon* remonte à 1893. A cette époque et jusqu'en 1897, nous dit l'*Annuaire de la vénerie* (1), c'était un vautrait composé de bâtards du Poitou et d'anglais.

Transformé depuis peu de temps, cet équipage chasse actuellement lièvres et renards. Il se compose de 40 chiens poitevins-gascons, descendants des anciens chiens du vautrait. Ces chiens ont 23 à 24 pouces, sont presque tous tricolores, vites, de haut nez et très criants. On élève 25 chiens tous les ans au chenil de Perganson, sur lesquels on en vend une quinzaine.

Huit chevaux servent aux chasses qui ont lieu dans le Médoc, bois et landes de Saint-Laurent, en forêts d'Hourtin et de Carcaus, et en déplacement dans le Lot-et-Garonne et dans les Landes.

(1) Pairault frères, éditeurs, passage Nollet.

L'équipage est servi par deux hommes montés : Raymond, piqueur, et Alexis, valet de chiens.

L'équipage se maintient dans les plus brillantes conditions et continue de faire l'admiration des veneurs de la contrée et celle des sportsmen parisiens qui viennent de temps en temps suivre les chasses de Piqu'hardy Gascon.

La tenue de l'équipage est rouge, col, parements, revers et gilet bleu de ciel, velours pour les maîtres et drap pour les hommes, bas blancs, bottes de vénerie.

Suivent les chasses : M. et Mme Charles Maurel, Mlle Marcelle Armand, MM. Xavier de Morin, Jean Regère, comte H. de la Porte, Charles, Édouard Geynet, M. et Mme Guary, Louis Poineau, M. et Mme E. Brannens, vicomte et vicomtesse de Madec, A. de Merignac, baron de Vaux, comte d'Evry, Versain, baron de Sambucy, etc.

LE VICOMTE ROGER DE VILLEBOIS-MAREUIL

Propriétaire du chenil de Bois-Corbeau, un des plus réputés pour la chasse du lièvre, le vicomte Roger de Villebois-Mareuil est un des meilleurs veneurs de la Vendée, la province qui en compte le plus peut-être. Ancien officier de cavalerie, le vicomte de Villebois-Mareuil s'est fait connaître non seulement comme homme de cheval, mais encore comme gentleman-rider, et ses succès sur les champs de courses sont aussi nombreux que ses prises comme veneur. Il s'est fait également connaître et apprécier comme écrivain cynégétique dans les recueils périodiques.

M. de Villebois-Mareuil chasse depuis fort longtemps ; aussi ses souvenirs de chasse, s'il se décide à les publier, seront-ils fort intéressants et lestement écrits.

La formation de l'équipage de Bois-Corbeau est l'œuvre de

M. de Villebois-Mareuil, qui a tenu à le conserver en parfait état et, je dirai plus, à l'améliorer par un élevage sérieux et raisonné. Ce sont de jolis chiens qui ont du reste toujours été primés aux expositions canines, ils sont très bons — ce qui ne gâte rien — très vigoureux et bien gorgés et ce qui est indispensable du même pied.

N'eût-on que deux chiens, il est important que ces chiens soient de la même vitesse ; l'ensemble est à ce prix, et sans ensemble il n'y a pas de chasse agréable. Cette égalité de vitesse est encore plus nécessaire lorsqu'on en découple huit ou dix. Quand elle fait défaut, non seulement le plus vite des chiens faisant seul la besogne, vous perdez l'avantage que vous donne le nombre dans les balancers et les défauts, mais les traînards se dégoûtent et finissent par quitter la voie pour le premier change qu'ils rencontrent; de plus, votre petit équipage forme, dans la menée, une queue, qui partage avec celle du diable le privilège de s'allonger indéfiniment, ce qui manque absolument de coup d'œil. Quelle différence, quand vous les voyez déboucher dans la plaine, sous vos yeux, en masse compacte, si serrée que d'un coup d'épervier on couvrirait le bataillon. C'est le cas de la meute de Bois-Corbeau, et, si elle est si merveilleuse, c'est que M. de Villebois-Mareuil est non seulement le père, mais encore l'instituteur de ses intéressants compagnons de chasse.

Un lièvre tient rarement plus de trois heures devant eux et cela dans un pays difficile et où ils sont très nombreux.

Cette meute, qui n'est composée que de briquets griffons vendéens, a obtenu le prix d'honneur des meutes à l'exposition de Paris. Avec ses petits soldats, comme il les nomme, M. de Villebois, qui suit toujours à pied et presque tout le temps au pas gymnastique, prend environ de quarante à soixante lièvres par an, il n'a jamais dépassé ce nombre. Son piqueur, le fidèle Bossard, est —

bas les toques, piqueurs vendéens, Bossard est votre maître à tous ! — aussi intrépide et aussi bon marcheur que son maître, il vole pour ainsi dire derrière ses chiens qu'il ne perd jamais. Grand, la figure sillonnée de rides et illuminée de deux petits yeux gris, comme deux sarments enflammés, l'aspect froid et austère : tel est Bossard.

La devise de cet équipage devrait être *Marche ou Crève*, car, il n'y a pas à tortiller, il faut marcher pour le suivre malgré les nombreux obstacles dont est hérissé le pays. Le Rallye-Bois-Corbeau réside à Montaigu-Vendée, mais il va en déplacement en Maine-et-Loire, Mayenne, les Deux-Sèvres, Ille-et-Vilaine et Loire-Inférieure.

M. de Villebois est le chasseur le plus populaire qui existe, aussi ne voit-il jamais arrêter ses chiens et ne rencontre-t-il que des visages amis qui, au lieu d'entraver ses chasses, lui donnent des renseignements sur le passage de l'animal, ce qui est parfois utile dans les pays coupés de routes comme ceux où il opère.

Quelques grincheux ont fait quelquefois le reproche aux chiens de M. de Villebois d'être trop petits. Ce reproche ne tient pas debout, car leur taille mesure 50 centimètres environ, alors que la taille moyenne est de 40 à 41 centimètres, ce qui représente 16 pouces anglais. En dehors de cela, il est plus loyal de proportionner la taille d'une meute à celle du gibier qui doit être chassé.

Les difficultés seront plus grandes peut-être, le lièvre aura plus de loisir de ruser, mais la chasse n'en sera que plus intéressante et la victoire plus glorieuse.

Cette chasse du lièvre au chien courant — que Leverrier de la Conterie a qualifiée *la clef de toutes les chasses* — semble avoir été inventée pour consoler nos confrères en saint Hubert de n'avoir pas tous, indistinctement, reçu de la Providence une centaine de mille livres de rente, comme appoint à leur passion.

On force un lièvre avec deux couples de briquets, comme avec une meute ; on le chasse avec un basset comme avec cinquante chiens d'ordre, et bien souvent la plus forte somme de jouissances n'a pas été du côté des gros bataillons.

Le vicomte Roger de Villebois-Mareuil, qui fut l'organisateur des plus belles expositions canines de Nantes, qui n'ont encore jamais été égalées, du moins en France, et qui ont fait l'admiration de tous les vrais amateurs de chiens, est un veneur expérimenté et il a prouvé, aux expositions dont nous parlons plus haut, qu'il possédait à fond la science du bon piqueur sur l'entretien des meutes et sur leur installation. Ce fut lui qui eut l'heureuse idée de ne plus attacher les chiens exposés seuls, mesure que tout le monde a suivie depuis et qui fit tant de plaisir à tous les propriétaires de chiens.

A ces qualités incontestables d'organisateur, il joint toutes celles du veneur, c'est-à-dire l'énergie, la vigueur, la patience et la gaieté la plus franche.

M. J. DE VILLEMANDY DE LA MESNIÈRE [1]

Hallali-Charente, tel est le nom sous lequel est connu l'équipage de M. Joseph de Villemandy de la Mesnière. Ce veneur habite, pendant la plus grande partie de l'année, le château du Gazon, situé à une vingtaine de kilomètres de La Rochefoucauld, aux confins du Limousin et de l'Angoumois, dans la petite vallée resserrée de la Croutelle. Il est presque complètement entouré par les grands bois qui recouvrent les coteaux et rien n'est pittoresque comme ses vieilles tourelles qui se dressent au milieu des chênes. La façade située sur le parc donne sur une vaste pelouse qui déroule en pente douce son gai tapis de velours vert, et que prolongent à perte de vue les prairies au milieu desquelles serpente la Croutelle.

La forêt de Braconne, dans laquelle chasse régulièrement M. Joseph de Villemandy, est située entre Angoulême et La Roche-

(1) Depuis que cette étude est écrite, M. de Villemandy a mis bas.

foucauld. Son étendue est d'environ 5.000 hectares. Elle est peuplée de cerfs et de chevreuils, mais on ne chasse que les cerfs. Ces cerfs sont de fort belle et fort vigoureuse race, et quelques-uns d'entre eux se défendent avec une réelle fureur. Ils sont les descendants de cerfs pris en 1868 dans la forêt de Compiègne.

Les naturalistes reconnaissent dix espèces de cerfs. Nous n'en avons qu'une seule en France, que quelques auteurs divisent en grande et petite espèce. Ce n'est là qu'une différence de taille qu'il faut attribuer à l'abondance ou à la rareté de la nourriture, qui a une très grande influence sur le développement de ce bel animal ; il a besoin de retraites solitaires où il puisse ruminer en paix à côté des riches pâturages où il a viandé. Les cerfs qui habitent les vallées et les plaines fertiles ont le corsage beaucoup plus grand ; ils ont plus de venaison que ceux des montagnes sèches et arides. Lorsqu'ils sont constamment inquiétés, il est rare qu'ils deviennent très grands et que leur tête (bois) soit belle.

On prend chaque année en moyenne de quinze à vingt bêtes. Pour ménager le nombre des cerfs, on ne s'attaque, pendant les premiers mois, qu'aux louvards ; on en prend une quinzaine tant en Braconne que dans les forêts voisines de Bel-Air, des Quatre-Vents et de La Boixe.

La Braconne est affermée par l'État à une société de chasseurs dont le président est M. Joseph de Villemandy, qui est lieutenant de louveterie de l'arrondissement. Mais le président chasse rarement seul. Presque toujours les équipages de M. Victor de Roux de Reilhac, du vicomte Guillaume de Dampierre, de M. Charles Dubouché se joignent à celui de M. de Villemandy et forment ainsi une meute d'environ quatre-vingts chiens. Tous ces chiens sont des bâtards tricolores issus de bâtards de Vendée et du Poitou : ils sont vites et criants et leur taille moyenne est de 22 pouces.

La tenue de chasse est l'habit rouge avec parements grenat. Le bouton représente un sanglier à l'hallali avec l'exergue : *Hallali-Charente*. Parmi les veneurs qui suivent les chasses ou qui ont le bouton, citons : MM. Yrieix de James, de Laurière, de Maret, Rizat, marquis de Nieuil, de La Bonne, de Verneilh, de Montardy, et quelques officiers des garnisons voisines : MM. de Biensan, du Jonchay, de Loisy, de Laminière, vicomte de La Hamelinaye, etc.

Le plus intrépide et le plus assidu de ces belles chasses est certainement M. Victor de Roux de Reilhac, qui a près de quatre-vingts ans. M. de Roux ne manque pas une prise, et, par son ardeur, son entrain et sa bonne humeur, il fait revivre les vieilles traditions de la vénerie française. M. de Villemandy écoute toujours avec respect les avis de ce maître qui l'a formé et qui ne s'est jamais trouvé en défaut.

Presque tous les veneurs qui suivent les chasses de Braconne ne montent que des chevaux de pur sang. Ces chasses, du reste, sont menées avec un entrain endiablé par M. de Villemandy, qui avant son mariage était l'un des plus hardis gentlemen-riders de l'Ouest. Son beau-frère, le vicomte Henri de Vesian, un de nos plus brillants steeple-chasers, qui aime cependant à aller vite, a bien souvent de la peine à le suivre.

Puisque nous parlons du cheval de pur sang comme cheval de chasse, donnons l'avis de M. de Villemandy à ce sujet. M. de Villemandy estime que le pur sang est, dans certaines conditions, bon cheval de chasse. Il est évident, dit-il, qu'un cheval fraîchement débarqué de Chantilly trouverait dur de rester exposé pendant toute une journée à la pluie et au vent : il risquerait fort de ne pas être à l'hallali, et le lendemain il pourrait bien se trouver sur le flanc. Mais il n'y a là qu'une simple question d'apprentissage, qu'un entraînement particulier à faire subir au pur sang dont on veut faire un hunter. Les qualités de vigueur, d'énergie et de courage, acquises par un siècle de sélection, ne se perdent nullement lorsque l'on soumet le pur sang à un régime moins délicat que celui des écuries de courses. Tous les chevaux, que ces veneurs montent en Braconne, sont rustiques et adroits dans tous les terrains. Le soir d'une chasse fatigante et mouvementée, les demi-sang ont la tête basse, tandis que les pur sang pourraient recommencer la journée.

THE GRANGE KNOSSINGTON

THE COTTESMORE

« The Cottesmore » est un des centres de chasses en Angleterre qui fut pendant longtemps la propriété des comtes de Lonsdale. C'est le grand-père du Peer actuel qui, venant de Stocken Hall, prit possession des hounds de Cottesmore, après le comte de Gainsborough, en 1785. Au comte de Lonsdale, ce fut sir Richard Sutton qui lui succéda, en 1844, et Mr Burrows en 1848.

Lord Kesteven prit à son tour the Mastership pendant 15 années, et abdiqua en 1865 en faveur de Mr Henry Lowther, plus tard lord Lonsdale, père du « Master of the Hounds » des Woodland Pytchley. Ce lord Lonsdale chassa avec grand succès avec the Cottesmore pendant les six dernières années de sa vie. Son fils lui succéda et continua seulement pendant deux années l'office de « Master of the Cottesmore's hounds » ; puis lord Carrington, aussi deux années. Après la mort de lord Lonsdale, lord Carrington ayant manifesté le désir de se retirer, Mr W. Gosling acheta the hounds de lord Carrington et en fit généreusement don au pays.

Mr Baird, qui a bien voulu accepter the Mastership, mène actuellement les chasses avec le plus grand succès depuis 7 ou 8 ans, et c'est une direction excessivement difficile et délicate que celle des Cottesmore's hounds.

Il y a beaucoup d'occupants sur ces terres de Cottesmore, mais

LES CHENILS

tous vivent en bonne intelligence avec la chasse. C'est à Mr Baird que revenait une pareille entreprise; son domaine (Hall) est attaché au hunt, aux écuries et chenils, dans le village de Barleythorpe.

Trois grandes propriétés sont à proximité des Cottesmore's hounds, et en sont les Hunting Residences.

Barleythorpe Hall à Mr W. Baird, The Grange Knossington à Mr A. Duncan, Burley Park à Mr G. Finch.

The Cottesmore est un des centres de chasses importants d'Angleterre. Le Royal Stag-Hounds chassait sur ces terres quand les lords Lonsdale l'invitaient ; et quant au pays, il est des plus fertiles.

Les kennels (chenils) de Barleythorpe sont larges et bien ventilés. Ils furent construits en 1870, d'une façon toute moderne, avec tout le confortable possible. Le seul inconvénient serait le manque d'eau pendant les temps secs, si une large voiture réservoir ne prévoyait pas à cet inconvénient. Ils peuvent contenir soixante-huit couples de chiens.

En entrant dans la *feeding-room* (salle des repas), le mur d'un côté est garni de plaques contenant la liste des renards tués par ces meutes : une moyenne de 35 braces par an. Le

BURLEY PARK

huntsman depuis 19 à 20 ans, « Neil » qui de 1er whip fut promu à ce grade par lord Lonsdale, est un homme sûr et fidèle très respecté ainsi que ses fils. Quarante chevaux sont gardés pour les serviteurs, deux chevaux par jour pour chacun d'eux.

Les principaux chiens étalons sont : *Baronet* par Gerardsman, *Libéral* par Lucifer, *Stormer* par Sailor, et *Rambler* par Stormer.

C'est surtout en visitant les écuries qu'on se rend compte de la splendeur de cet établissement ; il y a des « Stables » pour cent chevaux et une immense cour carrée dont toute une moitié a son terrain approprié pour l'exercice des chevaux ; couverte de sciure de bois, comme au manège. Il y avait, en 1885, 68 chevaux au Cottesmore à Barleythorpe, et l'attention s'est tout de suite portée sur « Songtren », favorite du huntsman Neil et qu'il monte depuis sept ou huit ans tous les lundis.

Ensuite viennent « Drake » et *Shrimp*, deux chevaux puissants bai brun foncé qui chassent le samedi avec *Neil*. Enfin le choix des chevaux est un des plus beaux Stud du Royaume.

Barleythorpe Hall est une splendide résidence construite dans le style « Elizabethan » en grande partie par lord Lonsdale en 1848, qui en 1870 construisit *the Stabling and Kennels*, en ajoutant tous les perfectionnements possibles.

BARLEYTHORPE HALL

Le « Horse and Groom Inn » est une taverne ou public house du village.

The Cross, à Oakham, et presque toute la place du marché appartiennent à M. Finch de Burley, Hall.

Il y a à Oakham les ruines d'un ancien château recouvertes de « fers à cheval » dehors et dedans, les uns sont en cuivre, d'autres sont énormes ; les lords de Ferrers demandant à chaque baron qui passait à Oakham un fer de son cheval. Et cet usage, de clouer en passant par là un fer à cheval, s'est perpétué jusqu'à nos jours. Il en est de très anciens et de toutes formes, donnés par la reine Élisabeth, d'autres par le duc d'York, George IV, et enfin par la reine Victoria. C'est à Oakham qu'est né le fameux nain « Jeffery Hudson » en 1619. Il n'avait à 7 ans que 18 centimètres de hauteur, le duc de Buckingham le prit dans sa famille aux environs de Burley Park où résidait la cour à laquelle il présenta un jour Jeffery dans un pâté froid.

Burley Park, le domaine de M. G. Finch, est considéré comme une place forte tant sa construction est solide et sa situation élevée, dominant tout le pays. Pendant les guerres civiles du XVIIe siècle, l'armée rebelle y plaça une nombreuse garnison pour résister aux royalistes. Et cette garnison quitta la place après y avoir mis le feu.

Le comte de Nottingham and Winchilsea reconstruisit le hall et l'entoura d'un mur de pierre qui a six milles de circuit et renferme 1.085 arpents, en partie boisés de chênes. L'intérieur du Palais est meublé et décoré avec toute la splendeur du style moderne.

Enfin Knossington Hall est la résidence de chasse de M. A. Duncan, un passionné chasseur et qui garde un bon Stud de chevaux pour The Cottesmore. Il hérita de cette propriété de son père qui était tenu en haute réputation dans le pays et dont on parle toujours avec grand respect. Il a fait honneur « to his hunting seat » jusqu'à ce que son trop grand âge l'empêchât de suivre la chasse.

Il s'était acquis, dans son comté, une renommée incontestable pour avoir dit, un jour de chasse, aux nombreux fermiers qui, dans leur impatience, encombraient le lieu de la scène : « Mes amis, vous avez autant le droit d'être ici que moi-même ; retirez-vous seulement un peu et restez tranquilles. »

Comme les intérêts sont d'ailleurs réciproques, les paysans, les hôteliers, les fournisseurs n'ignorent point que la chasse au renard est une source de profits pour la localité. D'abord elle attire beaucoup de monde, ensuite l'entretien des meutes et des écuries occupe un grand nombre de bras et répand beaucoup d'argent dans les campagnes.

Le maître de chiens de chasse qui se montre poli avec les hommes de toutes les classes, qui envoie de temps en temps aux femmes des fermiers du gibier, pour compenser les pertes que les visites du renard ont causées dans la basse-cour, est presque sûr de se voir adoré dans son endroit et d'étendre ainsi le rayon d'une influence locale, laquelle repose avant tout sur la sympathie.

La propriété lui avait été vendue par M. Throseby qui l'avait fait construire il y a vingt ans.

INWOOD LODGE A M. T. M. GUEST

THE BLACKMOOR VALE

The Blackmoor Vale est un des plus beaux et des plus anciens centres de chasses connus en Angleterre ; il existait même au temps du roi Henry VI, qui s'y rendit pour chasser avec les hounds de Blackmoor Vale ; et il fut si content du long run qu'il eut à la poursuite d'un cerf blanc que, quand l'animal fut pris, il ordonna qu'on lui remît la liberté ; le roi rendit même un décret défendant à qui que ce fût de chasser ce cerf dans l'avenir. Enfin, pour éviter tout prétexte d'erreur, le roi, avant de le lâcher, fit placer au cou du cerf un collier en or, sur lequel était inscrit le jour où eut lieu la chasse royale et l'ordre de lui laisser la vie sauve. Pendant plusieurs années les cerfs furent assez tranquilles : dans la crainte qu'on avait de courir « le cerf du roi », comme il était appelé, on arrêtait les chiens immédiatement lorsqu'ils se trouvaient sur la voie d'un cerf.

Un certain M. William de la Linde était alors *Master of the Blacmoor Vale Hounds;* sa femme, qui n'était pas commode, ne voulait pas reconnaître l'ordre du roi sur les terres de son époux ; et chaque fois que son mari rentrait de la chasse avec une retraite manquée, elle lui faisait des scènes épouvantables.

Elle lui rendit la vie tellement malheureuse qu'il préféra affronter les peines auxquelles l'exposait la colère royale et un beau jour il résolut de prendre le fameux cerf.

Le cerf, rencontré près du village de Pulham, fut immédiatement chassé ; et, là où la chasse commença, on a élevé une taverne qui est aujourd'hui le rendez-vous des chiens de M. Guest, le master actuel de Blackmoor Vale ; le cerf blanc, au collier d'or, sert d'enseigne à cet *inn* (auberge).

Le cerf fut pris et servi à Gillingham ; cet endroit a été aussi marqué par la construction d'une taverne appelée « The White Hart » (le cerf blanc).

Pour cette chasse, William de la Linde subit plusieurs condamnations sévères, entre autres l'amende d'une somme énorme qu'il eut soin de prélever sur la dot de sa femme.

Pour revenir à des temps plus modernes, nous dirons que les principaux masters de ce siècle furent le Squire Farquharson, M. Hall, Lord Portman, plus tard Master of the Buckshounds de la Reine, mais qui était alors Viscount Dungarvan ; M. Whieldon, Lord H. Thynne, M. Strachey, et en 1857 feu M. Digby, de Sherborne Castle dont il ne reste que les ruines. M. Digby, qui était très populaire et très riche, apporta de grandes améliorations à cet établissement. Il acheta, du colonel Stanley, les écuries et chenils à Chorley Horethorne regardé comme le centre du pays. Les écuries forment les trois côtés d'un carré et les chenils le quatrième. Au-dessus des écuries sont les chambres pour les aides, les greniers à fourrages, etc., et à l'arrière du quadrant se trouvent des chenils détachés pour les malades, et une large cour pour les jeunes chiens qui reviennent de promenade. Le cottage du huntsman est entouré d'un jardin qui a accès aux kennels.

M. Digby ne regarda à aucune dépense pour l'achat des meilleurs chevaux, et comme on ne peut pas atteindre la perfection d'un coup, ce fut son successeur sir Richard Glyn qui se chargea de donner à la meute son état d'excellence actuel.

Dans le but de rendre le pays agréable aux étrangers, M. Digby

THE KENNELS CHORLEY HORETHORNE

fit construire à Sherborne une taverne appelée *The Digby Arms*, où les chevaux sont très bien soignés. Aussi Sherborne est-il devenu un grand rendez-vous de chasse. M. Digby était plutôt un homme de cheval qu'un chasseur, il chassait au point de vue de l'équitation. Quand il devint trop âgé, il se faisait conduire au rendez-vous dans son brougham et ne montait à cheval qu'au moment de l'attaque.

Quand le squire de Sherborne se retira, il choisit pour son successeur sir Richard Glyn, auquel il fit présent de tous les chiens, chevaux et objets de sellerie, etc., présent dont sir Richard se montra bien digne, puisque, lorsqu'il se retira, le pays ouvrit une souscription pour lui offrir, comme gage de sa reconnaissance, un splendide portrait de lady Glyn, peint par Stephen Pearse, qu'il regarde comme un des meilleurs souvenirs de son passage comme Master of the Blackmoor Vale.

M. Guest, qui lui succéda, est le master actuel. Il a gardé à son service tous les hunt-servants : George Orbell le huntsman, Tom Jordan, 1er whip, Bob Cotsworth, 2e whip. Il a acheté des chevaux nouveaux pour tout le personnel de chasse, et ses chevaux sont tous « gris », couleur pour laquelle il a une prédilection.

Inwood est la résidence du master et de lady Theodora Guest, une sportswoman ayant une grande passion pour la chasse et dont la générosité pour les hunt-servants est inépuisable. Du reste, on ne s'étonnera pas du *sporting blood* qui coule dans ses veines, quand on saura qu'elle descend en ligne droite du célèbre *Le Gros Veneur*, grand huntsman de Guillaume le Conquérant.

Henstridge Ash Hotel est un autre endroit favorable aux rendez-vous de Blackmoor Vale, à cause de l'organisation commode pour les chevaux. Et tout est là pour flatter les goûts du sportsman, les cordons de sonnettes sont de queues de renards.

HENSTRIDGE ASH HOTEL

MAISON DU HUNTSMAN ET CHENILS

THE BELVOIR HOUNDS

The Belvoir est également un centre de chasse anglais fort ancien, dont les hounds ont toujours été reproduits sans interruption dans leur ligne descendante, et ils ont conservé jusqu'à aujourd'hui leur prestige et leurs qualités de chasse, aucune vente n'ayant jamais désorganisé leur généalogie ; ce qui se reconnaît facilement à leur ressemblance extraordinaire.

Les hounds du Belvoir ont toujours été dans les mains de la famille des Ducs de Rutland ; l'organisation date de 1750, et leurs meilleures productions viennent des meutes du duc de Beaufort, qui étaient au commencement du siècle actuel, comme maintenant, les plus précieuses du royaume. Les « étalons » du duc de Beaufort employés au profit des hounds du Belvoir furent *Comus Champion*, *Topper* et *Collier*.

Les meutes du Belvoir sont depuis près d'un siècle sous le contrôle de huntsmen reconnus pour les meilleurs de l'époque. Et, grâce à l'immense contrée qui entoure le Belvoir, elles sont d'une force à pouvoir soutenir des chasses au renard, ou runs, de trente-trois milles comme celle qui eut lieu le 10 décembre 1805, qu'on appelle « the Great Belvoir Day » et qui a été racontée, avec beaucoup d'humour, par M. Shangton Holt.

Un autre fameux run eut lieu le 12 février 1866, avec une chasse nombreuse à laquelle assistaient comme invités, à Belvoir-Castle, le prince et la princesse de Galles. Le renard fut difficile à prendre, et le temps aussi mauvais que possible, ce qui n'avait pas empêché ce jour-là une réunion de chasseurs renommés, tels que le duc de Beaufort, lord Hamilton et le colonel Kingscote, de se trouver au rendez-vous.

Les huntsmen du Belvoir furent : Newman (1791 à 1805) à qui succéda Shaw, qui fut du Great Belvoir Day. Puis vint Thomas Goosey qui avait été whipper depuis 1794 et continua comme huntsman jusqu'en 1842, ce qui représente quarante-huit ans de services, whip vingt-deux saisons, et huntsman vingt-six. Devenu âgé, il entra au « Cottesmore », au service de sir Richard Sutton, comme huntsman des chenils, et durant son temps au Belvoir 918 « braces de renards » furent tuées.

Goodall le remplaça pendant dix-sept années et se fit un nom célèbre. Après lui, vint Cooper qui servit pendant onze saisons, et enfin le dernier Frank Gillard qui avait été d'abord au Belvoir comme whip, et entra ensuite au service de M. Musters au « Quorn » comme huntsman, et prit enfin la place que lui a offerte le duc de Rutland et qu'il occupe depuis. Enfin il est difficile de trouver en Angleterre de belles meutes où le sang du Belvoir ne soit pas mêlé. C'est à ce point qu'on recherche « the drafts » (le surplus). M. Coupland, quand il était, il y a quelques années, « Master of the Quorn », s'assura les chiens qui étaient de trop au Belvoir (the drafts hounds), dont il tira, dit-il, un grand bénéfice.

Frank Goodall, le huntsman de la reine, s'assura aussi une partie des drafts, et un de ces chiens lui sert maintenant comme étalon. Cela donne une idée de ce que doivent être les chiens choisis pour les meutes du Belvoir.

Les chenils communiquent entre eux par des passages couverts, de façon à ce que chaque meute soit à l'abri. Les chiens de la première meute qu'on rencontre mesurent 21 centimètres 1/2; et, comme couleur et symétrie, il serait difficile de trouver mieux. Ceux de la seconde mesurent 22 centimètres. La troisième est une meute unique comme uniformité, chaque chien mesure 33 centimètres. Les chiens mesurent largement 6 centimètres 1/2 sous le genou. Le drainage autour des chenils est parfait et tout ce qui environne est bien et en parfait état, par les soins et l'ordre du duc de Rutland, lord lieutenant du County qui est tenu en haute estime.

Les écuries, à proximité du château, sont princières. Les stables contiennent quarante chevaux pour les kennels, et six pour l'usage personnel du duc. Sa santé et son âge ne lui permettent plus de jouir comme autrefois du sport qu'il adore ; mais, malgré plusieurs chutes de cheval malheureuses, il monte encore et suit la chasse avec la même énergie. Il a toujours conservé un pur sang pour l'usage gratis de ses fermiers-locataires dont il est très aimé. Jamais il n'en a renvoyé un de ses terres. Beaucoup des meilleurs hunters sont nés dans la vallée du Belvoir. Beaucoup aussi sont devenus d'excellents chevaux de courses ; leurs premiers pas sur le turf se font généralement à Croxton Park dans la course appelée « The Farmers ». Il y a une vingtaine d'années, on considérait comme l'équivalent d'une pension la chance d'appartenir à la « tenancy » (être locataire) du duc de Rutland.

Belvoir Castle, la splendide résidence de Charles Cecil John Manners, cinquième duc de Rutland, a été en partie reconstruite pendant le siècle actuel. Le feu duc y a dépensé 200.000 livres sterling; et il était estimé qu'avec 20.000 livres de plus on l'achèverait, lorsqu'un incendie le détruisit complètement. Le feu n'arriva pas jusqu'à la chapelle, mais n'épargna ni la précieuse collection de tableaux, ni le riche mobilier. Ce désastre eut lieu le 26 octobre 1816. Le duc succéda très jeune à son grand-père qui avait été lord lieutenant du County of Leicester pendant cinquante ans, et qui mourut le 20 janvier 1857 à l'âge de quatre-vingts ans. Ce fut lui qui dessina le plan du château qu'il fit construire sur les ruines de la propriété brûlée.

Belvoir a ses côtés historiques assez intéressants. En 1643, le château fut saisi et fortifié par le roi et soutint un long siège, ne capitulant qu'en 1648. Sa situation du reste est avantageuse pour la circonstance; placé sur une haute montagne, il domine toute la vallée de Belvoir. La vue du haut du château est au-dessus de toute description, on découvre le pays à plusieurs milles, y compris la cité de Lincoln.

Durant les mois d'été, le duc laisse le château et les jardins ouverts au public; et, comme maintenant une ligne du chemin de fer passe là, des centaines de visiteurs anglais et étrangers s'y rendent de Leicester, Nottingham et autres villes voisines. Belvoir est considéré comme un des châteaux historiques, ou d'État, d'Angleterre. Il faudrait un volume pour décrire les richesses artistiques et de valeur matérielle qui ornent l'intérieur.

Le duc possède aussi l'ancienne baronnie et mansion de Haddon Hall en Derlyshire, ainsi que la shooting-box of Longshave dans les Moorlands du même county, et Cheveley Park en Cambridgeshire.

BELVOIR CASTLE

TROISIÈME PARTIE

FORCE ET ADRESSE

M. GABRIEL BONVALOT

Gabriel Bonvalot, l'explorateur célèbre, 40 ans, un peu plus, un peu moins. Champenois, né à Brienne.

Au physique, un homme de cinq pieds quatre pouces fait au moule des athlètes et des hercules, avec le plus beau thorax qu'on puisse voir, des épaules à remplacer Atlas, des bras à étouffer un ours. Entre nous, l'ours est un peu dans ses origines, j'entends comme structure, car ce puissant est la bonté même sous des dehors assez rudes.

Aucun homme ne possède à un plus haut degré l'instinct de combativité, — ce qui fait de M. Gabriel Bonvalot le plus redoutable de tous les jouteurs en n'importe quel sport. Aussi, c'est à peine si deux ou trois « professionnels » de la lutte et de la boxe osent se mesurer à lui.

L'élément de cette force prodigieuse, c'est moins le muscle que l'œil, — un œil spécial, unique, qui devine le coup qui vient et la pensée qui chemine. Il a vu l'attaque dans l'âme de l'agresseur avant de la parer sur son bras. — Ce bras, d'ailleurs, lève horizontalement 60 livres, en haltères. Ces jambes sautent aussi haut qu'un gymnaste du tremplin et domptent mieux un cheval qu'un écuyer de profession.

Signe moral dans la vie ordinaire : n'a jamais bu d'alcool, — ce qui lui est commun avec Samson.

Faut-il s'étonner, après cela, que cet homme ait traversé le Pamir sur quarante pieds de neige et sous quarante degrés de froid? — Intellectuel et cérébral, doué d'une volonté de fer, Bonvalot s'est voué à la noble mission de rendre aux Français leur initiative et de donner à la France des colonies. L'entreprise est à la hauteur de l'homme, mais les *hommes* seront-ils à la hauteur de l'entreprise.

Élève des frères Leclerc de Paris, pour la boxe, et de Bernard de Bordeaux, pour la lutte.

LE COMMANDANT FÉLIX FAUVEL

L'officier le plus fort de l'armée française.

Disons l'un des plus forts pour ne pas offenser ceux qui auraient des facultés athlétiques extraordinaires à nous inconnues.

Né à Saint-Omer en 1850, ne sort de Saint-Cyr que pour entrer en campagne et se bat bravement contre les Allemands sans avoir la douleur de connaître l'Allemagne.

Officier d'ordonnance du général Montaudon, pendant la Commune, il est nommé capitaine à vingt-trois ans et à vingt-six est désigné pour commander la section d'escrime à l'École de Joinville-le-Pont, où il reste tout le temps prescrit par les règlements et même un peu plus.

Il n'est pas nécessaire après cela d'ajouter qu'il connaît et pratique l'escrime à toutes les armes.

Boxe aussi à l'anglaise et à la française, mais, heureusement pour ses adversaires, sa vitesse est un peu inférieure à sa force corporelle; sans cela, au bout de peu d'instants, il n'aurait jamais devant lui que des tibias en charpie et des têtes en confitures.

Il va sans dire qu'il monte à cheval et avec justesse, quoique fantassin. Peut-être parce qu'il est fantassin.

Mais si un beau jour le cheval se trouvait incapable de porter son cavalier, le cavalier serait très capable de porter son cheval; car, pendant qu'il était encore à l'École de Joinville, le jeune capitaine s'exerçait à soulever un magnifique percheron, lequel appartenait à la Ferme modèle, située tout à côté du camp.

En revanche, malheur à l'animal récalcitrant et assez dépourvu d'intelligence pour ne pas deviner qu'il a l'honneur d'être monté par un athlète; celui-ci le forcerait à s'agenouiller par la pression seule de ses muscles formidables.

N'est cependant pas méchant, au contraire, ni pour les hommes, ni pour les animaux.

Au camp de Joinville, il élevait même des poules autour de son habitation. Il est vrai que ce n'était peut-être qu'un prétexte pour posséder un terrible coq de combat, vainqueur de tous ses collègues des environs.

Quant aux hommes, ils adoraient le chef dont la forte voix ne suffisait pas à dissimuler la bienveillance, et ils respectaient beaucoup un officier qui avait pour lui, non seulement la supériorité du grade, mais celle du bras.

Le commandant Fauvel n'a cependant jamais eu dans ses habits civils ou militaires une apparence herculéenne ; car il n'est ni de haute taille, ni extrêmement large d'épaules.

Déjà depuis longtemps capitaine, sa tête petite et allongée, ses joues fraîches et roses comme celles d'une jeune fille étaient loin de laisser soupçonner le volume et le relief énormes de ses muscles. Ceux qui étaient en même temps que lui à Joinville se souviennent encore de la visite de l'officier suédois chargé par son gouvernement de visiter les écoles de gymnastique du Midi de l'Europe.

En parcourant le logement du jeune capitaine, logement qui, soit dit en passant, était comme celui des autres officiers une construction en planches des plus primitives, il avise une photographie clouée à la paroi et représentant un personnage le torse et les bras nus.

— C'est d'après Michel-Ange ? s'écrie l'étranger en examinant en connaisseur les prodigieux biceps et les invraisemblables pectoraux du portrait.

Et comme ceux qui l'entouraient avaient un sourire et involontairement dirigeaient leurs regards vers l'original :

— Comment ce serait vous ? reprend le Suédois, un homme de la plus belle prestance, ce n'est pas possible !

Alors Fauvel le fait entrer dans la pièce voisine et où se trouvait tout un attirail d'instruments destinés à développer la force sous toutes ses formes : haltères, poids de fer, massues, sacs de sable, etc., et dépouillant son uniforme se met à jongler avec des poids de quarante comme avec des bouchons de liège, enlève en l'air l'haltère de 150 d'une seule main, fait des bras tendus avec 35 kilos et soulève 1.900 livres sur son dos.

Il n'y avait plus à douter ; le *Michel-Ange* était bien le contemporain. Et l'officier suédois enthousiasmé avouait qu'il n'avait rien vu de pareil dans le Nord.

Assurément ce n'est pas la première fois qu'un officier s'empare d'une pièce d'artillerie ; mais si une nouvelle guerre survenait, on verrait peut-être le commandant Fauvel, non seulement prendre un canon, mais l'emporter sur son épaule.

Du reste, comme Bayard, il a une médiocre considération pour les armes à feu, bien qu'à un jour donné il eût été envoyé au camp de Châlons pour faire un rapport au sujet des fusils à répétition alors en essai.

Il est de ceux qui croient que l'arme blanche est plus que jamais, pour le soldat français, l'arme de l'avenir, comme elle a été l'arme du passé.

Quelle confiance peut-on, selon lui, avoir dans ces engins nouveaux, soi-disant perfectionnés, dont la portée est plus longue que celle de la vue, de façon qu'avec leur emploi il faut commencer par tuer son ennemi pour le voir.

Désormais la fusillade ne sera plus qu'une sorte de jeu de *Colin-Maillard;* et les balles que l'on échangera, au commencement de la bataille, ne devront plus être comparées qu'aux radis, que l'on vous offre au début du déjeuner; ce ne seront que les hors-d'œuvre du combat.

Quoi qu'il en soit à cet égard, M. Fauvel, commandant depuis longtemps déjà, colonel bientôt sans doute, une fois à la tête de son régiment, celui-ci ne tardera pas à devenir un numéro modèle, car son chef, toujours plus dur pour lui-même que pour ceux qui l'entourent, saura prêcher d'exemple; et, délaissant la vieille formule : « Faites ce que je dis, » pourra prendre pour maxime : « Faites ce que je fais. »

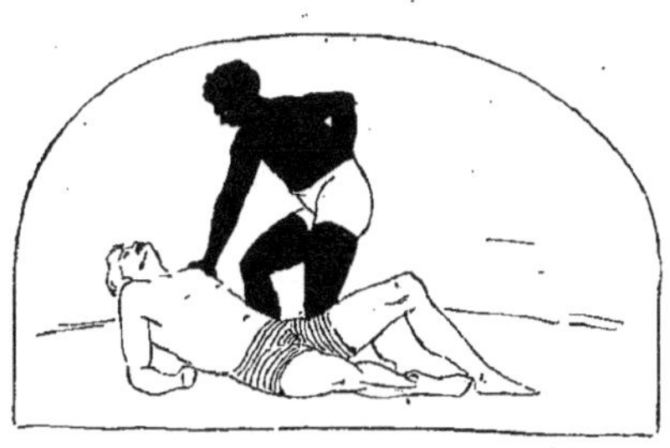

M. GEORGES STREHLY

Si vous voulez voir des « hommes de poids », des hommes solides et bâtis en force, allez au gymnase Cesari, rue Victor-Cousin ; et vous verrez, si vous assistez à une séance de travail, que c'est dans cette salle que le « muscle de Paris » se donne rendez-vous. Nul gymnase en France ne peut lui être comparé, car nul gymnase ne réunit une telle légion d'athlètes. C'est de là, du reste, qu'est sorti le célèbre San Marin, l'invincible lutteur, que j'ai vu vingt fois aux prises avec Van Huysen ou Panteli, deux terribles jouteurs ; je l'ai vu également se mesurer avec Pascault, le champion amateur du Midi. Il y a eu ce jour-là bien des passes savantes, bien des finesses de palestrique, des *bras roulés* superbes et des *hanche en tête* accomplies ; ce Pascault, que je n'ai jamais revu, était un grand blond, dont le poil d'or, l'œil bleu et le sang à fleur de peau indiquaient plutôt l'hérédité saxonne que le sang latin. Son poids musculaire était de 105 kilogrammes, à la toise il mesurait 1m,80 ; et son périmètre thoracique était de 125 centimètres. L'expression métrique de son biceps contracté était de 44, alors que le tour de jambe d'un homme ordinaire n'est que de 36.

Cette lutte avait attiré, ce soir-là, à la salle Cesari, tous les friands du muscle. Du *lobby* au vestiaire, l'assistance était au complet. L'aspect était bien curieux, car l'exiguïté d'espace avait contraint une foule de gens graves à grimper aux échelles et à y affecter des positions invraisemblables. Un peintre coloriste comme Mme Consuelo Fould eût été tenté par cette salle et elle eût aimé fixer sous la flambée du gaz les maillots aux nuances rouge, bleu ciel, zinsolin tranchant intensément sur le noir des habits et des fontes. Le torse blanc de San Marin complétait cette symphonie des couleurs. Un athlète, accoudé à l'échelle, présentait, dans une pose sculpturale, ses muscles dignes d'un tableau de Cormon, et près de son bras puissant, une fragile et délicieuse mondaine, résumant dans sa jeune tête sensuelle casquée d'or, dans son corps mièvre et alangui de Parisienne, toutes les élégances et toutes les faiblesses, dévorait des yeux l'invincible San Marin.

C'est ce soir-là que je vis pour la première fois M. Georges Strehly, qui ouvrit la séance avec un travail d'équilibre vraiment prodigieux. Suspendu par un pied à un trapèze, à des hauteurs vertigineuses, ou en équilibre sur un dossier de fauteuil, M. Strehly avait l'air aussi à son aise que dans sa chaire ; et il est certain qu'on lui aurait demandé, en sa qualité de professeur, d'expliquer tout un passage de Virgile, le corps en équilibre sur un bâton de chaise, il l'aurait fait, afin de prouver qu'on pouvait exercer simultanément le corps et l'esprit.

M. Georges Strehly, qui a tâté un peu de tous les sports, mesure comme taille 1m,68, son tour de poitrine est 1m,05, son poids est de 68 kilogrammes ; après avoir fait de la boxe, de l'escrime, de la natation — c'est un fort nageur — il s'est arrêté à la gymnastique ; à l'heure qu'il est, il a trente années de pratique quotidienne aux appareils dits amorisienne ; jusqu'à l'âge de vingt-six ans, il a fait des poids ; à cette époque-là le tour de sa poitrine, sous les bras, était de 1m,07 ; il enlevait 110 livres en haltère en deux temps, 150 en barre et sphères ; il faisait le bras tendu correctement, tenant à l'angle droit deux poids de 20 kilogrammes, le *Réveil de Samson*, ainsi que le boulet dans l'entonnoir. Mais ce genre de sport l'attirait moins que le gymnase et il l'abandonna pour s'adonner tout entier aux appareils, où il est de première force.

En barre fixe, il exécute tous les tours que comporte le reck unique : planches en avant et d'un bras, rétablissements en force ou en élan, passements, tourniquets, soleil en avant et en arrière. Il a également fait le double trapèze à deux, en porteur et en cascadeur. Depuis une douzaine d'années, il s'est cantonné dans les équilibres, et c'est comme équilibriste surtout qu'il jouit d'une très grande réputation dans le gymnase. Il a prouvé, au cirque Molier, qu'il était bien supérieur encore à sa réputation, car, depuis le comte Hubert de La Rochefoucauld, on n'avait vu personne remporter un si brillant succès. Comme équilibriste amateur, je crois que M. Strehly peut être considéré comme le plus fort ; à l'heure qu'il est, il a déjà fait la somme respectable de plus de quatre-vingt mille équilibres en station sur les mains, et il compte fêter un jour le cent millième.

M. G. Strehly a publié de nombreux travaux sur la gymnastique, et il a fait, en collaboration, avec le Dr Sehé, un manuel de gymnastique et de jeux ; et c'est à lui qu'on doit le concours annuel interscolaire entre les lycées, collèges et écoles municipales de la ville de Paris ; concours subventionné de 1.500 francs par la ville. C'est dans ce même gymnase Cesari que j'ai connu M. Schutzenberger, qui était alors l'idole du boulevard Saint-Michel; c'était le Debureau de l'athlétisme, il fallait voir la mimique expressive de cet aimable garçon quand il abordait une haltère considérable; ses jambes, qu'il avait fort longues et qu'il aimait à employer, disait-on, aux travaux d'aiguille, savaient décrire par leurs spires, leurs mouvements de flexion et d'extension, toute une série d'idées et de sentiments les plus folichons. Bref, on n'avait jamais vu tant d'éloquence dans un tibia.

Il y avait également Brugalet qui chargeait sur son dos un sac de 250 livres, et après avoir gravi un escalier de trente marches il faisait le tour de la galerie supérieure. Il nommait ce tour l'*examen du Fort de la halle*. C'était pour lui le dernier cri de l'athlétisme. Il y avait aussi au travail d'anneaux et de barre MM. Piazza, Martin, Lehoux, Léon, Zimmer, Aubert, Grellety et Nassoy. La palme était toujours à M. Léon pour ses *planches* d'airain, à part MM. de San Marin, Van Huysen et Strehly, tous les autres qui fréquentaient à cette époque chez Cesari ont disparu. San Marin lui-même a pris sa retraite et M. Van Huysen ne se montre plus que fort rarement.

LE CAPITAINE TAINE

La gymnastique ne fait pas précisément partie du sport, mais elle est comme le préambule et le complément de tous les exercices dont il se compose. Les anciens, dont nous avons souvent le tort de négliger les pratiques, attachaient à l'exercice de cet art une importance particulière. Dans les jeux Olympiques, de grands honneurs étaient rendus aux athlètes victorieux. Ils soutenaient avec raison que la gymnastique développe les forces de l'homme, lui donne la fermeté, la résistance, le courage, l'énergie ; qu'elle entretient sa santé et qu'elle contribue à former des citoyens utiles à la patrie.

Le capitaine Taihe, du 162e d'infanterie, est au physique la preuve vivante de l'efficacité de la gymnastique au point de vue de l'hygiène.

De taille moyenne, le corps bien proportionné, tout en lui respire la santé. C'est un homme sain et vigoureux qui doit évidemment ce bien-être aux exercices quotidiens auxquels il aime à se livrer. Poussé par son incroyable aptitude pour les exercices qui développent les forces, l'élasticité du corps, le capitaine Taine a voulu dépasser tout ce qui a été fait jusqu'à ce jour ; cette promesse, il l'a accomplie.

Entré tout enfant au Prytanée militaire de la Flèche, il fut initié dès l'âge de dix ans aux premiers principes de gymnastique ; et comme le terrain était bon, il ne tarda pas à se faire remarquer et à obtenir des prix. Pendant huit années de suite, il décrocha le premier prix et, après avoir fait partie pendant plusieurs années des sociétés de gymnastique d'Angers et de la « Gauloise » de Paris, il fut envoyé comme officier élève en 1892 à l'École de gymnastique de Joinville-le-Pont, d'où il sortit avec le premier prix de gymnastique et le premier prix d'ensemble.

Tout en travaillant la gymnastique, le capitaine Taine se mit à l'escrime et il a prouvé, par les assauts auxquels il nous a fait assister, qu'il pouvait être considéré comme un des meilleurs escrimeurs militaires. Les assauts au cercle militaire, au cercle de la rue Taitbout l'ont mis hors de pair.

En 1895, il fut de nouveau envoyé à l'École de Joinville, mais cette fois ce n'est plus comme élève qu'il y va. C'est comme lieutenant-instructeur. Il y resta quatre ans et Dieu sait si, pendant ces quatre années, il travailla et fit travailler les jeunes gens dont il était chargé de perfectionner l'éducation physique. C'est lui qui, par un entraînement bien entendu, était arrivé à faire faire à ses hommes — ils étaient 175 — des courses de 14 et 16 kilomètres, sans changement d'allures, dans l'espace de 1 heure à 1 h. 10.

Il arriva même à faire, sous le contrôle d'un de nos confrères du *Petit Parisien*, une course de 18 kilomètres en 1 h. 19, sans qu'aucun de ceux qui avaient pris part à ce *raid* pédestre ne manifestât la moindre fatigue. Naturellement, pour arriver à un tel résultat, il fallait payer de sa personne; c'est ce que faisait le capitaine Taine : il entraînait lui-même ses hommes. Ces courses, qui ont été longtemps au programme des exercices de Joinville, n'ont plus lieu aujourd'hui, je me demande vraiment pourquoi? Car rien ne vaut un entraînement de ce genre, et, en temps de guerre, on est certain d'avoir toujours sous la main une réserve capable de faire n'importe quelle marche forcée sans crainte d'avarie.

Pendant qu'il était instructeur à l'École de Joinville, le capitaine Taine s'en vint étudier la boxe chez Charlemont, et on a pu le voir, au Cirque-d'Été, au Palais-Sport ou à l'Académie de boxe de la rue d'Athènes, faire des assauts véritablement sensationnels avec Charlemont père et fils et plusieurs autres boxeurs très renommés; on le vit aussi se mesurer, dans un assaut de boxe anglaise, avec M. Randon (1).

Tireur de tempérament, le capitaine Taine se montre, l'épée à la main, ce qu'il est dans la vie ordinaire, d'une ténacité et d'une énergie peu communes, offrant peu de plastron à la pointe de l'épée de son adversaire; très effacé d'ailleurs dans sa garde, il pare et riposte avec une grande vitesse; ses attaques sont exécutées avec beaucoup de décision et de vigueur. Malheureusement le capitaine Taine, sacrifiant au goût du jour, délaisse un peu le fleuret pour l'épée, et, quoiqu'il fasse tout ce qu'il peut pour répandre les poules à l'épée dans les cinq régiments qui tiennent garnison avec lui, je préférerais le voir se donner tout entier à cette belle et fine escrime à laquelle nous devons les Lafaugère, les Jean-Louis, les

(1) *Le Monde du Sport*. Flammarion, éditeur.

Cordelois, etc., qui ont pour successeurs aujourd'hui Mérignac, Caïn, Vigeant, Rüe et Kirchoffer.

Le capitaine Taine est, à part cette petite critique, un sportsman dans le sens que les Anglais donnent à ce mot. C'est un fervent du sport et je dirai même un apôtre, car il prêche partout la bonne parole et il sait tellement se faire écouter, qu'à l'inspection de 1896 il présenta au général inspecteur 60 hommes avec lesquels il traversa la Marne en tenue de campagne.

Le capitaine Taine est le type le plus complet de l'officier de la bonne école, son cœur est un de ceux qui battent fort pour tout ce qui est bon et généreux. Il y a deux hommes en lui : le soldat et le sportsman.

Le soldat est brave et courageux jusqu'à la témérité, le sportsman est entraîné à braver tous les temps et toutes les fatigues. Avec un officier comme ce capitaine, on peut, sans crainte de rester en route, aller au bout du monde.

Sursum corda!

M. E. GROSCLAUDE

Ancien chef de cabinet de je ne sais quel préfet, M. Grosclaude abandonna l'administration pour faire du journalisme, et depuis quelques années il a laissé le journalisme pour se faire explorateur. Si le journalisme a perdu un de ses plus brillants représentants, le monde du sport en a profité, car M. Grosclaude est un homme de sport dans toute l'acception du mot. Il pratique surtout les exercices de force et d'adresse, et c'est grâce à ces exercices qui préparent plus qu'on ne le pense aux carrières utiles et brillantes de la société, qu'il a pu entreprendre cette vie d'explorateur qui demande aux forces humaines tout ce qu'elles peuvent donner. Si l'on n'est pas solide et fortement trempé, il vaut mieux rester à la maison, car on a de grandes chances de ne pas finir la route. Il faut s'attendre à tout, lorsqu'on s'en va à travers des pays inconnus ; non seulement à la faim, à la soif, mais encore aux périls et aux dangers sans nombre qu'on rencontre à chaque pas. C'est pourquoi l'homme de sport, dans cette lutte de tous les instants, n'est arrêté par rien. Ne redoutant ni la fatigue, ni les intempéries, il arrive facilement à triompher de tous les obstacles.

C'est parce qu'il avait beaucoup pratiqué tous ces exercices que M. Grosclaude est arrivé à se faire une très belle place dans le monde des explorateurs. Son expédition à Madagascar, au moment même où nos troupes se battaient, y a contribué, disons-le, pour beaucoup, et nous le comprenons du reste, car c'était véritablement très périlleux, et lorsqu'il a quitté le boulevard, dans tout l'éclat de son énergie, de sa force et de son expansion virile, beaucoup de ses confrères croyaient à une plaisanterie ; aussi furent-ils très étonnés lorsqu'ils apprirent que M. Grosclaude servait pour ainsi dire d'éclaireur à la colonne d'expédition.

Il en est revenu valide et solide, la mémoire pleine de souvenirs héroï-comiques, le cœur enflammé d'enthousiasme. Il a fait le coup de feu contre les Sakalaves ; il s'est découvert des qualités de guerrier, de pionnier, de diplomate. Il a manœuvré la pirogue, au milieu des caïmans ; il a couché sous la tente et vu briller, autour de lui, les feux des tribus féroces ; il a affronté mille périls et failli mourir d'un accès de dysenterie au moment de regagner la mère patrie. Et il est enchanté, et il croit à l'avenir de Madagascar, et il se propose de lancer les jeunes Français vers ces lieux d'horreur et de délices où les attend la fortune. « Hors les colonies, point de salut ! » Il va multiplier les brochures, les conférences. Le vieux Grosclaude est mort, et remplacé par un nouveau Grosclaude, qui est un apôtre... Et puis sans doute d'autres Grosclaude se révéleront, que nous ne prévoyons pas. Avec cet homme extraordinaire, nous devons nous attendre à tout !

Avant d'entreprendre ce déplacement malgache, M. Grosclaude avait escaladé plusieurs fois les cimes les plus élevées des Alpes.

> Alpinistes, vaillants amants des hautes cimes,
> Montez pour contempler l'éternelle beauté,
> Et buvez à longs traits sur les sommets sublimes
> L'ivresse de la vie et de la liberté !

Ce sport, quand il prend pour théâtre de ses opérations les cimes les plus inaccessibles, — et les alpinistes n'y manquent jamais, — n'est ni sans fatigue ni sans danger. Mais que sont les dangers et les fatigues pour ceux qui ont une fois goûté à des ivresses inconnues, paraît-il, au reste des humains ?

M. Grosclaude, qui a exécuté les ascensions les plus périlleuses et notamment celle du mont Blanc à 4.400 mètres, a raconté ainsi les impressions qu'il en a ressenties :

« Cette vue est véritablement étrange, et on ne sait comment la définir : la perspective en est absurde, c'est le renversement des lois du paysage, la contre-partie des harmonies auxquelles nous sommes habitués. Ajoutez l'agrandissement énorme du cadre qui déconcerte le regard. C'est encore un spectacle de la nature, mais un spectacle au delà duquel il n'y a plus rien, ou du moins au delà duquel elle devient inaccessible à nos vues. Aussi l'imagination est-elle extraordinairement excitée. Fermez les yeux, elle s'exalte encore, c'est le rêve, c'est le vertige de l'immensité, c'est l'infini... »

> Alpes, salut ! Déjà l'aube vermeille
> A flots sur vous répand ses gerbes d'or,
> Et dans l'éther, l'aigle altier qui s'éveille
> Ouvre son aile et prend un large essor :

Comme l'oiseau dont le vol fend la nue,
Nos pieds hardis veulent gravir vos flancs.
A nous aussi l'espace et l'étendue,
Alpes! à nous vos fronts étincelants!

L'ascension du mont Blanc terminée, M. Grosclaude trouva que les montagnes d'Europe manquaient de dangers et de prestige, et c'est pour cela qu'il s'est fait explorateur.

M. E. Grosclaude est, comme on le voit, un sportsman parfait. Sa jeunesse a été toute française, impétueuse, tour à tour frivole, sérieuse, toujours élégante et digne. Friand de la lame, passionné pour tous les sports, maniant la plume aussi bien que le rifle et l'épée, il a charmé pendant dix ans les lecteurs du *Gil Blas*, je parle de l'ancien *Gil Blas*, avec les *Gaietés de la Semaine*, qu'il a publiées en volume.

Mais, hélas! tout passe: le *Gil Blas*, après dix-huit ans de brillants succès, passa dans les mains de Chevassu qui ne tarda pas à le conduire vaillamment à la faillite.

A toutes choses il faut une fin.

De même que par les temps d'orage le nautonier retire son gouvernail et le suspend au-dessus de ses dieux lares, ainsi M. Grosclaude déposa sa plume, enleva son fusil de la crémaillère où il dormait et fit jouer ses batteries pour s'assurer qu'elles étaient en bon état.

L'écrivain se transformait en explorateur.

LA MARQUISE PH. DE MASSA

Parmi les types charmants de jeunes femmes que fit éclore, ainsi qu'un brillant parterre dont chaque fleur exhale un parfum également exquis, quoique tout à fait divers, la plume fée du romancier Walter Scott, la marquise de Massa n'est ni la moins fraîche ni la moins gracieuse.

Elle est toute mignonne, brune, avec un buste délicieusement modelé, des épaules de neige et des bras merveilleux. Ses cheveux d'un brun lumineux, de ce châtain au coloris doucement sombre, où se jouent des rayons veloutant pour ainsi dire son regard un peu mélancolique, soulignant la blancheur laiteuse de la peau. L'expression un peu rêveuse de cette physionomie est la bonté souveraine, qui est la base de son caractère.

Mais laissons la mondaine, pour ne nous occuper que de la sportswoman qui a fait du patin un art complet.

Il faut voir avec quelle hardiesse elle remplit les pas raccourcis et quel bonheur elle a de déflorer le cristal vierge.

La marquise de Massa a commencé à patiner au pôle Nord ; et par une émulation naturelle, elle a voulu arriver à une force suffisante pour pouvoir évoluer seule, et, grâce à sa persistance, elle y est arrivée. La marquise apporte à cet exercice l'agilité et la grâce qui la caractérisent. Elle patine avec élégance et se trouve à son aise partout.

Sans doute, tout le monde ne sait pas patiner à Paris comme en Hollande; mais tout ce que j'ai vu faire sur le patin par les gens du Nord à Amsterdam, à La Haye, à Londres, dans le Lincolnshire, j'ai vu le Parisien l'exécuter avec une grâce qui surpassait peut-être la leur. Il sait surmonter toutes les difficultés de l'art. Il fait mille sortes de *passes*, il dessine mille figures avec le fer dont ses pieds sont armés, il valse, il écrit des noms et des chiffres.

On n'oserait cependant affirmer que le Parisien, malgré son aptitude, aime cet exercice pour l'exercice même. C'est un plaisir de représentation pour lui ; cela se conçoit, car on ne peut aimer patiner que là où le climat permet de longues promenades sur la glace, des explorations de villégiature, des voyages même. Le plaisir naît alors de l'étendue et de la vitesse des courses ; car c'est quelque chose de pouvoir, sans se fatiguer, parcourir l'espace avec la rapidité du cheval au galop.

Un patineur peut facilement faire une lieue en dix minutes. Deux femmes de Groningue joutant publiquement de vitesse sur le patin, accomplirent un trajet de 32 milles en deux heures. Ce qui plaît surtout dans l'exercice du patin, c'est la vitesse.

Remarquons que les femmes ont plus de facilité que nous pour le patinage. Elles ont en effet plus de souplesse, et si elles se plaignent parfois de la faiblesse de leurs chevilles, la difficulté qu'elles éprouvent vient souvent en réalité du choix de leurs chaussures. Pas de hauts talons pour patiner, mais des chaussures anglaises très plates, voilà ce qu'il faut leur conseiller.

La marquise de Massa était, il y a quelques années encore, une patineuse inexpérimentée, et, comme elle se livrait à ce genre d'exercice par raison de santé, elle n'en demandait pas davantage. Un beau jour elle rencontra parmi les habituées du Palais de Glace une dame parfaitement aimable, distinguée et particulièrement forte sur le patinage : Mme Giard de Sougé, dont le mari est un artiste de talent, dessinateur, je crois, à l'*Illustration*.

Un courant de sympathie ayant réuni ces deux mondaines, Mme Giard, qui a pour Mme de Massa une grande affection, lui enseigna tout ce qu'elle avait appris elle-même, ou du moins une grande partie, et bien entendu à titre de sympathie, car Mme Giard ne se pose nullement en professeur.

Elle est certainement, parmi les habituées du Palais de Glace, la plus forte et une des plus gracieuses : toutes les dames qui la connaissent lui rendent la même justice ; mais elle n'a jamais offert de faire d'autre élève que Mme de Massa.

Aujourd'hui Mme de Massa patine comme un orleyan ; et son plus grand bonheur est de pouvoir se livrer à cet exercice en plein air, quand le ciel a ces jolis tons gris fer qu'affectionnait Tassaërt, quand Paris est enveloppé d'une teinte mélancolique, quand l'hiver se fait dur et que les petits lacs congelés du Bois font étinceler, sous le soleil pâle de janvier, leur surface unie et brillante.

Loin d'être une délicate et sensitive, c'est une infatigable, car le patinage ne l'empêche point de suivre toutes les fêtes, de sortir presque chaque soir, d'être au théâtre quand elle n'est pas en soirée et de donner son concours à toutes les fêtes de bienfaisance et de figurer toujours en tête de toutes les bonnes œuvres.

Elle hait tout fracas extérieur comme toute notoriété tapageuse, et si elle s'en allait cueillir la fleur préférée au parterre d'or de la belle Agnès, elle choisirait à coup sûr la violette, son doux emblème.

A. LEFORT DES YLOUSES

Autant de mérite que de modestie.

A fait beaucoup de choses et cependant ne fait pas de bruit.

A Saint-Malo, où il passe tous les étés, il commence par monter en bicyclette, puis descend à la mer.

Après le bain, le gymnase. Là il joue avec les massues de vingt-cinq livres et jongle avec les poids de quarante. Quelquefois échange un coup de fleuret ou un coup de poing. Plus régulièrement monte à la corde lisse et quitte la corde lisse pour aller au trapèze. Il n'est pourtant plus de la première jeunesse, mais il a passé à travers les années comme il se balance au trapèze, tranquillement et sans se laisser entamer par elles.

Il a cependant été victime de plusieurs accidents assez graves.

Mais à peine guéri, tranquillement toujours, il s'est remis à ses exercices favoris ; à la lutte surtout où il est de première force ; au moins autant comme théoricien que comme praticien. Comme praticien il y a d'autant plus de mérite que son poids est médiocre et que la vigueur de ses muscles n'est que moyenne.

Mais la lutte est pour lui une science autant qu'un art. C'est une science mathématique au même degré qu'un art plastique. Plastique, elle l'est assurément, car les mouvements les plus gracieux semblent tout naturellement en provenir. Mathématique, elle ne l'est pas moins, car avec elle la *théorie des leviers* s'exhibe en pleine lumière. Et chaque coup : tour de bras, tour de tête ou tour de hanche, est un *problème de statique* dont la solution se trouve... par terre.

Mais M. Lefort ne se contente pas de faire la lutte sur le tapis ou sur la sciure, il est peintre et surtout *aquafortiste* de premier ordre.

L'on a pu voir à une exposition du Champ de Mars les quatre premières planches d'un grand ouvrage où toutes les poses de la lutte sont représentées et tous les coups figurés : debout, à terre, ceinture en avant, ceinture en arrière, tour d'épaules, tous les tours du monde.

Ce sera une œuvre unique en son genre et de quoi faire tressaillir de joie dans l'Olympe l'ombre de Lysippe et d'Agasias, ces illustres sculpteurs qui ont réalisé l'idéal de la forme humaine en mettant la vérité *dans le mouvement*.

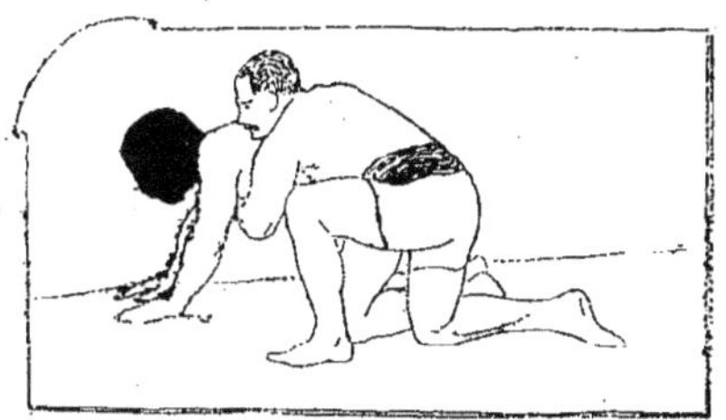

MME GOËTAELS

Le Français n'est pas favorisé du sort en ce qui concerne le patinage. Les hivers pluvieux, brumeux, sont plus fréquents dans notre pays que les hivers secs; et, quand la glace acquiert au Bois de Boulogne l'épaisseur réglementaire, il y a toujours quelque désarroi, quelque hésitation. Les uns n'ont plus de patins et courent en acheter qui ne vont pas. Les autres tapotent le baromètre avec l'air de se dire : Ce n'est pas la peine de commencer, le dégel viendra demain. Souvent il arrive en effet; mais parfois il se fait attendre. On prend alors le chemin du Bois sans beaucoup d'enthousiasme... les ingrats! Le souvenir des joies passées semble éteint en eux. Mais *cela* se réveille, intense et vif dès qu'ils se retrouvent, légers, sur la surface polie, *cela* les reprend tout entiers, et, quand le soleil rouge descend à travers les arbres noirs, l'hiver les a reconquis. Le grand lac à son tour se peuple de novices qui cherchent en vain leur aplomb, travaillent gauchement des *dehors* ou accrochent à reculons quelque morceau de bois qui les précipite à quatre pattes comme des mousmés japonaises.

Si vous le voulez, nous irons chercher un modèle aux pays où l'hiver règne en despote, où les fêtes de nuit ne font pas fondre la neige et où les jeunes gens savourent à loisir le charme de la bise aiguë et des courses folles, saines et viriles récréations que pas un remords — qu'il soit *social* ou *moral* — n'a le droit de venir troubler.

La Hollande fut jadis la terre privilégiée des patineurs. Les canaux se recouvraient d'une glace régulière qui les transformait en un réseau de chemins de grande communication ; et l'on voyait les ménagères se rendre au marché en patinant, tout comme dans le ballet du *Prophète*. Mais les conditions climatériques ont à ce point changé, que ce qui était alors la règle n'est plus que l'exception. Nos étés français sont devenus plus tardifs et moins ardents, et dans les Pays-Bas les hivers ont perdu, presque partout, de leur intensité.

Cependant on trouve encore dans une des provinces les plus curieuses du pays, en Frise, quelques jolies sportswomen du patin. Il serait impossible, du reste, d'habiter cette province, qui fait exception pour la température au reste du pays, si l'on ne savait se servir du patin ; autrement il faudrait se condamner à garder la chambre pendant une partie de l'hiver, car c'est un des coins les plus froids de la Hollande.

A Leeuwarden, dès qu'arrive la mauvaise saison et que les lacs se couvrent de glace, des courses en patin ont lieu sur les larges canaux dont le pays est sillonné. Des lattes de bois, rangées à la file, sont posées sur la glace pour séparer les concurrents, qui, dans l'ardeur de la lutte, pourraient s'entre-choquer et se renverser.

Le terrain étant quelquefois plus favorable en deçà qu'au delà de la ligne de démarcation, les patineurs doivent à chaque tour changer de côté. La lice est fermée aux deux extrémités par de grandes cordes qui barrent toute la largeur du canal, sur les bords duquel se presse une foule joyeuse. Les prix consistent en un objet d'une assez forte valeur.

Il y a aussi des courses où les femmes luttent entre elles de vitesse, ces courses-là sont beaucoup plus curieuses que celles des hommes, car les Frisonnes sont généralement d'une beauté remarquable. Leur coiffure est fort étrange ; elle consiste en un cercle d'or, sorte de diadème posé bas sur le front et accompagné de plaques placées sur les tempes et couvrant presque les yeux. Les jeunes gens se disputent l'honneur d'attacher le patin aux pieds de ces sportswomen ; c'est une faveur très recherchée qui se paye par un baiser. Si la force manque à ces Atalantes du Nord, en revanche elles ont la grâce : elles ne dévorent pas l'espace aussi rapidement que les hommes, mais elles le parcourent avec plus de légèreté.

Parmi ces intrépides patineuses se trouve une fort jolie femme, Mme Goëtaels, qui peut être classée comme la plus séduisante des Hollandaises, et même comme une des plus belles.

Sensitive, nerveuse et vibrante comme une harpe éolienne, c'est une nature d'artiste. Elle a deux passions : la musique et le sport. Au physique, une mise à part, très indépendante et très spéciale ; elle s'habille à sa guise, marquant ses conceptions d'un goût parfait. De même pour sa coiffure, Mme Goëtaels, depuis qu'elle est une femme, a conservé la même façon d'arranger ses beaux cheveux blonds. C'est une femme d'une grâce exquise et d'une très grande distinction.

Fanatique de grand air et de mouvement, elle passe tous les

étés en mer, la yachting est son divertissement favori. L'hiver elle patine du matin au soir et du soir au matin ; aussi Mme Goëtaels est-elle une des plus habiles patineuses de la Frise, et dans presque toutes les courses de vitesse et de fond, auxquelles elle a pris part, elle a obtenu des prix ; et au dernier concours elle a été classée première sur quarante et quelques concurrents. Mme Goëtaels, comme Heugel, le célèbre patineur viennois, excelle dans le patinage qu'on nomme *figure-skating*. Elle dessine sur la glace les figures les plus compliquées. Il faut avoir essayé de les tracer pour se rendre compte de leur extrême difficulté. Elles n'exigent pas seulement de l'adresse, mais souvent de la force, et ce genre de patinage n'est pas le moins fatigant.

M. PIERRE MAËL

Pierre Maël. — Encore un intellectuel qui honore les sports et les jeux athlétiques. Le romancier fameux est en même temps un hercule. Président du Cercle athlétique de Paris, où ne figurent que de véritables athlètes, il s'est adonné à tous les exercices où triomphe le corps. La gymnastique n'a plus de secrets pour lui. Au gymnase de la Sorbonne chez Césari, on peut le voir, deux fois par semaine, faire le drapeau en haut de la corde lisse, l'exercice réputé le plus démonstratif de la force musculaire.

Son torse est un des plus stupéfiants que l'œil puisse contempler, et ses épaules sont d'un développement extraordinaire. Il porte facilement, à bras tendu, deux poids de 52 livres retournés. Il développe une barre de fer de 180, soulève un cheval et soutient la charge de 1.200 livres. Fait de la lutte avec François le Bordelais.

Élève de Leclerc aîné pour la boxe, il pourrait tenir tête aux professionnels de l'autre côté du détroit. Nul ne détache le coup de poing comme lui, et il a eu à s'en louer, aux applaudissements de la police même, lorsque, il y a quelques années, il se débarrassa de trois rôdeurs en plein cœur de Paris. — C'est Leclerc encore qui l'a formé au redoutable et gracieux exercice de la canne, où il excelle.

Ce n'est pas tout. Cet athlète, dont les attaches et les extrémités sont presque féminines, en tire cet avantage qu'il peut se donner aussi bien aux exercices les plus délicats et qu'il est un remarquable tireur au pistolet.

Esprit fin et délié, Pierre Maël n'en est pas moins la bonté incarnée. Il adore les enfants. Mélange de Breton et de Rouergat, deux fortes races, il a opté entre ces deux origines, la montagne et la mer, pour la mer, c'est-à-dire la Bretagne. C'est un marin qui gouverne, comme pas un, son embarcation par tous les temps. La Manche et l'Océan le retiennent quatre mois de l'année. A Paris, il se partage entre l'abondante production de ses romans, dont le succès va croissant, et la vie d'athlète qu'il s'est faite.

LADY RANDOLPH CHURCHILL

Il est des gens pour lesquels le patinage consiste à se mettre des roulettes sous les pieds. Chaussés de ces lourds et bruyants instruments, ils courent sur l'asphalte... et ils appellent cela patiner ! Les malheureux ! s'ils savaient l'immensité de leur erreur, ils renonceraient vite à cette parodie d'un sport dont rien n'égale le charme idéal, d'un sport qui, pour quelques instants, permet à l'homme de savourer des jouissances d'oiseau. Un enthousiaste déclara naguère que le patinage était « la poésie du mouvement » et le mot fit fortune, un peu parce qu'il était joli, mais surtout parce qu'il était vrai. Il y a tant de rythme dans ces balancements successifs, tant d'harmonie dans ce duo de l'acier avec la glace, tant d'imprévu, de légèreté, d'équilibre audacieux et de mépris pour la pesanteur dans ces courbes et ces arabesques ! Comment en oublier les délices quand on les a une fois goûtées ?

Aussi patine-t-on un peu partout. Paris, depuis quelques années, s'est épris de nouveau pour ce sport, et le lac du Bois de Boulogne compte quelques jolies sportswomen du patin, mais ce n'est rien à comparer avec Londres, où le patinage, dès que l'hiver est venu, est presque élevé à hauteur d'une institution.

Le Prince de Galles, qui est très amateur de ce sport, organise des parties comme on n'en voit nulle part ailleurs. Dès le matin, des fourgons partent en avant, portant la vaisselle et la batterie de cuisine, on dresse une tente immense au bord de quelque étang glacé et on lunche entre deux parties de patin.

Parmi les plus intrépides sportswomen, figure la très jolie lady Randolph Churchill, née miss Jérôme, de New-York, veuve de l'ancien homme d'État et tante du duc de Marlborough actuel.

C'est une assidue de tous les skating-rinks, où son coup de patin est toujours très remarqué. Les tours de force et d'adresse exécutés par cette gracieuse et frêle patineuse sur un espace quelquefois très restreint étonnent tout le monde.

Lady Randolph Churchill a fait du patin un art complet; et personne n'a su porter ce plaisir à une perfection aussi grande.

Il faut voir avec quelle hardiesse elle remplit les pas raccourcis et quel bonheur elle a de déflorer le cristal vierge. Elle apporte à cet exercice l'agilité d'une Anglaise et la grâce qui caractérise l'Américaine. Elle patine avec élégance et elle est à son aise partout. Vous la verrez donner avec la même finesse le coup de patin en avant sur la glace du Belvédère, à Vienne, que sur celle du Bois de Boulogne et faire la serpentine sur les bassins des parcs de Londres comme sur les lagunes du Prater.

Lady Randolph Churchill est une fanatique du grand air qui brave tous les temps pour se livrer à son sport favori.

Lady Randolph Churchill, dont la beauté lumineuse fut une véritable surprise, lors de son apparition dans les salons londonniens, se transforma complètement du jour où elle fut mariée. Les lèvres roses s'étaient fermées au sourire, closes par un pli sévère. Les yeux rieurs, la physionomie mutine, s'étaient revêtus des airs profonds de la femme qui sait.

Les études les plus arides devinrent alors ses favorites. L'histoire, la littérature, la philosophie transcendante lui furent bientôt familières ; tandis que le sport était abandonné pour les savantes combinaisons d'une politique quintessenciée, dont les méandres infinis ne gardèrent bientôt plus l'ombre d'un mystère pour la belle curieuse.

Et désormais, la charmeuse mondaine disparue se fit l'Égérie de son mari. C'était une étrange apparition que celle de cette jeune femme fastueusement habillée dans les costumes de gala, toute resplendissante de pierreries, sereine et triomphante comme une jeune impératrice au milieu de ce cercle d'hommes politiques.

Et elle apportait à ce cénacle d'élite son goût exquis, son tact, ses façons aristocratiques, son ton parfait de grande dame mettant aux réunions sévères le grain de poésie que répand sur toute chose la présence d'une jolie femme.

Puis, aux jours d'orage, elle les encourageait à la chambre, soutenant d'un regard les hésitants, d'un sourire récompensant les vainqueurs.

Elle savait quand il fallait mettre en jeu toutes les séductions de sa beauté dans le cadre qui convenait. Et, véritable sirène lorsqu'il s'agissait de politique, la chronique prétend qu'on l'a vue à certaines élections se promener de village en village dans sa calèche, très coquettement habillée, sa fine taille serrée dans une étroite ceinture, pas beaucoup plus large qu'un bracelet. Avec le panache blanc de son Gairsborough elle faisait songer aux belles compagnes de ce bon roi Henri dont elle saisissait à l'occasion la joviale bonhomie qui la rendit populaire. Nulle mieux qu'elle ne savait poser sa main blanche dans la main calleuse du paysan qui rêvait de belles fées en la voyant sourire.

Ces goûts paraissent étranges peut-être chez une femme jeune, riche, belle, élégante, comblée de toutes les grâces et de tous les charmes. Il est plus facile de le comprendre que de l'expliquer, et pour mon compte je préfère de beaucoup la sportswoman à la femme politique.

M. GUSTAVE HÜGEL

L'Autriche est un pays où tous les sports sont fort en honneur ; mais, comme tous les pays du Nord, on le comprend du reste, l'Autriche est le pays du patinage, et cet art y compte de nombreux et fervents adeptes. Parmi ceux-là figure, en bonne place, M. Gustave Hügel, qui a su gagner le titre de *Champion du monde*.

Fils du rédacteur en chef du *Vorshadt Zeitung*, M. Hügel fut façonné de bonne heure aux exercices de lutte et d'adresse, mais le goût du patin s'étant davantage développé chez lui, c'est vers ce sport qu'il dirigea tous ses efforts. Il ne tarda pas à devenir une célébrité, car à douze ans il était déjà de très belle force. D'une nature énergique et voulant bien ce qu'il veut, M. G. Hügel se mit alors à étudier sérieusement la science du patin, afin d'être à même de pouvoir lutter avec les champions les plus réputés. Son agilité, sa grâce, sa vélocité ne tardèrent pas à le rendre célèbre et à montrer qu'avant peu il serait un concurrent redoutable. De manière à parfaire ses études, il se mit sous la savante direction de Leap-Frey, le grand maître du patin, qui en fit bien vite un champion de concours. De même que Gœthe, qui se livrait à ce plaisir avec une véritable passion, M. G. Hügel passait des journées entières sur la glace et souvent il prolongeait cet amusement fort avant dans la nuit, car, si les autres exercices, trop répétés, fatiguent le corps, celui-ci semble lui donner plus de souplesse et de vigueur. C'est ainsi qu'il devint un artiste consommé.

En 1894 il remportait à Troppau le brassard des patineurs de l'Union austro-allemande, battant les deux plus forts patineurs connus, Zachariadès et Klément. Quelque temps après, il obtenait, avec 18 points dans un autre concours, la seconde place ; la première était enlevée par Faldavy avec un demi-point d'avantage.

Mais avant cette brillante lutte, G. Hügel avait déjà remporté quelques victoires, entre autres à Francfort-sur-le-Mein et à Vienne, où il enlevait les premiers prix dans la course des juniors.

Déjà, à cette époque, le monde du sport de la glace, qui le suivait depuis ses débuts, voyait en lui le *comingman*, et disons-le, il n'a pas trompé ses espérances, il a véritablement marché de succès en succès.

Battu en 1895, à Bonn, par Gilbert Füchs, qui lui enleva avec un point le brassard de l'Union austro-allemande, il prit, à Davos, quelques jours après, une revanche éclatante, car il battit son adversaire dans la course internationale artistique. Hügel obtenait 239.8 ; Füchs, 237.4 points.

La même année, dans la course du brassard d'Europe, à Budapest, il succombait, avec 265 4/5 points, devant Faldavy qui obtenait 298 1/5 points.

En 1896, il remportait pour la première fois le brassard de la Société de Vienne; à Davos il battait facilement Zenger: par contre, il n'arrivait que second dans le prix du brassard du monde qui fut couru à Saint-Pétersbourg. C'est Füchs, son ancien adversaire, qui arrivait premier.

Le 14 février 1897, il obtenait à Stockholm, qui compte de véritables grands artistes, le titre honorifique de *Weltmeister im Kunstlaufen* (brassard du monde).

Espérons qu'il n'en restera pas là et qu'il continuera à triompher sur tous les rings où il se présentera; nous souhaitons de lui voir conserver, pendant de très longues années, ce titre de champion du monde qu'il a su conquérir d'une façon aussi brillante et dans un style aussi magistral.

En Hollande, où le goût du patin est également développé, puisqu'en hiver on voit des marchandes courir sur la glace pour porter leurs denrées à des distances considérables, il y a de nombreuses courses de patineurs, et comme on patine plus qu'on ne marche, il y a dans la Frise surtout des amateurs de première force, mais aucun, je crois, n'est capable de se mesurer avec le sportsman dont je viens de parler.

Depuis l'an dernier a surgi un nouveau champion qui peut être considéré, pour le moment, comme le roi du patin; je veux parler du Norvégien Peter Oestlund.

Peter Oestlund fut vainqueur cette année, à Davos, dans les quatre épreuves du championnat d'Europe.

Outre ses titres de champion d'Europe et de champion du monde, Oestlund est détenteur de trois records du monde, ceux de 500 mètres, de 1.000 mètres et de 1.500 mètres.

Peter Oestlund est né à Drontheim, il a vingt-six ans. Il est ingénieur-mécanicien et dirige une fabrique de bicyclettes. C'est en 1889 qu'il se révéla comme patineur de première force. Depuis ses brillantes performances ne se comptent plus et il compte bien garder pour toujours son titre de champion d'Europe. Reste à savoir si Gustave Hügel, qui ne s'est pas encore rencontré avec lui, le lui laissera, lorsqu'ils se trouveront en présence l'un de l'autre !

MISS COX

Le golf, qui n'est autre que l'ancien jeu de crosse, qu'on pratiquait beaucoup autrefois dans les Pays-Bas, est un des sports favoris de nos voisins les Anglais. On le joue un peu partout : en France, en Belgique, en Allemagne, mais ce n'est pas comme en Angleterre où ont lieu périodiquement des championnats, des tournaments, des handicaps qui viennent exciter l'émulation.

Quand on regarde jouer le golf sans jamais s'y être essayé la main, ce jeu paraît d'une simplicité enfantine et d'un intérêt tout à fait médiocre. C'est une erreur, et pour s'en convaincre le meilleur moyen est d'essayer.

Saisissez un « cleek » à deux mains et tâchez de frapper la balle. Comme celle-ci a à peine 3 centimètres de diamètre, il arrivera à la presque totalité des joueurs novices, qui se faisaient fort de lancer la balle à 100 mètres, de passer juste au-dessus. Le second essai aura ordinairement pour résultat d'entamer profondément, devant la balle, le pauvre gazon qui n'en peut mais. Soyez alors heureux si vous n'attirez pas sur votre tête les malédictions des autres joueurs.

Le « golf » n'est donc pas facile à jouer, et c'est en partie ce qui fait son intérêt. Il offre, de plus, une grande variété de péripéties, car de bons « links », comprennent toujours des obstacles naturels : ravins, haies, fossés, etc., qu'il faut faire franchir à la balle et franchir après elle.

Les tournois pour dames produisent toujours une grande excitation parmi les charmantes joueuses, chez qui la grâce n'exclut pas la vigueur du poignet et la victoire est toujours chèrement disputée. Miss Cox, le champion de *the Irish LadiesGolf*, est d'une habileté réellement remarquable ; et quoique frêle et délicate, miss Cox, la championne irlandaise du golf, possède un tempérament de fer, d'une énergie à toute épreuve. C'est à son jeu, qui est d'une *tranquillité parfaite* et qu'elle dirige avec un soin et une habileté rares, qu'elle doit la réputation qu'elle s'est acquise comme sportswoman. Elle n'a peut-être pas cette qualité de puissant entraînement qui caractérise certaines autres joueuses de golf, mais en revanche, en matière de finesse et de jugement, elle n'a pas son égale. Ces qualités spéciales à miss Cox se constatent principalement lorsque la balle se trouve par exemple arrêtée dans un sillon, dans un bouquet de genêts ou dans des roseaux, un joueur nerveux ou peu expérimenté donnerait coups sur coups pour chercher, bien inutilement, à dégager la balle.

Ce n'est pas ainsi que procède miss Cox. Par un adroit mouvement de poignet, elle dégage la balle des obstacles qui l'entourent et la place dans une position d'où elle peut facilement être enlevée au moyen du *niblick* si elle repose sur le sable, ou du *lofting iron* si c'est sur le gazon.

Lorsque la balle se trouve sur la pelouse, miss Cox est également à son aise, et il faudrait que ce coup soit bien difficile, en vérité, pour qu'elle ne le réussisse pas à la première tentative. C'est en cela que réside la réelle supériorité de cette charmante sportswoman, et c'est ce qui lui a permis, dans bien des matches successifs, de s'assurer la victoire, par son habileté à manier le *putter*.

Battue par miss Mulligan dans le championnat de 1894, organisé par la *Irish Ladies Golf Union*, miss Cox a, depuis lors, toujours réussi à conserver le *ruban bleu* en menant à bien les parties très sévères auxquelles elle a pris part.

Le jeu de golf a généralement lieu sur une grande étendue de terrain accidenté, composé autant que possible de gazon bien uni formant les « Links », le « Green ».

A quelques mètres l'un de l'autre, à des distances déterminées, on dispose un certain nombre de trous d'un décimètre de diamètre, appelés « puts », dont vous marquez l'emplacement au moyen de drapeaux. Il s'agit de les parcourir tous par ordre, en faisant chaque fois entrer la balle dans le « put » avec le moins de coups possible ; quand on vient de mettre sa balle dans son « put », on la place sur un petit affût *ad hoc*, et on la lance avec la crosse appelée « driver » plus flexible que les autres et permettant d'envoyer la balle beaucoup plus loin.

Ensuite on va chercher la balle à l'endroit où elle est tombée ; et, sans la changer de place ni la surélever, on la joue avec le *cleek*, la crosse ordinaire à tête de fer.

Les joueurs expérimentés font porter derrière eux tout un jeu de crosses : *putters*, *lafters*, *spoons*, *drivers*, *mashies*, *niblicks*, ayant chacun leur usage déterminé.

On joue ces matches à deux l'un contre l'autre, en partant du même trou chacun avec sa balle, on joue aussi « partenen » en jouant alternativement la même balle ; alors on « score » ensemble.

Enfin l'on peut jouer tout seul, ce qui est le rêve pour les joueurs qui n'aiment pas la société.

M. VICTOR SILBERER

Destiné en premier lieu au commerce, M. Victor Silberer montra dès son jeune âge un penchant invincible pour tous les exercices du corps. Lorsqu'aux environs de 1860 la question de la gymnastique prit son essor, nous le trouvons membre du *Erster Wiener Turnverein* et, de 1862 à 1864, paraissent de lui différents petits articles dans la *Deutsche Turner-Zeitung*. En 1864, Victor Silberer commença à s'occuper de canotage, sport auquel il s'adonna presque exclusivement pendant plusieurs années. Ses premiers articles touchant cette question — et ce furent, à vrai dire, les premiers qui, sur ce sujet, furent publiés en langue allemande — parurent de 1867 à 1868 dans le *Sport* de Vienne.

C'est grâce à ses efforts qu'eurent lieu, en 1868, les premières régates à Vienne, et c'est lui qui remporta les deux prix pour skiff.

Au printemps de la même année, Victor Silberer partit pour l'Amérique, où il entra dans le journalisme. Il fut tout d'abord rédacteur à la *New-Yorker Abend-Zeitung*, puis écrivit régulièrement pour le *Fremdenblatt* de Vienne des feuilletons intitulés *Lettres de New-York* et *Croquis sur l'Amérique*, articles qui étaient lus avec un grand intérêt. C'est alors qu'il fut à même d'étudier à fond le sport américain dans toutes ses branches et de faire les plus riches expériences touchant ce domaine dans lequel il devait par la suite se spécialiser.

Revenu à Vienne, il fonda, en 1869, le *Wiener Salonblatt*, puis prit part à la guerre franco-allemande de 1870-71 en qualité de correspondant spécial de la *Neue Freie Presse*. C'est ainsi qu'il lui fut donné d'assister aux batailles historiques de Gravelotte et de Sedan, sans compter d'autres combats non moins ardents ; les descriptions impartiales qu'il en donna, pour la plupart écrites au crayon sur le champ de bataille même, étaient lues avec une avidité croissante. Ses relations se distinguaient par une telle clarté et une telle justesse d'observation qu'elles étaient régulièrement reproduites par les feuilles allemandes les plus en vue.

Rentré à Vienne, il s'occupa de nouveau de canotage, et jusqu'au jour, c'est-à-dire jusqu'en 1879, où il cessa d'y prendre une part active, il demeura, dans toute l'Autriche-Hongrie, sans rival dans ce sport. Durant ces années de canotage, il se montra, en plus d'un point, un véritable initiateur : par lui furent connues à Vienne les innovations anglaises telles que le skiff couvert et le *sliding seat*. C'est également lui le premier qui entreprit en skiff de grandes parties d'aviron sur le Danube ; il fut le premier Viennois qui, à Budapest, vainquit les Hongrois réputés les plus forts, et, nul n'ayant osé se mesurer avec lui, c'est sans combattre que, à Vienne en 1873 et à Gmunden en 1878, il remporta ses derniers prix.

De 1873 à 1880, Victor Silberer rédigea la *Militär Zeitung* et, de 1875 à 1877, publia *les Officiers généraux de l'Armée impériale et royale*, ouvrage monumental de biographie militaire qui lui valut de nombreuses distinctions et décorations.

En 1878, Victor Silberer devint membre du *Wiener Trabrennverein ;* il fit immédiatement partie du comité, et, en cette qualité, il déploya une activité aussi intense que couronnée de succès. Cette société, qui jusqu'alors n'avait fait que végéter misérablement, fut totalement réorganisée par son œuvre ; au lieu de l'unique course au trot, qui n'était guère pour le public qu'un continuel sujet de plaisanteries, de nombreuses journées de courses furent établies, sous un contrôle sévère, avec des prix importants et une solide organisation. Ce fut lui encore qui attira à Vienne les propriétaires des meilleures écuries de l'Amérique, qui créa le Derby des trotteurs et les prix d'élevage, qui fonda l'Union des Sociétés des courses au trot, élabora le règlement pour les courses autrichiennes, qui fit connaître les *Heatraces*, et les courses pour chevaux de deux ans, et qui provoqua l'achat du premier étalon américain (*Cupid* au comte Dessewffy).

En 1880, Victor Silberer fonda l'*Allgemeine Sport-Zeitung*, qui est parvenue depuis lors à une si grande notoriété, et qui, depuis les premiers jours de son existence, c'est-à-dire depuis dix-sept ans, n'a cessé d'influer grandement, non seulement en Autriche-Hongrie, mais encore en Allemagne, sur tout ce qui concerne le sport. Une impulsion manifeste fut donnée dans les différentes branches sportives lorsque, dès 1881, furent créés, par le directeur de l'*Allgemeine Sport-Zeitung*, les championnats tels que ceux du Danube par l'aviron, la natation, le saut, et ceux d'Autriche pour le bicycle, le fleuret, le sabre, le billard, etc. C'est encore Victor Silberer qui, en 1881, organisa à Vienne le grand match austro-américain pour l'aviron entre l'équipe américaine Cornell et une équipe viennoise, match qui se termina par la défaite des Américains. C'est d'après son idée que fut fondé le *Wiener Regattaverein*, ainsi que le *Oesterreichische Ruderverband*. Ses efforts, sur ces différents terrains, ont toujours rencontré un vif écho en Allemagne, et ne furent pas sans contribuer pour beaucoup aux progrès sportifs qui ont été faits dans ce pays, au cours de ces vingt dernières années.

Cette infatigable propagande fut encore entretenue par les nombreux ouvrages que Victor Silberer écrivit, sur tous les sports, tels que : le *Manuel de l'Aviron* (reconnu classique en cette matière), le *Manuel du Cavalier à obstacles*, l'*Entraînement des chevaux de courses*, le *Manuel du Bicycle et du Tricycle*, le *Manuel de l'Athlétisme*, le *Lexique du Turf*, etc.

Il est permis de dire que, dans le domaine du sport, il n'existe pas un champ que Victor Silberer n'ait exploré avec l'aide de son journal, et où il n'ait prodigué son esprit initiatif et les conseils de son expérience, voire même où il n'ait fait époque. Qu'il soit également dit que, depuis plus de vingt-cinq ans, il s'est montré l'un des apôtres les plus infatigables d'une amélioration dans l'enseignement de la gymnastique qui est donné à la jeunesse de notre pays, ne manquant point, chaque fois que l'occasion s'en est présentée, de combattre pour la bonne cause.

Victor Silberer, qui déjà avait fait des ascensions aérostatiques en Amérique (1868), à Paris et à Vienne (1881), se tourna, en 1882, vers l'aérostatique, se fit construire à Paris un superbe ballon de soie, qu'il baptisa du nom de *Vindobona*, et qu'il rendit célèbre par les ascensions qu'il y opéra, ascensions qui, en 1887, s'élevaient au nombre de quatre-vingt-dix-huit. Ce ne fut souvent pas sans courir de grands dangers, et des relations détaillées de ses périlleuses descentes furent alors données par les journaux. Il fonda en 1885 la *Wiener aeronautische Anstalt*, où il fabriqua lui-même ses aérostats. En 1888, il organisa à Vienne la première exposition aéronautique, à laquelle participèrent grandement les nations étrangères et où il exposa nombre de ses propres créations. C'est dans son établissement que fut établi, en 1890 et en 1891, le premier cours d'aéronautique militaire, à la direction duquel il eut l'honneur d'être appelé par l'Administration supérieure de la Guerre. Le résultat en fut excessivement brillant, puisque en deux ans il fut fait par les officiers, à qui il avait été ordonné de suivre ce cours, plus de cinquante ascensions, parmi lesquelles une de Vienne à Posen, une autre vers la Pologne russe, une troisième, en franchissant les Alpes, vers la Styrie ; toutes sans qu'on ait eu un accident à déplorer.

Comme tous les aéronautes, M. Silberer s'est occupé de la direction des ballons. Mais, malgré tous les essais qui ont été faits, on doit avouer que le problème de la navigation aérienne par les ballons demeure encore sans solution. Au moment où les frères Montgolfier venaient de produire en public leur merveilleuse découverte, quelqu'un demandait à Franklin à quoi serviraient les ballons?... « A quoi sert, répondit-il, l'enfant qui vient de naître ? » Hélas ! cet enfant, objet de tant d'espérances, n'a pu sortir de ses langes ; le résultat le plus visible de cette invention qui devait être si féconde est de servir à la décoration des fêtes publiques. Malgré toutes les expériences qui ont été tentées par MM. les comtes de Lavaulx et de la Valette, le meilleur aérostat ne conserve pas sa puissance ascensionnelle pendant plus de cinquante-six heures ; les mouvements verticaux ne s'opèrent qu'aux dépens du chargement; la translation horizontale se fait au gré des vents ; tel est l'état de la question. C'est dire qu'on est aussi loin de la solution que l'étaient Montgolfier, Chasles et les autres aéronautes qui ont fait ces expériences pendant ces dix dernières années. Tout est encore à créer.

Le problème serait-il insoluble? Doit-il être relégué parmi ceux qui sont mis au ban de la science, tels que le mouvement perpétuel, la quadrature du cercle? La navigation aérienne, répondent un grand nombre de mathématiciens, est impossible dans l'état actuel de notre mécanique, de notre physique et de notre chimie; mais cette impossibilité n'est que relative; elle n'a rien de commun avec celle de la quadrature du cercle. Il s'agit avant tout de découvrir un nouveau moteur dont l'action comporterait un appareil beaucoup moins pesant que ceux que nous connaissons aujourd'hui. Il est vrai que cette découverte aurait des conséquences tellement importantes que la navigation aérienne en serait peut-être l'un des moindres résultats.

Le relevé des ascensions de Victor Silberer s'élève, à la fin de 1892, au chiffre de 138. Il publia, durant cette période de temps, outre son ouvrage *En ballon*, de nombreux écrits sur l'aérostation qui le firent connaître, même à l'étranger, comme une des voix les plus autorisées à traiter de cette question.

MISS SADONIE DE VAUX

Le lawn-tennis, qui est devenu très populaire en France depuis quelques années, est d'importation relativement récente.

Cette vogue persistante est parfaitement rationnelle : plus encore que le crocket, le lawn-tennis est à la fois très amusant, la passion sincère qu'y apportent les joueurs en est la meilleure preuve ; très hygiénique, puisque tous les médecins le recommandent comme un exercice des plus salutaires ; et, enfin, très *flatteur*, en ce sens qu'il permet à la coquetterie non seulement féminine, mais même masculine, d'exhiber de ravissants costumes blancs, fort seyants dans la plupart des cas. En outre, il est intéressant même pour ceux qui ne sont que simples spectateurs, et la galerie, composée souvent de tous les habitants du château, n'est pas en la matière quantité négligeable.

L'Angleterre, dont ce n'est malheureusement pas la constante habitude, nous a donc fait cette fois un très précieux cadeau.

Ce fut en 1873 qu'un officier anglais, le major Wingfield, alors aux Indes, où les distractions ne sont ni nombreuses ni variées, chercha un jeu moins difficile, moins violent que les jeux de paume, et qui pût être joué par les dames. Il prit le filet de la courte paume, le terrain, dans des dimensions plus restreintes, de la longue paume, et combina des règles à peu près semblables à celles de ces deux jeux; ces règles sont, sauf quelques modifications demandées par la pratique, semblables à celles qui régissent le jeu actuel.

L'introduction du lawn-tennis en France ne date que d'une dizaine d'années, il commença par s'installer sur la pelouse du Gun-Club du Bois de Boulogne; et deux fois par semaine, les Anglais et les Anglaises, les Américains et les Américaines habitant Paris, venaient initier les habitués de l'allée des Acacias à ce nouveau sport, qui, disons-le, n'eut pas grand succès à ses débuts. Chaque jour cependant, pendant les premiers beaux mois de l'année, les promeneurs élégants pouvaient apercevoir, à quelque distance du tir au pigeon, s'ébattre les joueurs la raquette à la main, la chemise et le pantalon de flanelle, la petite toque en tête. Malgré tout, le nombre de gentlemen n'augmentait pas. C'était une sorte de petite pléiade de fanatiques qui semblait destinée à disparaître. Mais leur persistance finit par triompher de l'indifférence générale et, quelques Parisiens s'étant mis de la partie, le lawn-tennis finit par obtenir droit de cité à Paris; c'est à M. le vicomte de Janzé qu'en revient tout l'honneur. C'est lui qui l'installa dans l'île de

Puteaux et aujourd'hui c'est sans conteste le plus important des clubs de tennis.

Situé dans l'île Rothschild ou île de Puteaux, non loin du pont de Neuilly, en face Saint-James, la S. S. I. P., « Société de sport de l'île de Puteaux », possède une situation sans rivale, à proximité du Bois de Boulogne et loin des guinguettes populaires de l'île de la Grande-Jatte. De la berge à peine aperçoit-on le chalet et les « courts » de tennis cachés par un épais rideau d'arbres au feuillage touffu.

Le lawn-tennis est un des passe-temps les plus agréables que nous connaissions, et, comme tous les exercices en plein air, il est des plus sains ; sa pratique donne au corps les qualités élégantes de légèreté, de souplesse et d'adresse, tout en développant les muscles des bras et des jambes, et fortifiant les organes respiratoires. Son installation est facile partout où se trouve une pelouse ou une plage ; à la campagne, au bord de la mer, on peut tendre un filet et se livrer à ce passe-temps.

Le jeu, facile à jouer pour les femmes et les enfants, devient, pratiqué par des hommes, un jeu qui possède sa science, et c'est un vrai régal, un vrai plaisir que de voir lutter entre eux des joueurs de première force.

Quelques Américaines et quelques Anglaises sont arrivées à être imbattables. Parmi elles figure miss Sadonie de Vaux, qui a gagné trois années de suite les grands prix des championnats organisés en Amérique et en Angleterre.

Miss Sadonie de Vaux est une Américaine, alerte et pimpante comme une Parisienne, pas très grande, mais admirablement faite. Sans être une beauté parfaite, il est impossible de ne pas la trouver jolie avec ses grands yeux noirs et veloutés et sa masse de cheveux sombres noués sur la nuque à l'américaine.

Il y a en elle l'élégance et la souplesse d'une Française ; la chose n'est pas très étonnante, car l'arrière-grand-père de miss Sadonie de Vaux était Français.

Venu en Amérique avec le général de Lafayette, pour soutenir la cause des Américains révoltés contre les Anglais, Jean-Baptiste de Vaux se fixa dans l'Ohio, où sa femme et son fils vinrent le rejoindre aussitôt la guerre terminée, et il y forma souche.

Américaine de naissance, mais presque Française d'origine, miss Sadonie de Vaux est une sportswoman de race. C'est une nerveuse, mais ses nerfs n'ont pas la fragilité des nerfs parisiens. Loin d'être une délicate et une sensitive, c'est une infatigable, adorant et pratiquant tous les exercices de plein air.

MLLE LINA THAULOW

Blonde et mignonne comme toutes les Dalecarliennes, Mlle Lina Thaulow, aujourd'hui Mme Lind, est la fille du peintre norvégien, qui s'est fixé aujourd'hui à Paris, après avoir habité Dieppe pendant quelques années. Thaulow, qui est un homme de sport, tout en étant un peintre de grand talent, devait faire de sa fille une sportswoman et, pour lui faire oublier le sport national de son pays, il lui fit faire de la bicyclette, du footing et du tennis. Ces sports, qui sont fort agréables pour une jeune femme, ne purent jamais faire oublier, à Mlle Thaulow, le ski, et dès qu'elle devint la femme de M. Lind, un des magistrats les plus considérables de

Christiana, elle s'empressa de quitter Dieppe pour retourner aux pays scandinaves qu'elle n'avait jamais oubliés et qu'elle aimait par-dessus tout. Et puis là, le ski règne en souverain pendant les trois quarts de l'année.

Le sport du ski est le sport le plus connu, le plus aimé en Norvège, où grands et petits, femmes et enfants font du patinage leur principale distraction et le considèrent comme l'exercice corporel par excellence.

Le ski norvégien n'a rien de commun avec les patins ordinairement employés sur la glace, il consiste en deux longues traverses de bois recourbées en forme de traîneau et variant de longueur : selon la taille de la personne qui les emploie, un mètre et demi environ de plus que la taille sur un tranchant de 9 centimètres de large. Une large bande de cuir fixe la pointe du pied un peu en arrière au milieu des traverses. Le talon s'applique sur une petite pièce mobile qui repose elle-même sur le patin. Le patineur est en outre muni d'un bâton léger terminé en pointe et qui sert de guide pour la direction.

Il n'y a guère cependant qu'une vingtaine d'années que le ski a été adopté par la mode dans la société norvégienne, et le premier « Grand Prix de ski » a été couru le 12 février 1879. Depuis, il a gagné du terrain chaque année ; 1889 vit la création de plusieurs « champs de course » aux environs de Christiana, notamment à Holmenkollen.

Ajoutons qu'en cette même année 1889 Nansen revenait de son voyage en Groenland, pendant lequel lui et ses camarades avaient les premiers traversé sur leur ski une région inconnue. Le jeune explorateur devint le héros de la jeunesse norvégienne, et le ski fut dès lors consacré gloire nationale.

C'est le dimanche surtout que l'on voit jeunes gens et jeunes filles se livrer éperdument à leur sport favori : aussi le primat de l'Église norvégienne, dans le but de concilier les scrupules religieux de ses diocésains avec leurs aspirations sportives, s'est-il vu dans la nécessité d'instituer un service matinal; à 8 heures, on voit l'église se remplir de jeunes gens déposant pieusement dans un coin leurs skis qu'ils retrouveront, l'office terminé.

On marche très vite avec le ski et un coureur expérimenté peut, en se servant du ski scandinave, effectuer facilement 10 kilomètres à l'heure. Le plus amusant est de descendre les côtes ou montagnes, parce qu'alors on marche avec une rapidité vertigineuse. Quand par hasard on n'est pas très habile, on tombe ; mais la neige est molle et profonde, de sorte que les chutes ne sont pas bien terribles.

Chaque année, il y a des courses qui durent deux jours. Le premier jour est consacré à la course de distance, soit 15 kilomètres à franchir à travers un terrain très difficile. Le gagnant que j'ai vu arriver une année avait mis une heure vingt-trois minutes; la façon assez sommaire dont il était vêtu montre combien la course a été chaude, chaude de toute façon, en dépit du calendrier.

Le second jour est consacré au « saut ». Au bas de la colline d'Holmenkollen, on trouve un lac gelé, et au milieu de la colline qui descend sur une longueur de 200 mètres on a placé le drapeau qui marque le saut. C'est une course vertigineuse accompagnée et suivie d'un bond prodigieux qui n'atteint pas moins de 15 à 20 mètres et parfois davantage. On avouéra que c'est déjà gentil.

Sans être de cette force, Mme Lina Lind est considérée comme une des plus habiles sportswomen de Christiana, elle a toujours été une fervente du ski.

A la voir si jeune et si frêle, on ne croirait jamais qu'elle est de taille à soutenir à travers monts et vallées, par n'importe quel temps, les courses les plus longues sans jamais manifester la moindre fatigue. Il lui est arrivé, lorsqu'elle était encore toute jeune fille et qu'elle était en vacances, de partir en excursion avec des amis dès 9 heures du matin et de ne rentrer que le soir à 11 heures.

Élevée avec les garçons, la jeune fille possède l'indépendance la plus absolue. Il lui est loisible de rentrer seule, personne ne trouvera mot à lui dire, ou à redire. Très souvent, vous rencontrez dans les restaurants des jeunes personnes invitées par des jeunes gens qui causent, en camarades, de la littérature ou de l'actualité politique du jour. La conversation prend parfois une tournure fort gaie, mais jamais ne s'égare, ou ne dévie « plus qu'il ne convient ».

Ce retour est fort agréable et fort pittoresque, car, comme la nuit dans les pays scandinaves arrive généralement en hiver vers 4 heures, on est forcé de s'éclairer avec des torches de résine, dont on a eu soin de se munir au départ.

Ces lumières, qui apparaissent de loin en loin comme de véritables éclairs au milieu de cette nuit noire, donnent au paysage qu'elles illuminent un aspect véritablement fantastique.

M. ÉMILE LECUYER

M. Lecuyer est un des plus brillants champions du Racing-Club. C'est en 1892 qu'il a accompli ses meilleures performances, entre autres le record du monde 15 milles en $1^h 22^m 15^s,12$. Il fut plusieurs fois vainqueur dans la course des 110. Une des caractéristiques de sa qualité est qu'il a toujours maintenu sa forme, et que, même aujourd'hui, il est toujours à craindre dans une course.

La course de haies, dit M. de Saint-Clair, est un excellent exercice. Il n'en est pas qui soit mieux approprié à assouplir le corps, qui mette plus énergiquement en jeu tout l'appareil musculaire des jambes, du thorax et des reins, la puissance musculaire de la région dorsale étant nécessaire pour franchir l'obstacle.

La distance préférée et par laquelle on obtient les meilleurs résultats est de 110 mètres avec dix claies de $1^m,06$ de haut, placées tous les 9 mètres, donnant ainsi 15 mètres de plat au départ et 14 mètres à l'arrivée.

Pour arriver à franchir ces dix obstacles d'affilée, comme le faisait M. Lecuyer, il faut avoir de la vitesse, de l'agilité et des reins souples, un « pied léger », car une des plus grandes difficultés à surmonter dans cet exercice consiste à prendre l'obstacle dans le train, sans temps d'arrêt, pour retomber sur un pied. Cette action est tellement rapide que des coureurs qui mettent treize secondes pour couvrir 110 mètres en plat peuvent parcourir en seize secondes cette même distance avec dix obstacles.

Toute l'habileté consiste à franchir en trois enjambées de la même longueur l'espace séparant chaque haie, s'élever exactement à la même hauteur par-dessus chacune d'elles, et se mouvoir pendant tout le parcours avec la régularité d'un mouvement d'horloge.

Les coureurs de 110 ne font que trois pas entre chaque haie : ils enjambent l'obstacle en le sautant. Les haies de 110 sont de $1^{m},06$.

Au lieu de donner de l'avance dans les handicaps de 110, on donne du retard de façon à ce que l'homme le moins chargé fasse tout de même le parcours entier.

M. Lecuyer est champion et recordman de France du 110 haies : c'est de plus un des meilleurs sauteurs en longueur.

MISTRESS RYDER RICHARDSON — MISTRESS WILLOCK
LADY MARGARET SCOTT — MISS LITHGOE

LADY MARGARET SCOTT

Lady Margaret Scott, la jolie championne anglaise du golf, est une des figures les plus gracieuses bien qu'en même temps les plus énergiques du club. Elle enlève la balle de manière nette et puissante et la fait approcher en mourant, sur la pelouse ; elle est à peu près certaine de tous les coups ordinaires. Elle a gagné son premier championnat en 1893, puis en 1894 et elle détient encore le titre. L'année dernière elle gagna son ruban dans la première partie par 6 *holes up* et 4 *to play*, dans la seconde elle battit miss

N. Ramsay par 8 *up* et 7 *to play;* miss B. Welch dut se reconnaître battue dans la troisième par 5 *up* et 4 *to play.* La même marge marqua sa rencontre avec mistress Cameron dans la quatrième, et dans la cinquième elle avait l'avance de 6 avec 5 *to play* contre miss Spence. Dans le final on s'attendait à ce que miss Isette Pearson donnât un certain travail à lady Margaret Scott; elle fit tout ce qu'elle put, mais elle dut se reconnaître battue par 3 *up* et 4 *to play.* Dans cette occasion le jeu de lady Scott avait été de premier ordre et, de l'avis de tous, il eût été fort difficilement surpassé. On peut dire qu'elle s'est assuré la suprématie sur toutes les dames amateurs, par son seul mérite. Miss Lithgoe et mistress Willock sont des joueuses de grande vigueur et remarquables en présence des difficultés, comme par exemple lorsqu'il s'agit de sortir d'un amas de broussailles ou de dégager la balle d'une position difficile. Cette année, lady Scott dans le championnat joua une partie très disputée avec mistress Ryder Richardson et miss Lithgoe battit mistress Willock. Toutefois, dans le final, lady Scott défit complètement son adversaire, gagnant par 6 *up* et 4 *to play.*

MISS C. COOPER

Il y a quelques années, miss Cooper était presque une inconnue comme joueuse de tennis. Aujourd'hui elle occupe le premier rang parmi les sportswomen, rang qu'elle a conquis à la force de sa raquette, en ayant très bien réussi dans les championnats à Wimbledon et battu une concurrente aussi remarquable que Mrs Daffern par deux *sets* contre un, 6-2, 6-8, 6-1, dans le

Ladies Singles. — Parmi ses autres victoires à différentes époques, on peut encore citer ses succès dans Handicap Singles au *Northern Meeting*, seconde dans le *Mixed Championship*, première dans les Singles et Doubles au tournoi du Yorkshire, seconde dans les Singles et troisième dans les *Doubles a Mixed Doubles* à Northumberland et seconde dans le *Ladies Championship Doubles* à Buxton. L'année dernière elle obtint un vrai triomphe dans le *Irish Mixed Double Championship*, mais elle se surpassa encore en battant les championnes Mrs Hillyard et W. Baddeley dans le *All Ingland Mixed Double Championship;* son partner dans cette occasion était H.-S. Mahony. Le jeu de miss Cooper est très brillant, très sûr et personne ne l'égale dans la manière dont elle pratique la volée. Parmi ses *Doubles*, elle est peut-être la plus forte en raison de son utilité au filet. — Lorsque miss Cooper sera un peu plus maîtresse de son tempérament, elle pourra être citée comme la première raquette du Royaume-Uni.

M. GUILLAUME DE SAINT-CYR

Parmi les jeux athlétiques qui ont fait, depuis quelques années, leur apparition en France, il en est un qui mérite une mention spéciale, c'est le lancement du disque. Il semble naturel, au premier abord, de classer le jet du disque parmi les exercices d'adresse; mais il faut considérer que le disque est une masse fort pesante, peu facile à manier, et qu'il s'agit pour les joueurs, non de la diriger vers un but marqué, mais de la soulever et de la pousser le plus loin possible. C'est un exercice qui demande en somme plus de force que d'adresse.

Parmi les discoboles qui ont accompli les performances les

plus belles, il convient de citer M. Guillaume de Saint-Cyr, qui a lancé le disque à $31^{m},71$; pour la première fois on dépassait les 30 mètres.

Le lancement du disque est un jeu fort ancien, on en fait remonter l'invention à Persée, fils de Jupiter et de Danaé. A Sparte on cultivait particulièrement ce jeu, sans doute parce que c'était une excellente préparation à la guerre, où les jeunes hommes se présentaient avec des bras robustes, capables de manier le glaive et propres à lancer le javelot. Enfin les Romains, même à l'époque impériale, s'adonnèrent à cet exercice, auquel les anciens attachaient une importance qui ferait sourire notre génération.

Le disque que les jeux Olympiques de 1896 ont exhumé des salles de la Grèce, où depuis deux mille ans il dormait dans le souvenir des défuntes luttes, faisait partie du *pentathle*, c'est-à-dire des cinq espèces d'exercices dont se composèrent pendant longtemps les fêtes Olympiques, et qui étaient la lutte, le saut, la course à pied, le jet du javelot et celui du disque, lequel, dans l'ordre des jeux, devait venir au troisième rang.

C'était un tort, car le lancement du disque est un des plus beaux, sinon le plus beau des exercices athlétiques. Le disque est une masse de bois cerclée de fer, de forme lenticulaire, du poids de 10 ch. 1/2, soit $1^{kg},927$, son épaisseur maxima de 42 millimètres.

M. de Saint-Cyr est encore le recordman de France pour le saut en hauteur. Il a franchi $1^{m},66$.

M. C.-B. FRY

M. C.-B. Fry est, quoique tout jeune, un des meilleurs sportsmen de l'Angleterre qui en compte cependant de nombreux. Il est du reste taillé en athlète et les exercices de force et d'adresse qu'il a toujours pratiqués ont été pour beaucoup dans cette structure. Il excelle dans tous les sports, dans beaucoup même il n'a pas été égalé. Au cricket, au football, aux courses de vitesse, il est cité comme un des premiers et, chose extraordinaire, depuis le jour où il a pris part à l'un ou l'autre des championnats, sa réputation n'a pas varié.

Comme saut, il est arrivé à sauter 7^{m},18, ce qui constitue le meilleur saut fait jusqu'à aujourd'hui.

Les plus agiles à la course sont généralement les meilleurs sauteurs, et M. Fry, qui a gagné je ne sais combien de courses de vitesse, le prouve une fois de plus. Le Crotoniate Phayllus, qui fit le saut de 56 pieds, était un coureur infatigable. Il en est de même des Basques, peuple agile par excellence. Ils sautent dans la perfection avec ou sans l'aide des bâtons. « Il court et saute à merveille » était une expression fréquente dans l'ancienne France, lorsqu'on parlait d'un laquais basque.

Les Anglais peuvent être rangés pour le saut sur la même ligne que les Basques et les Espagnols. M. Joseph Strutt, auteur d'un ouvrage estimé sur les jeux et les amusements du peuple anglais, cite un nommé Ireland, du comté d'York, qui sautait par-dessus neuf chevaux rangés côte à côte et par-dessus l'homme qui montait le cheval du milieu ; il franchissait d'un bond une jarretière tendue à 14 pieds de haut et il crevait d'un coup de pied une vessie pendue à 16 pieds du sol ; une autre fois, il franchissait une lourde voiture couverte de sa banne ; tout cela par un saut simple, franc, sans recourir jamais aux culbutes d'usage. Si M. Strutt avait voyagé dans l'Inde, il en aurait vu bien d'autres. Ces Orientaux sont doués d'une merveilleuse souplesse dans les articulations. Le colonel anglais Ironside, qui fit, au commencement de ce siècle, un assez long séjour dans l'Inde, pendant lequel il observa particulièrement les tours des jongleurs, avait rencontré dans ses pérégrinations un vieillard à barbe blanche qui franchissait d'un saut le dos énorme d'un éléphant, flanqué de cinq ou six chameaux de la plus belle venue. Le pauvre homme n'était pas encore content, il s'écriait avec amertume : « Hélas! qu'est devenu le temps où je travaillais en présence du shah de Perse et pouvais me vanter d'être un véritable sauteur. La vieillesse et les infirmités m'ont réduit à l'inaction et privé de toute ma force. Je me suis cassé depuis cette époque un bras et une jambe. » Quelle devait être en sa verdeur l'agilité d'un athlète dont la vieillesse était encore si vigoureuse ! Rien de plus commun chez les Hindous, que de voir des individus sauter par-dessus vingt personnes, dont les bras tendus forment une sorte de voûte, ou par-dessus une épée qu'un homme tient en l'air aussi haut que possible.

Jusqu'à présent les records anglais ne mentionnaient qu'un sauteur ayant franchi 7 mètres sans tremplin. Maintenant ils peuvent le remplacer par M. C.-B. Fry, qui a sauté $7^{m},18$!

Onra, au Cirque d'Hiver, sautait dix chevaux et dix hommes échafaudés sur ces derniers. Mais ce saut, il le faisait à l'aide d'un tremplin.

La performance accomplie par M. Fry n'a donc jusqu'à présent été égalée par personne.

Honneur au champion anglais !

En ce qui touche sa carrière de joueur de cricket, nous constaterons qu'en 1889 il tenait la tête des onze concurrents de Repton School, ayant gagné 442 *runs* dans douze complets *innings*. En 1891, le fameux Oxonien entra à Oxford avec l'auréole d'une grande réputation. A l'université, il obtint immédiatement son *blue*, bien qu'on doive admettre qu'il aurait pu mieux faire, sa moyenne ayant été au-dessous de 20 pour 18 *innings*. Quant à la dernière saison, il a réellement prouvé quel grand *bat'sman* il est par le succès qu'il a remporté contre l'équipe des *Light-Blue* dans le tournoi de l'Université de cette année-là. Dans ce match, il gagna 100 *not out* tout en dirigeant brillamment son équipe et montra le meilleur jugement comme captain. « Les droits de résidence le lui permettant, il joua aussi l'année dernière pour Sussen, étant classé quatrième dans la moyenne du championnat du comté et sixième dans tous les matches. Cette année il a encore augmenté sa réputation. Dans le match de l'Université *at Lard's*, il ne se montra peut-être pas tout à fait à son avantage, mais dans la partie des gentlemen contre les professionnels, le 10 juillet, il fit un brillant quoique malheureux effort pour assurer la victoire à son camp, gagnant 60 avant de manquer une balle « *tentante* » de Peel. — Il eut à payer l'amende usuelle pour avoir été *stumped*.

M. C.-A. BRADLEY

M. C.-A. Bradley, de Huddersfield, a commencé à courir en 1890 et à partir de cette époque, jusqu'à présent, il compte avoir gagné au moins pour 45.000 francs de prix.

Ses quatre victoires dans le A. A. A., championship de 100 yards, le mettent hors de pair et ce record lui assigne aujourd'hui la première place, car jusqu'à présent on n'avait eu, en fait de succès de ce genre, que la victoire trois fois répétée de W.-P. Philips et J.-M. Couris.

En ce moment il est manche à manche avec A. Wharton dans le record anglais de 100 yards en 10 sec. « dead »; et avec W.-P. Philips dans le 120 yards en 11 4/5 sec. Il a établi un record écossais pour les 120 yards et en 1873 a gagné le handicap de 120 yards « Scratch » à la réunion Saint-Bernard à Édimbourg. Il a pris pour cette course 11 7/10 sec. ; cette vitesse étant égale à 3 yards en moins de 1/12 sec.

Parmi les trophées que le « Huddersfield Hyer » s'est appropriés, on peut citer la « Bradford Coupe » d'une valeur de 1.250 francs, comme prix pour le 100 yards « Scratch » ; le vase « Manningham », la coupe d'Armley, le vase Wortley et la coupe de Bingley.

La valeur nette (ou totale) de ces prix représente une somme de 6.580 francs. Il a gagné beaucoup d'autres petites courses, mais où surtout il a été remarquable, c'est que dans les 54 courses « Scratch », dans lesquelles il a concouru pendant sa carrière, il a chaque fois remporté la victoire. La dernière saison nous l'a montré plus brillant que jamais et c'est tout à fait dans un grand style qu'il a gagné le « championship » à Stamford Bridge.

Solidement musclé et pourvu de pectoraux qui lui permettent d'emmagasiner tout l'air respirable qu'il peut trouver, il est de taille à soutenir n'importe quelle course, je le crois imbattable.

M. SID THOMAS

Grand, fort, solidement musclé, M. Sid Thomas est un des meilleurs coureurs de fond du monde. Il fut un temps, en 1893, où ses records furent si innombrables qu'il était impossible pour ainsi dire de le suivre. Il en a accompli de tels qu'à l'heure qu'il est ils ne sont pas encore dépassés. Je citerai entre autres celui de 3 milles en 14^{m}24^{s}; je m'en voudrais de ne pas faire également mention des 6 milles en 30^{m}17^{s} 3/5 ; enfin n'oublions pas les 15 milles (24^{km}139^{m},80) en 1^{h}22^{m}15^{s} 2/5. M. Sid Thomas est tout à fait bâti pour la course ; il peut parcourir jusqu'à 15 milles sans reprendre haleine.

Dans les courses de fond, le travail des muscles étant subordonné à celui que peuvent faire les poumons, M. Sid Thomas est amené à régler le rythme de ses respirations et de ses expirations sur le rythme même de son allure. Ce travail consiste à exécuter volontairement de grandes inspirations lentes en une ou plusieurs fois, suivant la cadence de la course ; on évite ainsi les troubles de la circulation pulmonaire, qui sont la véritable cause de l'essoufflement, et l'on arrive bientôt à un régime régulier qui peut se continuer longtemps. Entre les pertes subies par le travail musculaire pendant la course et la réparation due à une bonne circulation et à une respiration libre, il s'établit alors un équilibre parfait.

C'est à cet équilibre savamment maintenu que M. Sid Thomas doit ses grandes qualités de fond qui sont les véritables qualités du coureur.

M. F.-J. WALL

M. F.-J. Wall, qui a succédé à M. C.-W. Alcock, dans les fonctions de secrétaire du Foot-Ball Association, est un des plus forts et des plus habiles joueurs. Il en possède la quintessence sur le bout des doigts et est éminemment qualifié pour remplir la position qu'il occupe dans le monde du sport. Dans toute l'étendue de l'Angleterre, la personnalité de M. Wall est connue et honorée. Il a été également membre, pendant de nombreuses années, du Middlesex Association et ses manières courtoises jointes à son inaltérable bonne humeur ont fait de lui un grand favori auprès de tous ceux avec qui il a eu occasion de se trouver en contact. Lorsque l'importante question professionnelle fut agitée, on lui demanda ce qu'il pensait de cette innovation. La réponse fut qu'il considérait que ceux qui ont vraiment à cœur la continuation du sport dans des conditions correctes n'auraient pas grande objection à faire contre le professionalisme et ses représentants. En ce qui concerne l'influence des associations, l'opinion de M. Wall est qu'elles rendent d'éminents services au foot-ball. « Elles donnent, pour nous servir de ses propres expressions, à ceux qui s'y intéressent, un style de jeu supérieur à tout ce qui s'était fait jusque-là; elles ont donné au public le goût de ce jeu en le lui faisant comprendre. » Grâce à M. Wall, le jeu se trouve réglementé dans des conditions de correction parfaite et cette organisation a eu pour résultat, tout en l'intensifiant, de ne pas en augmenter le moins du monde la brutalité.

QUATRIÈME PARTIE

LA FAUCONNERIE

LA FAUCONNERIE D'AUTREFOIS

En venant parler fauconnerie je vais peut-être avoir l'air d'un chevalier de la Table Ronde, évoqué par l'enchanteur Merlin, car l'art de la fauconnerie passe pour être un art du temps passé, aussi difficile à faire renaître et à voir fleurir de nos jours que les Bastilles et les tours de Nesle dont on assure que nous ne reverrons plus que des reconstitutions en carton aux expositions universelles!

Avant de vous montrer qu'il n'en est point ainsi — du moins pour la fauconnerie, — que la fauconnerie n'est pas morte et que même elle n'a jamais été mieux pratiquée que par les adeptes qui en ont perpétué les traditions et perfectionné les procédés, je voudrais cependant m'attarder quelques instants avec vous dans le passé qui n'est pas seulement charmant parce que nous le voyons à travers le prisme de l'éloignement et de la distance, mais parce qu'il est tout plein de cette atmosphère de poésie et de ce parfum de noblesse dont il me semble que nous devons d'autant plus cultiver les foyers, que le siècle réaliste où nous vivons tend davantage à étouffer la voix des Nymphes et des Dryades sous le bruit de l'enclume des forgerons, et, alors que l'autel des Vestales n'est plus entretenu que par le pétrole et par l'électricité, il est bon de songer un peu au feu de bois de nos pères. C'est si joli un feu de bois!

Un chevalier breton bardé de fer chevauchait dans la forêt de Broceliande, se dirigeant vers la cour du roi Arthus, vers ce château fameux dont il me serait difficile aujourd'hui de vous préciser la situation malgré les progrès de la géographie, mais qui était bien connu à cette époque, puisque notre chevalier était en route pour s'y rendre. Le chemin n'était cependant pas si connu que notre chevalier ne se perdît dans les bois!

Tout à coup, au détour d'une route, il se trouva en face d'une belle damoiselle montant un élégant palefroi, laquelle l'arrêta et lui dit poliment :

« *— Beau chevalier, où vas-tu?*

« *— Que vous importe, répondit le chevalier du ton contrarié des gens qui ont perdu leur route et qui risquent de passer la nuit dans une forêt.*

« *— Il m'importe, reprit la damoiselle, car je prends intérêt à ce que tu vas faire. Tu vas chercher le fameux épervier qui se tient sur un perchoir à la porte du château du roi Arthus!*

« *— C'est vrai, avoua le chevalier tout confus.*

« — Eh bien! je vais t'aider à atteindre ton but, mais écoute bien ce que je vais te dire. »

Les damoiselles étaient très généreuses et très complaisantes dans ce temps-là. Celle-là était fée d'ailleurs. Il serait trop long de vous redire les conseils qu'elle prodigua à l'aventureux chevalier pour lui permettre de surmonter tous les obstacles et de vaincre les monstres qui devaient lui barrer le chemin. Toujours est-il qu'elle changea son élégant cheval, qui connaissait les sentiers les plus secrets de la forêt, contre le lourd destrier de combat de son interlocuteur, et, fort de sa protection, notre héros finit par découvrir le château du roi Arthus. Ayant surmonté tous les obstacles, il obtint le faucon merveilleux qui vint de lui-même se percher sur son gant et, attaché aux jets qu'il portait aux pattes, le chevalier découvrit, à sa grande surprise, un livre composé de feuillets d'or. Une voix se fit entendre qui lui dit : « Prends ce livre précieusement, c'est le code d'amour, rédigé par le Dieu d'amour en personne, pour servir de guide à tous les loyaux amants. » Le chevalier rapporta donc en même temps que l'épervier ce code dont il fit hommage à la dame de ses pensées, et ce code a été depuis lors appliqué dans toutes les cours d'amour qui furent un des grands instruments de civilisation du moyen âge.

L'influence de la femme, si puissante dans toutes les transformations sociales, était difficile à exercer dans ces temps sauvages, dans cet âge de fer où l'on passait sa vie à se battre, à voyager, où l'on était toujours sorti! Par la fauconnerie, les femmes prirent une grande influence dans ces plaisirs extérieurs de leurs seigneurs et maîtres dont elles n'auraient pu guère partager autrement les ébats violents. Par les cours d'amour, elles tranchèrent une foule de difficultés d'intérieur d'une façon un peu précieuse, un peu subtile peut-être et difficile à comprendre à notre époque. Et ainsi, jugeant et chassant tour à tour, elles assoient leur autorité et mènent ce monde barbare par le bout du nez, aussi facilement que le monde civilisé de nos jours.

Nous voici donc en pleine poésie avec la fauconnerie du moyen âge et ces trouvères, qui de château en château s'en vont accorder leur lyre et chanter les hauts faits des belles châtelaines.

C'est sous la forme d'un autour que le poétique amant du Lai d'Ywenec *apparut à son amie qui languissait dans une tour. Dans* Guillaume au Faucon, *c'est sous l'allégorie transparente de cet oiseau que la douce châtelaine, aimée de Guillaume, explique à son baron la passion qui allait causer la mort de son écuyer favori. Dans* Garin de Montglave, *une des plus belles chansons de geste du Cycle de Charlemagne, la reine avouant son amour pour Garin, dans son élan de franchise passionnée, n'oublia pas d'ajouter, à la liste de tout ce qui lui est devenu indifférent depuis qu'elle aime, les joies de la fauconnerie :*

Voir voler autour, gerfaut ni faucon,
Epervier ni sacret, ni vol d'émerillon,

ne peuvent la charmer ni la distraire. Dans la Vengeance de Raguidel, *la belle Ydoine, se préparant à accompagner son ami Ydain à la cour, prend pour tout bagage un épervier sur son poing, comme nous prendrions aujourd'hui un sac de nuit. Enfin, partout dans le* Roman de Méraugis de Porlesguez, *dans le* Bel Inconnu, *l'épervier est le prix que se disputent les combattants dans les tournois pour l'offrir à leurs belles :*

« — *Beau sire, dit à Gifflet le Bel Inconnu, pour quelle cause voulez-vous dire que la belle Marguerite l'espervier ne doit avoir ?*

« — *Parce que ma mie est plus belle.* »

Et les épées de sortir du fourreau, les lances de frapper les boucliers sonores et les braves chevaliers de mordre la poussière.

Mais si la fauconnerie occupe une place si importante dans les œuvres d'imagination de nos premiers poètes, c'est qu'elle était intimement liée à tous les événements de la vie réelle, et nous la voyons jouer un rôle dans plus d'un épisode de notre histoire.

C'est sous Louis XIII que la fauconnerie atteignit son apogée.

Pendant tout le XVIe *siècle, elle s'était développée comme toutes les branches de la vénerie d'une façon extraordinaire, et Budé, s'adressant au roi François Ier qui lui avait commandé un traité de vénerie en latin, a pu lui dire sans trop de flatterie : « Sire, vous avez tellement dressé et poli l'exercice de la vénerie, qu'elle semble être parvenue à sa perfection. »*

La chasse avait alors ses poètes, ses historiens, ses classiques et du nombre était en première ligne le roi Charles IX.

Tous les grands capitaines qui moururent à la guerre à cette époque, soit dans les guerres civiles, soit dans les guerres étrangères, tous les grands capitaines étaient fauconniers. C'était pour eux une manière d'entretenir leur souffle, de dégourdir leurs membres et de se préparer aux grands combats lorsque l'heure de reprendre la cuirasse serait venue. La chasse seule pouvait en effet, à cette époque, pendant les trêves et les entr'actes de la bataille, donner de la vie et de l'animation à ces grandes demeures féodales, et on aime à se les représenter animées par tous ces personnages à costumes pittoresques. C'étaient les valets de chiens avec leurs blanches houssines maintenant les meutes hurlantes et aboyantes, c'étaient les veneurs avec leurs costumes, verts, rouges ou gris, selon les saisons et selon la chasse, c'étaient enfin les dames châtelaines sur leurs haquenées de Bretagne aux riches harnachements de velours avec leurs chapeaux plumes, portés « à la Guelfe », comme dit Brantôme, et leurs bottines rouges faites de cuir damasquiné et leurs cottes agrafées plus haut que le genou, comme le décrit Ronsard.

Ne trouvez-vous pas, comme le fait remarquer le comte de la Ferrière qui a si bien décrit les chasses de François Ier, qu'il y avait là de quoi faire battre le cœur de tous les vaillants hommes d'armes.

Quand on est allé très haut, aussi haut qu'on peut aller, il n'y a plus qu'à descendre. C'est ce qui est arrivé à la fauconnerie. Louis XIV eut plus de goût pour la vénerie que pour la fauconnerie et réduisit les dépenses de la cour de ce chef. Ce fut le commencement de la fin; et la fauconnerie, à la mort de Louis XIII, commença à s'en aller comme le reste. Le journal de Dangeau à la date du 12 avril 1715 porte que Louis XIV alla à la volerie de Versailles avec Mme la duchesse de Berry, Mlle de Charolais et beaucoup de dames de la cour qui montèrent à cheval au rendez-vous; puis, la chasse terminée, le roi donna congé à la fauconnerie pour l'année. Ce devait être pour toujours, car il mourut le 1er septembre suivant. Les premières chasses de Louis XV, qui n'avait que cinq ans et demi lorsqu'il monta sur le trône de son bisaïeul, furent des chasses au vol, mais il ne prit pas un goût très vif pour cet exercice.

La fauconnerie passait de mode de plus en plus. Le perfectionnement des armes à feu, le prix toujours croissant des oiseaux de chasse et leur rareté, la difficulté de trouver de bons fauconniers, hâtèrent l'abandon d'un déduit qui avait fait les délices de nos aïeux pendant quatorze siècles.

Louis XV avait supprimé non moins de vingt-trois charges de gentilshommes de la Grande Fauconnerie, et en avait réduit le personnel.

Louis XVI n'aimait pas du tout la chasse au vol et, pendant l'année 1775, il ne chassa qu'une seule fois à l'oiseau. Les fau-

conniers qui avaient le soin des oiseaux, dont le nombre était de plus en plus réduit, parurent pour la dernière fois avec leurs faucons sur le poing, dans la grande procession des États Généraux de Versailles, le 4 mai 1789.

Enfin, la Révolution éclate et la fauconnerie sombre dans la tourmente, aussi bien en France que sur le continent européen. Puis viennent les grandes guerres de l'Empire et le changement de mœurs profond que la Révolution, dans ses phases successives, imprime à toute l'organisation sociale. On oublie faucons et autours ; l'aigle seul, déchaperonné par une main puissante, prend son essor sur ces ruines, et, montant au-dessus des nuages, va se perdre dans l'arc-en-ciel tricolore qui annonçait au vieux monde sa régénération.

Voilà en peu de mots l'histoire de la fauconnerie passée. Ce qu'elle sera dans l'avenir... dame! c'est à vous de le faire cet avenir. Il y a évidemment un réveil de ce sport qu'il faut entretenir ; les excellents traités de nos contemporains : Magaud d'Aubusson, Cerfon, Foye, Belvallette en France, Salvin et Harting en Angleterre, y contribueront puissamment en évitant bien des écoles.

Les instruments de travail ne manquent pas ; il ne faut qu'un peu de bonne volonté et de persévérance.

N'aurions-nous plus cette ténacité et cette ardeur que Shakspeare signale comme étant le propre du fauconnier français :

We'll e'en to it like French Falconers !

« Nous poursuivrons, nous atteindrons notre but comme des fauconniers français ! »

Et faudrait-il prendre dans son mauvais sens le jeu de mots contenu dans la devise des fauconniers du Loo :

Mon espoir est en pennes.

Non, j'aime mieux m'arrêter sur cette autre devise d'un de nos fauconniers contemporains :

Tout vient au poing de qui sait s'y prendre.

Sans doute vous ne réussirez pas du premier coup, sans doute vous aurez des déceptions et sans doute aussi quelques mécomptes, mais n'est-ce pas là toute la vie et ne faut-il pas que l'âme se trempe aussi bien aux petites qu'aux grandes choses! Ce n'est pas d'hier, allez, qu'un fauconnier fameux, Gace de la Bigne, chapelain du roi Jean, pendant sa captivité en Angleterre, écrivait dans son vieux langage :

De chiens, d'oiseaux, d'armes, d'amour,
Pour une joie cent doulours.

PIERRE-AMÉDÉE PICHOT.

M. LE DR L. ARBEL

Nouvelle recrue dans la pratique de la fauconnerie, M. le Dr Arbel, qui est un amateur de sport de tous genres, est déjà un fauconnier de grande valeur. Sa passion pour la volerie lui est venue en 1895, en allant voir à Berck-sur-Mer l'équipage de M. Belvallette, et c'est ce fin sportsman qui l'a pour ainsi dire initié à ce noble déduit, en le faisant assister à plusieurs vols et lui offrant fort aimablement un des autours avec lequel il venait de chasser.

Très intéressé par ce sport, le Dr Arbel s'y est donné tout entier et il a fait venir d'Angleterre un jeune fauconnier très capable,

Charles Frost, fils de feu le fauconnier en chef du *Old Hawking-Club*.

Avec l'autour que lui avait donné M. Belvallette, le Dr Arbel a fait quelques beaux vols dans le parc du château de Vadancourt, dans l'Aisne. Comme Paul Gervais, il s'est servi de l'autour pour prendre des lapins. Un beau jour, le malheureux oiseau, qui était très vigoureux et très bon, fut trouvé avec la patte cassée, et, sans M. Mérite, le peintre animalier, le Dr Arbel se serait trouvé complètement démonté. Ce dernier, fort heureusement, put mettre à sa disposition un jeune autour que lui avait envoyé M. Cerfon d'Elbeuf. Cette remonte lui permit de continuer de voler le lapin ! mais, craignant de voir un nouvel accident, il s'occupa de se procurer quelques autres oiseaux, tout en cherchant à se perfectionner dans la volerie.

Sur ces entrefaites, M. Belvallette, qui avait rapporté de la visite qu'il avait faite aux membres du *Old Hawking-Club* deux faucons pèlerins, pria le Dr Arbel de venir assister à un ou deux vols de ces oiseaux dans les plaines d'Étrepagny. Quoiqu'un faucon se soit perdu dans un jardin, les vols auxquels il assista furent tous très beaux et il n'hésita pas à accepter l'offre que lui fit M. Belvallette de prendre quelques oiseaux de son équipage. A ce moment-là, les oiseaux étaient portés par Jack Frost, qui est resté au service du Dr Arbel jusqu'au 1er janvier 1897, époque où il était rappelé en Angleterre par ses engagements. Il fut remplacé par son frère qui est en même temps un très bon dresseur de chiens.

L'équipage de Vadancourt se composait en 1897 de deux faucons et de deux autours ; les deux faucons et le vieil autour *César* ont été exposés il y a deux ans à l'exposition canine des Tuileries ; exposition qui fut visitée par M. le Président de la République Félix Faure, qui a paru, en sa qualité de chasseur, s'intéresser aux explications que lui donnait le Dr Arbel sur l'art de la fauconnerie.

Cette exposition du reste était fort intéressante, car, à côté des oiseaux exposés, il y avait des photographies fort curieuses prises par le Dr Arbel pendant le déplacement qu'il venait de faire en Angleterre, où il était allé assister dans le Wiltshire au vol de la corneille, donné par les membres du *Old Hawking-Club.*

Depuis 1897, l'équipage de Vadancourt a progressé et passé par bien des péripéties, tantôt malheureuses, et décourageant à la fois le maître d'équipage et le fauconnier; tantôt heureuses et inculquant malgré tout au Dr Arbel le désir de persévérer dans la pratique du plus noble des sports. L'année dernière, le maître d'équipage put s'attacher complètement Jack Frost, qui a pu venir s'installer tout à fait à Vadancourt. Il apportait d'Angleterre un très bon faucon pèlerin pris de passage en Hollande, et qui venait de faire une vingtaine de prises en Angleterre sur le corbeau, pendant la saison du Old Hawking-Club. Le Dr Arbel a pu prendre encore quatre corbeaux avec cet oiseau pendant le printemps de 1898. Mais la saison était trop avancée et il a dû remettre à cette année les exploits de ce faucon qui a pris le nom de *Drakula.* Toujours intrépide et voulant avoir un équipage de tout premier ordre, le Dr Arbel s'en venait faire, en cette année 1899, le dénichage de faucons dans les falaises de Dieppe, du côté de Varangeville et vers le camp de César. Mais il n'eut que l'émotion de descendre 60 mètres de falaise à pic sur la mer, attaché par une corde de 11 millimètres, ce qui est un jeu dangereux pour un célibataire et *à fortiori* pour un père de famille. Dans cette exploration périlleuse, il ne trouva qu'un seul nid de faucons, composé de trois oiseaux, dont un seul était intact; des deux autres, l'un avait une patte cassée, l'autre avait deux ongles d'arrachés. Heureusement il trouva en Angleterre trois jeunes faucons niais en parfait état, ce qui avec *Drakula* et *Mystery*, un faucon sauvage pris à Vadancourt même, portait l'équipage à sept oiseaux au début de la saison.

Malheureusement, à l'ouverture de la chasse, son meilleur oiseau *Seeford* était tué par un chasseur qui est peut-être un adroit tireur, mais qui est, en tout cas, un bien piètre observateur. L'équipage jouait de malheur, car huit jours après c'était le tour d'*Ellen Terry*, une excellente femelle, et à la fin de septembre on rapportait au

JACK FROST

chef d'équipage, *Duc of Devonshire*, un beau tiercelet de l'année, qui avait été assommé d'un coup de pierre. Jack Frost désespéré voulait s'en retourner en Angleterre, prétendant que la guigne s'acharnait sur lui. Le docteur s'empressa de *panser* la blessure faite à l'amour-propre de son fauconnier en lui représentant qu'il ne l'avait jamais rendu responsable des malheurs survenus à l'équipage, et que, lorsqu'on avait l'honneur d'être le fils du vieux Frost, on ne devait pas quitter la profession de fauconnier. Bref, après une semaine de réflexion, Jack Frost se décida à rester.

Pendant tout le mois d'octobre 1898, l'équipage de Vadancourt vola la pie après avoir volé le perdreau en septembre. Mais la pie est l'oiseau le plus dur à *prendre*, à cause des crochets multiples par lesquels elle esquive les descentes de son adversaire. Et le Dr Arbel, qui est, comme je le dis plus haut, un modeste, ne se décernera le titre de fauconnier que lorsqu'il aura pris sa première pie, ce qui ne tardera pas avec un équipage comme celui qu'il possède.

Pendant le mois de janvier de cette année (1899), il a volé le corbeau avec *Drakula*, qui est bien dans la voie, *Mystery* qui volait mal et un autre faucon, le *Hagard*, qu'il avait reçu d'Angleterre avec une serre en moins. Malgré cela, l'équipage a pu faire seize prises et ces prises ont été faites tantôt en Picardie, tantôt dans l'Eure, à Étrepagny. C'est à Compiègne, chez le baron Henri de Seroux, que le Dr Arbel a terminé la saison du corbeau.

MM. Cerfon et Fernand Pinel lui ont envoyé cette année trois nids de pèlerins, soit en tout neuf faucons. Sur ce lot, quatre seulement sont utilisables, les autres ont été sacrifiés n'étant pas assez bons voiliers. Actuellement, l'équipage de Vadancourt se compose de trois femelles de faucons pèlerins :

Drakula : oiseau de trois mues hagard ;

Proserpine : faucon sors niais ;

Sibylle : faucon sors niais ;

plus trois tiercelets de faucons pèlerins :

Cyrano de Bergerac : tiercelet de deux mues ;

Satan : tiercelet sors niais ;

Vulcain : tiercelet sors niais ;

enfin deux autours sors :

Aguinaldo et le *Président Mac-Kinley* complètent les oiseaux de l'équipage.

La chasse à l'oiseau devait séduire M. le Dr Arbel ; aussi s'y donna-t-il avec passion. C'est dans la propriété qu'il possède dans l'Aisne, où il vit une grande partie de l'année, que ce sportsman se livre à son sport favori.

C'est là qu'on le rencontre, crispin au poing, volant la corneille ou poursuivant le lapin avec *César*, son autour favori.

Souhaitons que son amour pour la fauconnerie fasse refleurir dans toute leur vivacité et leur saveur, au profit de notre grand monde, les pompes et les émotions de ce noble déduit.

M. PIERRE-AMÉDÉE PICHOT

La chasse au vol est le sport favori de M. Pierre-Amédée Pichot, le savant directeur de la *Revue britannique.* Cela étonnera beaucoup de gens de voir encore des fauconniers à notre époque ; il en est cependant ainsi, et quoique ce sport soit un peu oublié de tout le monde, il ne faut pas croire que Gerfauts, Sacres, Laniers, Hobereaux, Émerillons soient retournés pour toujours à leurs roches escarpées et à leurs forêts profondes.

La fauconnerie, quoi qu'on en dise, n'est pas morte, et c'est à tort qu'on la croit impraticable de nos jours. Sans doute là où la petite culture a fragmenté les champs et multiplié les clôtures, elle est devenue impossible, et Henri IV ne pourrait plus, comme disait le baron d'Offémont, aller *voler* la perdrix dans les plaines de Saint-Denis sans être arrêté par un garde champêtre ; mais n'avons-nous pas toujours la Champagne, la Sologne, les Landes, le Vexin, la Brie où nos gracieuses châtelaines pourraient déchaperonner leur tiercelet?

Dès le commencement du VIe siècle, on voit se répandre le goût de la fauconnerie ; et, à l'exemple de la plupart de ses rois, la noblesse s'adonna avec passion au plaisir de la chasse au vol. Ce divertissement entra si profondément dans les mœurs que, lorsqu'on voulait faire l'éloge d'un chevalier accompli, on n'avait garde d'oublier son talent à dresser les oiseaux.

Un gentilhomme jurait par son oiseau, comme par une chose sacrée : « Que je ne puisse porter d'épervier sur le poing, si, depuis l'instant où vous m'avez donné votre cœur, j'ai songé à en aimer une autre que vous, » dit, à sa maîtresse, dans une chanson amoureuse, Rambaud, comte d'Orange, troubadour du XIIe siècle.

La chasse à l'oiseau, si pittoresque, si poétique, qui ne fait pas acheter ses jouissances au prix des fatigues que nécessitait la chasse en forêt ou la chasse à courre, avait séduit la femme. Au temps de la première chevalerie, on voyait les nobles dames se rendre dans la plaine, le faucon sur le poing, le jeter elles-mêmes sur le gibier et animer de la voix le courage de leur oiseau favori. Quelquefois même elles pouvaient jouir de cette chasse sans sortir de leur appartement, quand les fenêtres du château donnaient sur la campagne. L'émerillon chassait l'alouette sous leurs yeux. Les dames aimaient que les chevaliers les entretinssent « du bel art de ce plaisant déduit ». Autant que ceux de galanterie, « les bons propos » de fauconnerie trouvaient leur oreille attentive et favorable. Pour plaire aux belles châtelaines, il fallait qu'un chevalier fût brave, beau, gai, amoureux et qu'il sût également deviser *d'oiseaux*, de chiens, d'armes et d'amour.

Le bouleversement général, que produisit en Europe la Révolution française, aurait peut-être fait disparaître pour toujours la fauconnerie des mœurs des nations modernes, si l'Angleterre, protégée par sa position insulaire contre la tempête qui soufflait sur le continent, n'en avait conservé les traditions et donné asile aux fauconniers si renommés de la Hollande, qui de génération en génération avaient fidèlement pratiqué leur art. Leur arrivée en Angleterre donna même une impulsion considérable à l'école de fauconnerie nationale. La chasse au vol, languissante dans les îles britanniques comme partout ailleurs, prit un essor nouveau, et de cette régénération accomplie par les fauconniers hollandais est sortie l'école contemporaine, qui compte des représentants habiles et convaincus en France et en Angleterre. Malheureusement ils ne sont pas assurés de laisser après eux un grand nombre de disciples, bien que le goût de la fauconnerie soit entretenu chez quelques officiers de l'armée anglaise par le séjour dans l'Inde où les rajahs entretiennent toujours des vols nombreux. En Angleterre même, la chasse au vol a de la peine à se maintenir devant l'inclination de plus en plus prononcée pour la chasse au fusil, si nous en croyons John Frost, un fauconnier du plus grand mérite, mort aujourd'hui, et qui fut pendant toute sa vie attaché au *Old Hawking-Club*.

La restauration de la fauconnerie en France offrit plus de difficulté qu'en Angleterre, et cette restauration est due aux efforts persévérants et éclairés de M. Pierre-Amédée Pichot, l'intelligent directeur de la *Revue britannique*.

Comme Don Quichotte s'amouracha de la chevalerie en lisant les œuvres de Félician de Sylva, de même c'est en feuilletant les vieux livres que M. Pierre-Amédée Pichot s'est enthousiasmé pour l'art de dresser les oiseaux de chasse, mais ce n'est ni Palmerin d'Olive, ni Amadis des Gaules qui l'ont fait rêver ; c'est le Gerfaut blanc « La Perle » avec lequel Henri IV volait le héron dans la plaine Saint-Denis ; ce sont ces faucons du maréchal de Mont-

PETER BALLANTYNE

morency que Claude Gauchet, l'aumônier de Charles IX, de Henri III, a immortalisés dans son poème fameux des *Plaisirs des Champs*.

C'est en 1865, après avoir lu dans un journal anglais l'annonce suivante : « Un fauconnier très expert dans son art et possédant une dizaine d'oiseaux dressés demande une place de sa spécialité chez un particulier ou dans un établissement public, » que M. Pierre-

Amédée Pichot, qui avait suivi les travaux de Peter Ballantyne, un fauconnier très célèbre en Angleterre, chercha à réaliser son rêve de la restauration de la fauconnerie en France.

Dans une conférence fort curieuse faite au Jardin d'acclimata-

JOHN FROST

L'ANCIEN FAUCONNIER DU « OLD HAWKING-CLUB ».

tion, devant un nombreux public, il raconte de la manière suivante comme il s'y prit pour mener à bonne fin son entreprise : « J'écrivis en Angleterre d'où j'avais reçu le journal en question, et j'appris que ce fauconnier, à la recherche d'une place, était en effet un des meilleurs fauconniers de l'Angleterre, l'Écossais John Barr. Il avait été jusqu'alors au service d'un prince indien, interné en

Angleterre, l'ex-Maharajah du Punjab Dhuleep Singh, lequel, sur le point d'entreprendre un voyage en Égypte, démontait son équipage, et avait donné une dizaine d'oiseaux à John Barr, pour lui permettre de se replacer.

« Je vous laisse à penser si je fis des efforts pour lui trouver une place en France. Malgré nos velléités de reconstitution cynégétique, je ne pouvais nourrir, même un instant, l'idée de faire de la fauconnerie dans la petite propriété aux environs de Paris, où, pendant la belle saison, je vais manger au frais le melon que j'apporte des halles centrales, et où le plus gros gibier que j'aie sous mes tonnelles, c'est des hannetons.

« Mon ami le comte Le Couteulx de Canteleu, le célèbre veneur qui vient de publier un si remarquable *Traité de vénerie moderne*, me vint en aide et nous allâmes solliciter l'appui des Mécènes du sport et des grands propriétaires que cette résurrection intéressante pouvait tenter. On nous prit pour des chevaliers de la Table-Ronde évoqués par l'enchanteur Merlin. Enfin M. Georges de Grandmaison se laissa séduire et fit venir John Barr et ses oiseaux au château des Souches, en Sologne. L'équipage, pendant son passage à Paris, reçut l'hospitalité au Jardin d'acclimatation, et, pendant qu'il y séjourna, nous fîmes quelques vols aux environs, à Fontainebleau, des vols qui ne relevaient pas de la Préfecture de police, non, de vrais vols d'oiseaux.

« John Barr et ses oiseaux ne devaient faire qu'un court séjour aux Souches, le château de M. de Grandmaison, le temps d'organiser un Hawking-Club sur le modèle des clubs anglais. Nous continuâmes nos visites et notre propagande, et parmi les personnes que nous allâmes voir fut le baron d'Offémont, l'ancien membre du club du Loo. « Je suis, nous dit le baron, le dernier fauconnier de France. — Pardon, Monsieur le baron, répliquai-je, vous n'êtes que l'avant-dernier, car j'ai l'intention de suivre vos traces. »

« Je crois qu'il fut un peu vexé de cette prétention ambitieuse de ma part, cependant il m'encouragea à poursuivre ma tentative, sans toutefois me promettre autre chose que sa sympathie. Enfin, grâce à M. le comte Alfred Werlé, de Reims, qui consacre à toutes les choses d'art une si belle part de sa fortune, mon projet finit par prendre un corps. M. le comte Werlé était le gendre du duc de Montebello. Il obtint l'autorisation d'installer la fauconnerie au camp de Châlons dont les vastes plaines sont admirablement disposées pour cela et où, si le gibier est rare, il y a cependant assez de corbeaux, de pies et d'outardes pour faire les plus beaux vols du monde, les véritables vols de sport. MM. le baron d'Aubilly, le comte de Champeaux-Verneuil, le comte de Montebello, Julio Alfonso de Aldama vinrent se grouper autour de nous et formèrent les premières recrues de l'équipage de fauconnerie de Champagne. L'équipage fit ses débuts pendant la saison de 1866. Il comptait à son rang une vingtaine d'oiseaux, la plupart des faucons pèlerins, sous la direction de deux hommes : John Barr, le fauconnier en chef, et un nommé Philippe, qui n'avait jusqu'alors donné l'essor qu'aux bouchons du champagne qu'il était chargé de mettre en bouteille dans les fameuses caves de M. le comte Werlé. Cette année-là, le camp de Châlons était occupé par la garde impériale. Aussi les vols de l'équipage furent-ils particulièrement brillants.

« Les officiers en grand nombre venaient à cheval au rendez-vous où des breaks attelés à quatre chevaux amenaient toutes les élégantes châtelaines des environs. Nous avions quelquefois deux ou trois cents personnes au rendez-vous, et nous volions, entre autres, la petite outarde, ce qui ne lui était pas arrivé depuis longtemps, à la petite outarde ! Et pour cela nous avions un très joli costume vert et rouge avec une plume noire sur un feutre gris. »

Malheureusement la guerre de 1870 éclata et force fut à

M. Pierre-Amédée Pichot et à ses compagnons de chasse de renoncer à leur sport favori pour courir aux armes. Notre fauconnier fit la campagne dans les rangs des *tirailleurs éclaireurs* du commandant Fery d'Esclands ; John Barr repassa en Angleterre, où il est mort, mais ses leçons avaient fait des élèves ; et l'exemple de M. Pichot avait provoqué des imitateurs qui aujourd'hui se préparent à donner un nouveau chapitre à l'histoire de la fauconnerie. Le baron d'Offémont ne sera donc pas, comme il le disait, « le dernier fauconnier de France ».

M. PAUL GERVAIS

M. Paul Gervais, qui est un de nos plus habiles sportsmen, passe avec raison pour être le plus expert des fauconniers que nous ayons aujourd'hui. Il a étudié son art dans les divers pays où on le pratique encore, et son enthousiasme était tel à un certain moment qu'il fallait que tout le monde chez lui s'occup .t du dressage des oiseaux ; le jardinier portait un faucon ; le cocher portait un faucon ; le concierge portait un faucon ; tous les membres de sa famille portaient des faucons au moment du dressage ; c'était comme pour une moisson, il fallait que tout le monde mît la main à l'ouvrage pour rentrer la récolte, et quand on disait que c'était fatigant, M. Gervais répliquait : « Changez de bras, mettez-le sur l'autre ». C'est dans sa propriété de Rosoy, par Acy-en-Multien, que M. Paul Gervais s'occupe de fauconnerie ; et il est arrivé, grâce à la volonté, au savoir, à l'intelligence à former un fauconnier français Gille, qui est aujourd'hui passé maître.

M. Gervais a introduit chez lui le mode de piégeage des faucons de passage, usité en Hollande, et sur les plateaux de la Brie, aux environs de Meaux, il fait, chaque année, à la hutte, des prises d'oiseaux superbes. M. Paul Gervais s'est surtout adonné au dressage de l'autour. Il y a quelques années, il en avait un qui était vraiment remarquable pour la chasse au lapin. Il se nommait *Bourrasque*. Il avait appelé également un excellent tiercelet d'autour du nom de *Robespierre* qui, sur dix-neuf vols, prenait dix-huit lapins.

La chasse au lapin avec l'autour est un sport fort intéressant et pour lequel on se passionne. Cette chasse a lieu avec des furets et le fusil est remplacé par l'autour.

On met le furet dans un terrier, l'on se met à bonne portée des gueules, un autour sur le poing. Notons que cela se passe en pleine futaie et que le terrain est très broussailleux.

On ne s'imagine pas avec quel intérêt les oiseaux déchaperonnés suivent tous les préliminaires de la chasse ; l'œil va d'une gueule à l'autre, ils tendent le cou et prêtent l'oreille pour saisir le roulement que le lapin exécute avant de débouler ; puis, lorsqu'un des lapins part comme une balle, l'autour quitte le poing sur lequel il se trouve et file à sa poursuite et, après quelques crochets fort amusants à travers les arbres, saisit le malheureux conile au cou et lui plante ses serres dans la tête. Si le lapin saisi par l'arrière-train n'est pas arrêté et, se précipitant dans les ronces, réussit à se débarrasser de l'autour, celui-ci revient au sifflet se remettre sur le poing de son maître ou se percher sur une branche d'arbre, et attend patiemment le passage d'un nouveau lapin.

C'est là un sport tout à fait idéal, et, par une belle journée d'automne, les dames portent leurs pliants sous bois et peuvent suivre toutes les péripéties de ces vols qui, pour être courts, n'en sont pas moins pleins d'incidents inattendus et de surprises.

L'autour est, par excellence, le chasseur de poil ; on le dresse aujourd'hui presque exclusivement pour le lièvre et le lapin. Il peut travailler dans les futaies et sous bois aussi facilement que le faucon pèlerin en plaine ; et c'est ainsi que l'utilisent nos fauconniers modernes, en Angleterre. Son adresse à éviter les troncs d'arbres et les branches est merveilleuse. L'autour est l'oiseau indiqué pour la petite chasse, ce que l'on appelait la *basse volerie* autrefois ; c'est l'oiseau pour gibier par excellence, le pourvoyeur de l'office et du garde-manger. Est-ce pour cela qu'au moyen âge on l'appelait *cuisinier* ou parce qu'on le gardait à la cuisine sous bloc près de la cheminée, pour qu'il se familiarisât davantage avec la présence de l'homme, le contact des chiens, les allées et venues de tout venant ? Je ne sais, mais il est un fait que pour que, l'autour atteigne le maximum de perfection, il faut qu'il vive dans la plus grande intimité avec son maître, et qu'il soit tellement rompu et discipliné que rien ne l'effraie ni l'effarouche. C'est aussi peut-être qu'on ne le chaperonne jamais.

Autrefois l'autour était l'oiseau de chasse du petit gentilhomme. D'Arcussia et Boissoudan le recommandent aux gens dont la bourse est modeste, à ceux qui aiment l'épargne ; car, sous tous les rapports, il revient moins cher que l'oiseau de leurre. Un faucon, en effet, quoiqu'à bon marché, coûtait en Poitou, au temps de Boissoudan, plus de vingt écus, mis sur le poing et garni de sonnettes, vervelles et chaperon, sans compter le leurre qu'on payait cent sous environ. Le gage d'un bon fauconnier s'élevait à plus de deux cents livres, tandis qu'on avait un bon autourier pour vingt écus.

M. Gervais a eu presque toutes les espèces d'oiseaux de vol et même un aigle doré, rapporté du Turkestan par MM. Benoît-Méchin et de Mailly-Nesles. L'aigle doré n'est pas usité chez nous, mais en Orient on le dresse pour de grosses proies que le faucon serait impuissant à arrêter ; le loup, le renard, l'antilope, l'onagre ou âne sauvage. La difficulté est d'amener l'aigle à avoir assez faim pour qu'il se donne la peine de chasser et de poursuivre.

L'aigle doré de M. Paul Gervais s'appelait « Auguste ». Il est mort il y a quelques années, et, comme chez nous les ânes ne sont pas sauvages, c'est une autre proie qu'on lui faisait voler à Rosoy. Je crois que la mère Michel a dû souvent réclamer son chat dans les endroits où l'aigle de M. Gervais faisait son déplacement de chasse.

DUC DE SAINT-ALBANS

La famille du duc de Saint-Albans remonte à Charles Beauclerk, qui fut créé Earl of Burford en 1676, et mourut laissant ce titre à son frère James, qui en 1683 devint duc de Saint-Albans, et fut constitué *Registrar* de la Cour de Chancellerie, puis Maître Fauconnier d'Angleterre, titres maintenus parmi les héritiers mâles. En 1694, il épousa lady Diana de Vere, fille aînée et héritière de Aubrey, vingtième et dernier Earl of Oxford.

Vers 1825, les titres et biens revinrent à William Aubrey de Vere, qui épousa, en secondes noces (1839), Élizabeth-Catherine, fille du général Gubbins ; de ce mariage naquit le duc de Saint-Albans actuel.

William-Amelius Aubrey de Vere Beauclerk, dixième duke of Saint-Albans, est né en 1840; succéda aux titres et biens en 1849.

Il fit son éducation à Eton et au Trinity College de Cambridge, où il était en même temps que le Prince de Galles. Il épousa en 1867 Sybil-Mary, fille aînée du feu général Hon. Charles Grey; laquelle mourut en 1871, laissant un héritier, Charles-Victor Aubrey de Vere, Earl of Burford, né en 1870, et qui eut comme marraine la Reine, et comme parrain le Prince de Galles.

Le duc se maria une seconde fois, épousant Grace, fille du député Ralph-Bernal Osborne.

Le duc est lord lieutenant de Nottinghamshire, colonel des « Volontaires *of the First Notts Riffe* » et de 1873 à 1874 *Captain H. M. S. Yeomen of the Guard*, et par hérédité Grand Maître Fauconnier et Registrar de la Cour de Chancellerie.

Le Duke of Saint-Albans est un des sportsmen les plus populaires du Turf. Si je fais figurer le duc de Saint-Albans comme fauconnier, c'est à cause de son titre, car il est bien plus homme de cheval que fauconnier. Il est plus connu sur le turf qu'au *Old Hawking-Club*.

Ses couleurs, jaquette gris clair, écharpe et toque cramoisie, se montrèrent pour la première fois alors qu'il venait d'acheter *Mamhead*, un Yearling, pour 550 guinées à sir Lydston Newman, et le confia avec « Tipplèr », un cheval assez connu à cette époque, et d'autres chevaux, aux soins de feu Isaac Woolcot, l'entraîneur au *Druid's Head*. Mais « Tippler » fut plus tard vendu au marquis de Hastings et « Mamhead » n'eut aucun succès.

Depuis son entrée au Jockey-Club, le duc de Saint-Albans n'a jamais manqué aucune réunion, il a toujours un certain nombre de chevaux à l'entraînement, à *Heath House*.

Parmi ces chevaux, citons un des plus connus : *Crann Tair*, que montait généralement Frederic Archer et qui gagna *The Nursery Stakes* à Goodwood, *The Bestwood Nursery* à Nottingham, *The Maiden Plate* à Newmarket et *The Downe Nursery* à Liverpool.

Un autre cheval qui se fit également un nom fut Gaberlunzie, alors que « Crann Tair » était achetée pour le « Royal Stud ». Gaberlunzie gagna à Chester *The Badminton Stakes*, pendant que « Lord Clive », un cheval acheté, en commun, par le duc et M. H.-V. Higgins, rapportait l'argent versé pour lui à M. Charles Rayner en gagnant *The Sixteenth Biennial* à Ascot, *The Welter Handicap* à Epsom, *The Newmarket Summer Cup, The Nottingham Queen's Plate*, *The Grand Michael Stake*, *The Goodwood*, *The Select Stakes* à Newmarket, et le *Free Handicap* de MM. Weatherby.

En dehors des chevaux que le duc garde à l'entraînement, il possède également une très belle jumenterie à Bestwood-Park, où se trouvent les plus belles juments du monde pour la reproduction ; aussi les produits de Bestwood-Park sont-ils recherchés par tous les grands éleveurs de l'Angleterre. Cette bonne renommée des produits de Bestwood-Park provient des soins qu'apporte le duc de Saint-Albans dans le choix du sang et de son mode d'élevage.

L'incertitude des résultats à tirer des systèmes de production pour le turf, les mieux combinés, est proverbiale parmi tous ceux qui suivent cette occupation. Il n'en est pas moins vrai qu'il doit exister des lois qui règlent cette opération de la nature comme toutes les autres. Bien qu'il soit difficile de poser ces règles avec certitude, cependant on devrait faire un essai qui permît de reconstruire l'avenir avec des matériaux solides. Il y a des difficultés qui d'abord nous arrêtent court et qui ensuite s'expliquent beaucoup plus facilement qu'on ne l'aurait supposé au premier coup d'œil. Ainsi, par exemple, l'on dit que, quand une jument donne un bon poulain et se trouve saillie de nouveau par le même étalon, le second produit est souvent aussi misérable que le premier était supérieur, et que par conséquent pour les éleveurs deux et deux ne font pas toujours quatre.

Maintenant il n'y a pas de doute que cela ne soit vrai, mais il est essentiel de ne pas oublier que la santé est un élément qui influe en bien ou en mal sur chaque animal et que le mode d'élevage est pour beaucoup, dans bien des cas, en admettant surtout ce principe que le *semblable engendre le semblable ;* l'élevage du duc de Saint-Albans est là pour donner raison à ce raisonnement, puisque son établissement est cité comme donnant les meilleurs produits.

M. BELVALLETTE

Victor Hugo a prêté à Louis XIII cette exclamation : « Le fauconnier est Dieu ! » Il faut croire que le monarque ou son interprête entendait par là que l'exercice de fauconnerie avait le privilège de ravir au septième ciel celui qui le pratique en maître. A en juger par la passion très sincère que ce beau sport excite encore chez quelques-uns de nos contemporains, l'exclamation n'était point exagérée.

Tout en me rendant compte de ce que devait produire cette mainmise de l'homme sur un des êtres les plus fiers, les plus courageux, les plus indépendants de la création, en comprenant le goût violent que la réduction d'un oiseau farouche, contraint de mettre ses instincts et la puissance de son vol au service d'un maître, pouvait avoir inspiré à nos pères, j'ai été de ceux qui ont tenu la chasse au vol pour close et scellée dans sa tombe.

Ce sport patient, laborieux, qui, en échange d'une énorme dépense de temps, de volonté, d'efforts, ne fournit qu'une jouissance presque immatérielle, me paraissait dépaysé à une époque amie du clinquant, du tapage, des plaisirs positifs et rapidement expédiés comme est la nôtre ; il me semblait destiné à rester la consolation et l'amour des érudits, des délicats, des bénédictins de la cynégétique, comme MM. Pierre-Amédée Pichot, Paul Gervais, Barrachin et de La Rue. Je me trompais. Ces successeurs lointains de d'Arcussia ont fait des prosélytes, dont un des plus enthousiastes fut le pauvre jeune Montigny, qui eut une fin si tragique ; ils trouvent des continuateurs distingués dans le Prince Grégoire Stourdza, qui est installé à Dieppe, M. Cerfon, à Elbeuf, Magaud d'Aubusson et M. Alfred Belvallette, dont le *Traité d'autourserie* peut de plus assurer à la chasse à l'oiseau un regain de vitalité, parce qu'il vulgarise celle de ses branches qui est le plus à la portée de tout le monde.

La fauconnerie se divisait en haut vol et en bas vol. Les oiseaux qui montent haut dans les airs : le héron, le milan, le corbeau, etc., étaient les objectifs du haut vol qui avait les faucons pour auxiliaires ; le bas vol visait les oiseaux qui s'élèvent peu, le faisan, la perdrix, la pie, les petits oiseaux et les quadrupèdes ; il utilisait les autours et les éperviers. Avec notre morcellement territorial, le haut vol n'est plus de mise ; ses essais risqueraient trop de finir tragiquement, comme cela est arrivé, il y a une vingtaine d'années, à un des meilleurs faucons de John Barr. Le bas vol, au contraire, peut être pratiqué partout ; c'est lui que M. Belvallette pratique et s'est attaché à décrire dans une série de chapitres où il détaille si minutieusement et si clairement la manière de prendre les autours et les éperviers, leur dressage, leur mise en chasse, etc.; avec des instructions si précises, que l'autourserie est à la portée de toutes les bonnes volontés que son traité pourrait faire surgir.

C'est à lui que je dois d'avoir vu des autours au travail pour la première fois.

Un jour de l'hiver dernier, j'étais convoqué à Gisors pour assister à une chasse à l'oiseau. Le lendemain de mon arrivée, après déjeuner, nous étions en campagne, M. Belvallette avec son oiseau sur le poing.

Nous n'avions pas fait dix pas qu'un lièvre déboulait devant nous; l'oiseau agita vivement ses ailes, mais son maître le maintenait sur le poing.

— Eh bien ! lui criai-je.

— Celui-là est trop fort pour un jeune oiseau. Un peu de patience !

Nous nous trouvions sur un des domaines les plus vifs en lièvres qui existent dans ce pays; nous en levâmes encore quatre ou cinq sans que Belvallette eût arrêté son choix; enfin il se décida à lâcher son autour sur un levraut de 3 ou 4 livres qui venait de dégîter dans un chaume. L'oiseau partit d'un vol brusque, mais presque silencieux, filant rapide comme une flèche, à 7 ou 8 mètres au-dessus de son gibier, qu'il eut bientôt rejoint.

Celui-ci, soit instinct, soit qu'il eût aperçu l'ombre de son ennemi sur la terre, comprit tout de suite le danger qui le menaçait, car ses oreilles se couchèrent sur sa nuque et il accéléra sa course; ce fut en vain. L'autour s'éleva de quelques mètres, le dépassa et se laissa tomber avec tant de précision, qu'il l'arrêta sur-le-champ dans ses serres et le maintint. Nous arrivâmes, Belvallette reprit son oiseau et relâcha le levraut qui avait plus de peur que de mal. En moins d'une heure, nous avions réalisé cinq autres prises de levrauts.

C'était vraiment merveilleux.

Si la fauconnerie, dont l'origine remonte à un passé fort lointain, n'a pas complètement disparu de France, c'est grâce aux sportsmen dont je viens de parler, qui ont fidèlement conservé les saines traditions de l'art; et si la chasse au vol prend un jour un essor nouveau, c'est à eux que sera due cette régénération.

M. Belvallette a plusieurs oiseaux dont l'éducation et l'*affaitage* ont été très rapides; ils sont à la fois au poil et à la plume, et ils sont de *bon vol*, car tous *chevauchent le vent*, c'est-à-dire qu'ils demeurent ferme sur le poing quand ils sont exposés au vent.

En dehors de ses autours, qui volent le lièvre et le lapin, il a affaité un pèlerin pour voler la corneille et la pie, car il faut un oiseau de haut vol pour qu'on puisse compter sur lui lorsqu'il s'agit d'une proie aussi grosse.

Les pèlerins *se volent du poing*, c'est-à-dire que l'oiseau, au lieu de planer au-dessus du fauconnier, attendant que celui-ci fasse lever le gibier, ce qui s'appelle *voler d'amont*, n'est déchaperonné et jeté qu'au moment même où la pièce part.

C'est un sport merveilleux à voir.

M. EDMOND BARRACHIN

C'est aux portes de Paris, que M. Barrachin, d'une famille de maîtres de forge des Ardennes, a installé son équipage de fauconnerie qui, de l'avis de tous ceux qui l'ont visité, passe pour être un des équipages les plus intéressants de notre époque.

La fauconnerie de Beauchamp est installée dans une vaste propriété close de mur, située dans les plaines que Saint-Leu-Taverny domine de son clocher. La maison d'habitation est modeste, comme il convient à un simple rendez-vous de chasse, et les oiseaux sont, ma foi! mieux logés que leur maître; c'est signe que le maître est bon et les oiseaux excellents. A droite, un vaste hangar ouvert sur les côtés fait pendant à un hangar semblable, mais fermé de larges panneaux vitrés. Là sont disposés les blocs ou les perchoirs des oiseaux pour le beau et le mauvais temps.

Entre les deux hangars, une véranda vitrée, d'où le maître a l'œil sur ses pensionnaires. Devant la maison s'étend une prairie tondue de près, et sur la pelouse, le long d'un ruisseau que remplit une eau cristalline, s'élèvent les *blocs* où oiseaux de haute et basse volerie sont mis à l'air pour *jardiner*. Puis voici l'arbre mort avec sa grande branche en potence où l'on perche les élèves encore tenus par une *filière* lorsqu'on commence à les faire venir au poing et à les *réclamer*. Enfin au delà d'une barrière basse s'étend le parc, un peu sauvage, où des chênes un peu rabougris ombragent une populeuse garenne. C'est le terrain de chasse.

L'éducation des faucons exige du soin et de la patience, mais ne présente pas autant de difficultés qu'on se l'imagine communément. L'obstacle le plus sérieux vient de l'insociabilité qui distingue les oiseaux de proie, ce qui leur fait recevoir avec irritation et défiance les leçons de l'homme. Sauvage et indocile par nature, le faucon plie avec peine ce caractère farouche aux exigences de son maître. Il ne sera presque jamais, pour lui, comme le chien, un compagnon et un ami ; c'est déjà beaucoup qu'on puisse en faire un esclave résigné. Dans ses rapports avec l'homme, l'oiseau de vol ne vit donc pas dans l'état de domesticité absolue des animaux de nos fermes et de nos maisons, mais dans celui d'une demi-servitude qu'il est toujours disposé à briser. On le retient par la faim en réglant habilement son appétit.

Pour assouplir cette sauvagerie native, le fauconnier devra faire preuve d'intelligence, de soins éclairés et surtout de patience ; mais lorsqu'il sera parvenu à maîtriser le caractère rebelle de son élève, l'éducation sera plus qu'à moitié faite, car le faucon chasse de race, et avec quelques leçons il mettra en jeu cet admirable assemblage de qualités puissantes : la rapidité du vol, la finesse de la vue, la force de la serre, la hardiesse de l'attaque et l'ardeur au combat. Tout cela, il est vrai, afin d'obtenir large curée sans se soucier beaucoup de l'intérêt et de la satisfaction de son maître ; mais celui-ci, par une instruction bien dirigée, recueillera le bénéfice et le plaisir de l'entreprise.

M. Barrachin, comme M. Paul Gervais, a voulu également avoir des aigles dans son équipage. Les aigles de Beauchamp ne sont pas d'aussi grosse espèce et visent un plus modeste gibier. C'est ce que les naturalistes appellent l'*Aigle Bonelli*. Il y en a deux, *Jupin* et *Junon*, qui sont dressés à poursuivre les lapins sous bois comme les autours. Les autours sont la grande spécialité de l'équipage de Beauchamp.

M. Barrachin a du reste une préférence marquée pour ses autours, car le terrain n'est pas très favorable aux exercices de haut vol, et quand on fait voler les pèlerins et les gerfauts, il faut sortir du parc et aller en plaine où il n'y a pas d'autre gibier pour exercer leurs talents que les pigeons d'escape qu'on leur fait poursuivre. Plusieurs des autours de M. Barrachin sont merveilleux de familiarité et de docilité, et de plus loin qu'ils l'entendent, ils le reconnaissent, lorsque la voiture vient chercher les invités à la gare d'Herblay, et que *Diane*, *Sapho* ou *Léda* ont été attachées sur le siège où elles tiennent leur place sur le dossier comme des valets de pied bien stylés. Diane est à l'équipage depuis 1887, Sapho depuis 1890 et Léda depuis 1891. Le Journal *le Chenil et l'Écho de l'élevage*, auquel j'emprunte ces renseignements, ajoute que ces oiseaux ont maintenant leur magnifique livrée d'adultes, un élégant pourpoint gris perle, zébré de noir, ayant remplacé la robe de chambre brune avec des brandebourgs marron qu'ils portaient en sortant du nid. *Flore* est un autour en miniature, un épervier femelle, mais point coquette par exemple, cassant à tous propos les plumes de sa queue ou chiffonnant ses ailes, et malgré ces désavantages, sérieux chez un oiseau de vol, elle prend cependant à merveille, partant du poing, les oiseaux que l'on fait lever sur le bord de la route, c'est un plumeau si vous voulez, mais un plumeau intelligent, plein de vigueur et ayant l'amour de l'art, l'art d'épousseter les moineaux et autres bestioles.

Deux fauconniers tout de vert habillés, la couleur classique, sont préposés à la garde de cet équipage varié où il faut encore signaler des gerfauts blancs ramenés de Norvège, il y a deux ans, par le capitaine Marshall, un amateur anglais qui introduit dans les îles Britanniques des animaux de tous les pays du monde. Ces fauconniers sont de braves Lorrains, dans lesquels M. Barrachin a trouvé de sérieux auxiliaires et auxquels il a inculqué toutes les traditions de l'art dont il a si bien retrouvé les secrets.

L'HON. GÉRALD LASCELLES

La chasse au vol, qui semble vouloir prendre un nouvel essor en France, n'a jamais cessé d'être en honneur chez nos voisins d'outre-Manche. Chaque année, il y a dans les plaines du Wiltshire des réunions fort intéressantes où, si on ne voit plus venir de nobles dames le faucon sur le poing, on rencontre bon nombre de fauconniers émérites, parmi lesquels figurent quelques sportsmen français ayant une véritable passion pour la chasse au vol. Parmi ceux-là figurent MM. Pierre-Amédée Pichot, Cerfon, d'Elbœuf, le peintre animalier Merite, le prince Stourdza, Fernand Pinel, Magaud-d'Aubusson, Mme de Villers, le Dr Arbel, Belvallette, etc.

C'est dans le Wiltshire qu'ont lieu chaque année les déplacements du club de fauconnerie, connu sous le nom du *Old Hawking-Club*.

Ce club fut fondé en 1864 par l'Honorable Cecil Duncombe et le major Fisher, qui étaient venus voler la corneille (700^k^) sur les plaines de Salisbury. L'idée des fondateurs en organisant ce club était simplement de grouper quelques fauconniers, afin de subvenir aux charges de l'équipage. Le cercle ne tarda pas à prospérer et à se développer. Les premiers membres souscripteurs furent : l'Honorable Cecil Duncombe, lord Lilford, le maharajah Dhuleep-sing, M. E.-C. Newcome, M. Amherst, le colonel Brooksbank, M. A.-E. Knox, etc.

Robert Barr, qui était le fauconnier de M. Cecil Duncombe, fut attaché au cercle où il continua ses fonctions. Le principal sport auquel se livra le club fut, comme aujourd'hui en mars et avril, le vol de la corneille sur les dunes du Wiltshire. On fit quelques vols de héron dans le Norfolk en mai, lorsque l'équipage retournait y prendre ses quartiers, et on fit aussi de beaux vols de grouse surtout dans le comté de Perth où le maharajah avait loué des bruyères (*moors*). En 1871, après la mort de M. Newcome, enlevé inopinément à l'âge de soixante ans, la fortune du club parut un instant chancelante, mais en 1872 l'association, réorganisée sur des bases un peu plus larges, pria l'Honorable Gérald Lascelles d'accepter la succession de M. Newcome. On ne pouvait faire un meilleur choix comme maître d'équipage.

L'Honorable Gérald William Lascelles, qui est le troisième fils du quatrième lord Harewood, a aujourd'hui quarante-huit ans. Après avoir fait ses études à « Eton », il alla au « Magdalene College », où son ardeur pour la chasse et les autres sports ne l'empêcha pas de conquérir ses grades universitaires. Dix ans plus tard, lord Beaconsfield le nomma *Deputy-Suzveyor* (conservateur) de la New-Forest, dont il a encore aujourd'hui la direction ainsi que celle de plusieurs autres propriétés de la Couronne, et depuis dix-sept ans il remplit les fonctions dont il est investi avec le succès le plus complet. Car c'est un sportsman accompli qui avait fait une étude sérieuse du métier de forestier et d'agriculteur avant d'être envoyé à la New-Forest.

Il a débuté de bonne heure. Il avait six ans lorsqu'il suivit la première chasse à courre, et peu à peu il se fit apprécier dans les sociétés sportives les plus difficiles du Yorkshire comme un aimable compagnon. De la chasse du cerf à la chasse du rat il connaît tous les coups à jouer sur l'échiquier du sport. C'est un bon tireur et il est quelque peu naturaliste.

De plus, c'est une autorité impeccable pour tout ce qui a trait à la fauconnerie. Il est l'auteur du volume sur la *Fauconnerie*, et a écrit en partie celui sur la *Chasse à tir*. Il a aussi fourni des articles à la collection *Poil et Plume* (*Fur and Feather*). Ses plantations sont prospères ; le cerf et le renard, la loutre et le blaireau, la bécasse et la truite, connaissent ses prouesses.

Bref ! C'est un homme populaire que l'on ne prend jamais à court, dit un recueil contemporain.

M. Gérald Lascelles, comme conservateur de la New-Forest, réside à Queen's-house, Lyndhurst, au centre de sa conservation.

Son traité de fauconnerie a été publié dans la *Badminton-library*, cette jolie bibliothèque des sports modernes éditée par Longmans, Green and C°, pendant ces dernières années, et qui est si joliment illustrée. C'est grâce à ce petit traité, qui est un résumé excellent, que je peux faire connaître à nos lecteurs les services rendus à la fauconnerie par le *Old Hawking-Club*.

Depuis la nomination de l'Honorable Gérald Lascelles comme secrétaire directeur, le cercle a étendu beaucoup la sphère de ses opérations. Depuis lors, un vol de premier ordre composé de *niais* et de *passagers* a toujours été entretenu et est en état de pratiquer tous les genres de vols.

Le déplacement de deux mois dans le Wiltshire a été maintenu comme une des caractéristiques du club et le bon accueil des propriétaires et des fermiers des plaines de Salisbury a permis au club de pratiquer ses vols sur une grande étendue de terrain, de façon à pouvoir voler tous les jours, sans nuire à personne. De plus, les oiseaux et leurs fauconniers sont à la disposition des membres qui veulent s'en servir chez eux, pendant les autres époques de l'année, de telle façon que la tenue verte de l'équipage s'est fait connaître avantageusement dans les pays de Kildare, de Wexford, de Cork, du Sutherland, de Caithness, de York, de Hants, partout enfin où l'on pouvait faire de la fauconnerie. Le temps seul manque pour répondre aux nombreuses invitations qui sont adressées à l'équipage.

Le tableau des prises de l'équipage pendant l'année 1887 peut donner une idée de la nature des vols qu'il pratique :

Corneilles, 209 ; pies, 13 ; grouses, 95 : coqs de bruyère, 2 ; perdrix, 114 ; lapins, 112 ; faisans, 5 ; lièvre, 1 ; divers, 25 ; total : 576 pièces.

En 1890, 244 corneilles furent prises pendant le déplacement de printemps et 95 grouses entre le 12 août et le 6 septembre, époque où les vols furent arrêtés par la mort de John Frost, qui était le fauconnier du club.

Pendant toute cette période de son existence, le club a possédé beaucoup d'oiseaux remarquables. Un des premiers à citer est *Druid*, tiercelet niais, dressé en 1864, qui, après avoir volé la pie en Irlande, a régulièrement volé la corneille pendant trois saisons à Salisbury. Nous n'avons jamais rencontré de tiercelet capable de renouveler ces hauts faits, quoique récemment M. Saint-Quintin ait mis au vol de la mouette un ou deux tiercelets qui auraient été aptes à tout ce qu'un tiercelet peut entreprendre.

En 1872, un faucon *Empress* a montré des qualités rarement surpassées. Son record de soixante-trois corneilles dans une saison n'a pas encore été battu. Cet oiseau a fait trois saisons et est mort d'accident.

Si le comte de Tancarville, un grand fauconnier en son temps, avait été encore de ce monde, il n'aurait pas manqué, en voyant travailler *Empress*, de s'écrier plein d'enthousiasme! « En nom Dieu ! ne donnerais mie le plaisir que j'ai pour mille petits florins ! »

En 1876, un faucon nommé *Bois-le-Duc*, d'après la localité où il avait été pris, faisait partie de la remonte envoyée de Hollande. Cet oiseau est probablement le meilleur qui ait été dressé depuis le fameux *Bull-dog* du club du Loo. Difficile à introduire d'abord, ce faucon se déclara soudain sur la corneille et en prit soixante de suite, n'en manquant qu'une seule dans cette longue série. *Bois-le-Duc* a volé pendant cinq saisons et a tenu le record des vols de corneille pendant trois.

Un autre excellent oiseau a été *Elsa*. Pris au passage de 1886, ce faucon est celui qui a tué le plus de corneilles, pendant ses trois premières saisons et, en 1889 et 1890, il n'a pas manqué de beaucoup le record des meilleurs. Pendant sa seconde saison, il a été introduit à la grouse et a été un des meilleurs faucons pour gibier que l'on pût voir, docile, bien assuré et montant aussi haut que possible. Au printemps de 1890, il a tué 35 corneilles, et, en automne, 31 grouses, aussi facile à mettre sur un vol que sur l'autre. En tout, *Elsa* a pris 186 corneilles et 123 grouses sans compter diverses autres pièces. Ce bon oiseau fut perdu à Langwel dans l'automne de 1891.

Vesta, faucon niais, provenant de Culvercliff, dans l'île de Wight, s'est montré un remarquable tueur de grouses, mais manquait de ce grand style de vol des faucons de passage, ses compagnons de vol. On l'a surtout mis aux grouses. Pendant neuf saisons, il fit le déplacement d'Écosse, tuant une moyenne de trente-trois grouses chaque saison. Elsa est morte dans l'hiver de 1890.

A signaler encore les hauts faits du faucon niais *Parachute* pendant la campagne de 1882. Cet oiseau avait deux ans à cette époque, mais il ne faut pas oublier le tiercelet de gerfaut *Adrian*, dressé en 1878, parmi les oiseaux qui ont montré le plus beau style de vol.

En 1873, on a dressé deux excellents tiercelets, *The Earl* et *The Doctor*. Ce sont les deux seuls tiercelets avec lesquels le club a réussi à prendre des vanneaux en mars. *Cabra* et *Météor* ont été d'excellents oiseaux pour la pie et la perdrix.

Shamrock et *Shillelagh*, deux tiercelets niais venant d'Irlande, ont été le meilleur couple d'oiseaux pour pie que l'on ait pu voir. En 1873, ils ont volé à Kildare et à Wexford principalement. Avec eux, une très petite assistance de fauconniers pouvait être sûre de prendre des pies. (Il faut généralement beaucoup de monde pour aider les oiseaux dans le vol de la pie.) C'était merveilleux de voir le travail de ces oiseaux, comme ils s'aidaient mutuellement et se distribuaient les rôles, l'un montant très haut, de façon à dominer tout le pays et à aider son collègue qui serrait la pie de plus près, et selon les circonstances ils changeaient de poste. Deux ou trois ans plus tard, nous avons vu encore un vol de tiercelets : *Buccaneer* et *Météor*, qui en treize jours ont tué quarante-quatre pies, renouveler la même tactique.

Sans doute bien des particuliers en ont fait autant, mais nous citons ces exemples pour montrer les résultats que l'on peut obtenir aujourd'hui en s'occupant soigneusement et avec suite des oiseaux de vol ; tout en ne perdant pas de vue que la fauconnerie est une science et un art véritables ; aucune science, aucun art, en effet, ne demandent plus de patience et plus de soin. Cet art ne date pas d'aujourdhui, car la fauconnerie paraît avoir été connue et pratiquée dans l'antiquité. Aristote et Pline en ont fait mention. Elli en a exposé les principes, que Firminus a perfectionnés. Les Francs connaissaient certainement la chasse au faucon ; nous en avons pour garant la loi salique qui condamne à une amende quiconque dérobera un *accipiter* ou un *sparvus* dressé ;

nous ajouterons qu'elle était même pratiquée chez les Gaulois ; il en existe une preuve non moins concluante dans un discours de Sidoine Apollinaire, qui, faisant l'éloge d'un certain Vectius, déclare que nul n'était plus expert que lui à dresser un chien, un cheval et un oiseau de proie.

Les principes du dressage des faucons n'étaient pas moins invariables que ceux qui présidaient à leur choix.

Bien que connue, comme nous venons de le voir, dès les premiers temps de notre nationalité, c'est au moyen âge que la chasse au faucon atteignit sa plus grande vogue : à cette époque, la fauconnerie devint ce qu'elle est aujourd'hui en Angleterre, une science véritable de la chasse, un plaisir exclusivement réservé à la noblesse.

Les membres du *Old Hawking-Club* en 1890 étaient les suivants :

Lord Lilford.
M. F. Newcome.
Le Rev. W. Newcome.
M. W.-H. Saint-Quintin.
Le comte de Londesborough.
M. B.-H. Jones.
Le duc de Saint-Albans.
Le duc de Portland.
L'hon. E.-W.-B. Portman.
Le colonel Watson.
M. A. Newall.
L'hon. Gérald Lascelles (chef d'équipage et secrétaire).

Membres honoraires

L'hon. Cecil Duncombe.
L'hon. G.-R.-C. Hill.
Le colonel Brooksbank.
Le capitaime F.-H. Salvin.

Le but du club a toujours été de favoriser la fauconnerie :

1° En entretenant un vol de premier ordre pour toute espèce de chasse au vol ;

2° De dresser des hommes et des jeunes gens sous la direction d'un fauconnier expert en son art ;

3° D'assurer chaque année une bonne remonte qui permît de céder au prix coûtant, à la fin de chaque saison, des oiseaux dressés, à l'exception de quelques oiseaux favoris.

De cette façon, les commencements sont facilités pour ceux qui voudraient s'adonner à ce sport, car si un faucon, même dressé, n'est pas d'un maniement aussi facile qu'un orgue de Barbarie, il vaut mieux commencer avec un bon oiseau que de s'escrimer maladroitement avec un oiseau sauvage, dont l'éducation peut être pleine de déboires pour celui qui, n'ayant pas la pratique de la volerie, n'arrive généralement qu'à faire mourir son élève et à se décourager lui-même.

CAPITAINE FRANCIS HENRY-SALVIN

Les fauconniers anglais qui suivent les déplacements du *Old Hawking-Club* sont nombreux. Parmi ceux qu'il faut citer la première place revient au capitaine Salvin, qui est un maître dans toute l'expression du mot. Le capitaine Salvin, malheureusement très âgé, ne pratique plus aujourd'hui ; malgré cela, il s'intéresse toujours au grand art de la fauconnerie et on peut voir sur la pelouse de son joli cottage de *Whikmoor-house*, Guildford, *Surrey*, quelques oiseaux au « bloc ».

Le capitaine Salvin avait une telle passion pour la chasse au vol qu'il avait toujours chez lui des oiseaux de toutes espèces, bons pour champs et pour rivières. Il est l'auteur du meilleur traité de fauconnerie moderne, ouvrage très bien illustré en couleurs et qui peut rivaliser avec le bel ouvrage de Schlegel. Très bon naturaliste, le capitaine a pratiqué toutes les branches de la volerie ; il a eu des cormorans dressés dans la perfection et aussi des loutres, également dressées à la pêche. Il a construit dans son jardin une vaste cuve d'aquarium où il est amusant de suivre, à travers les glaces qui en forment les parois, les évolutions de ses auxiliaires aquatiques.

A l'exemple de Louis XIII, qui était un grand fauconnier, le capitaine Salvin avait organisé, de manière à pouvoir toujours se livrer à son sport favori, tout un système de petits équipages composés de pies-grièches, d'émerillons et de tiercelets de faucon.

LE MAJOR FISCHER

Très savant, très érudit, passionné de littérature française, le major Fischer, qui est un des plus brillants officiers de l'armée anglaise, ayant guerroyé un peu partout, est un causeur intarissable et qui peut, de huit heures du matin à minuit, entretenir ses hôtes des souvenirs de sa vie longue et mouvementée. A peine s'arrête-t-il pour souffler et reprendre haleine et cette loquacité semble peu compatible avec la vie solitaire et sportive que le major mène la plupart du temps. Mais c'est un penseur, un remueur d'idées et qui, lorsqu'il rencontre un auditoire sympathique, éprouve le besoin d'ouvrir en grand les écluses de ses réflexions. Les livres de chevet du major Fischer sont : la Bible et d'Arcussia ; il les sait par cœur et pourrait, j'imagine, les réciter dans tous les sens.

La résidence du major est *the Castle Stroud*, GLOCESTERSHIRE ; il s'est fait une spécialité du vol de la grouse, un des vols les plus difficiles, et pour s'y livrer il va tous les ans s'enfermer tout seul, avec sa domesticité, dans une ferme perdue sur les hauteurs couvertes de bruyères du Northumberland et il passe trois ou quatre mois dans ce pays sauvage, d'ailleurs intéressant par ses souvenirs historiques de la guerre du *Border*, et où Besant a placé les scènes de son joli roman de *Dorothy Forster*.

Citons encore, parmi les fauconniers du Old Hawking-Club, M. Harting, le savant et érudit secrétaire de la Société Linnéenne qui est, entre autres, l'auteur d'une très remarquable *Bibliotheca accipitraria*, catalogue raisonné des ouvrages de fauconnerie publiés dans toutes les langues et dans tous les pays du monde.

M. Harting est un fauconnier pratiquant et un sportsman dans différentes branches (les fauconniers lui reprochent même d'avoir une prédilection pour le fusil), mais il suit les déplacements du O. H. C. autant que le lui permettent ses fonctions très savantes et très attachantes de la Société Linnéenne.

M. Harting est un écrivain de sport et d'histoire naturelle très coté en Angleterre.

Cette chasse au vol, que les Anglais aiment et pratiquent avec passion, est fort belle, et l'éducation des oiseaux, qui exige des soins et de la patience, est une des choses les plus intéressantes de ce sport.

Sauvage et indocile par nature, l'oiseau de vol plie avec peine son caractère farouche aux exigences de son maître.

On peut rencontrer, il est vrai, quelques oiseaux animés de sentiments plus sociables. C'est même chose facile d'apprivoiser simplement un faucon. Mais généralement, en tant qu'oiseau de chasse, le faucon est un auxiliaire qui cherche fréquemment à fausser compagnie.

J'ai assisté, il y a quelques années, chez le prince Grégoire Stourdza, à un vol de héron. Quel sport merveilleux !

Le héron, chassé par les chiens, des roseaux et des joncs qui lui servent de retraite, s'enlève, en faisant entendre un vol saccadé et pesant. A peine sa tête a-t-elle dépassé le niveau des herbes que, surpris à la vue du monde, il fait mine de renoncer à son essor, mais les chiens le poursuivent et l'empêchent de *prendre motte*. Il hésite encore un instant, puis il déploie sa large envergure et part le cou renversé sur le dos et ses longues jambes raidies en arrière.

Lorsqu'il est arrivé à une certaine hauteur, le faucon est déchaperonné. Dès qu'il aperçoit la masse qui flotte au zénith, *il monte à l'essor*.

La rapidité du vol du faucon est proverbiale, — les Arabes disent que le faucon monte au ciel avec la rapidité de la prière, — en un instant il rejoint le héron et lui barre le passage ; et sa manœuvre, comme s'il voulait donner à son maître le spectacle du duel qu'il va livrer, consiste à ramener son ennemi près de terre. C'est le moment où la lutte est la plus intéressante.

Si le héron veut fuir à droite, le faucon l'arrête ; s'il prend à gauche, le faucon est devant lui qui le menace. A un moment donné, le héron s'anime, ramasse ses forces ; il se prépare au combat, mais c'est peine perdue ; le faucon se porte alors sur sa proie avec toute l'adresse dont il est capable, il la saisit, et l'ongle du pouce déchire, brise ou meurtrit tout ce qu'il atteint.

Le faucon ne tue pas toujours ; souvent, après avoir saisi sa victime, il la *lie* et la porte à terre. La proie portée à terre, le faucon se sert alors de son bec. La dentelure embrasse et assujettit les vertèbres de la victime et la force du bec les brise.

Tel est, dans son ensemble, ce sport pittoresque et poétique, que quelques fanatiques viennent de faire reparaître en France. Il est à souhaiter que, grâce à ces sportsmen, qui ont fidèlement conservé les saines traditions de l'art, nous voyions aussi se créer chez nous un club de fauconnerie qui donnera un essor nouveau à la chasse au vol.

M. THOMAS-J. MANN

Au moment où j'écrivais ce livre, on m'apprenait la mort prématurée d'un des plus vaillants de cette petite phalange de sportsmen qui ont brillamment maintenu jusqu'à nos jours les traditions de la fauconnerie. M. Thomas-J. Mann est décédé, le 25 août dernier, dans sa résidence de *Hyde-Hall*, *Sawbridgeworth*, *Herts*, Angleterre. La chasse à tir, la pêche et la fauconnerie avaient dans M. Mann un ardent zélateur, quoique la plus grande partie de son temps fût consacrée, comme de juste, aux soins qu'il donnait à la maison Mann, Crossman et Paulin, un des *firms* les mieux connus de l'Angleterre.

Chez nos voisins d'outre-Manche, les hommes d'affaires les plus sérieux, les industriels et les commerçants les plus occupés, trouvent toujours quelques heures à donner au culte du sport et à l'étude de la nature, qu'ils ne pratiquent pas en oisifs et en ignorants, mais en professionnels pour ainsi dire. Ainsi M. Mann a collaboré à plusieurs journaux de chasse et d'histoire naturelle, auxquels il a fourni des notes et des observations souvent très intéressantes, et, à l'occasion d'une visite que lui firent en corps les membres de l'Essex-Field Club, il donna lecture d'un travail très approfondi sur la fauconnerie moderne, qui a été publié dans l'*Essex Naturalist* pour l'année 1888. Plusieurs des faucons qui faisaient partie de l'équipage de M. Mann resteront célèbres, notamment un autour appelé l'*Ombre de la mort*, lequel provenait des oiseaux que le Jardin d'acclimatation a eu plusieurs fois l'occasion de fournir à cet excellent fauconnier.

M. Mann s'était beaucoup occupé de la conservation du gibier et de la répression du braconnage, étant membre du Conseil de la *Field Sports Protection Association*. Il a patronné des échanges d'œufs de perdrix entre des localités différentes, ayant remarqué que les oiseaux ainsi transplantés étaient d'une santé supérieure à celle des oiseaux de la localité, et il est de fait que, grâce à ce système, les tirés de Mann ont toujours fourni les perdreaux les plus pesants que l'on ait pu citer. Mais il était l'ardent adversaire des ventes d'œufs de gibier qui, pour lui, n'étaient que prétexte à braconnage et à rapines, les propriétaires de chasse étant trop souvent amenés, par ce genre de commerce, à acheter des œufs volés sur leurs propres terres. M. Mann fut aussi un des premiers à introduire en Angleterre des perdrix de Hongrie et c'est grâce à elles que les tirés de l'Angleterre sont aujourd'hui les plus peuplés et les plus beaux du monde. La dernière lettre de M. Mann, publiée par le *Field* en février dernier, était datée de Cannes, où il était allé chercher en vain la santé, mais une laryngite, qui minait sa constitution depuis longtemps, avait déjà provoqué de trop grands désordres pour qu'on pût l'enrayer et emportait à l'âge de quarante-neuf ans cet ami dévoué et ce sportsman enthousiaste, qu'un grand concours de population, venu des comtés voisins de Norfolk, de Staffordshire et de Berkshire, a accompagné, dans un profond recueillement, jusqu'à sa dernière demeure.

TABLE ALPHABÉTIQUE

DES MATIÈRES

DES

PORTRAITS ET DES NOMS CITÉS (1)

(1) Les chiffres précédant les noms indiquent les pages où se trouvent les portraits; les chiffres qui suivent correspondent aux pages du texte.

17-6-9. — Tours, Imprimerie E. Arrault et Cie.

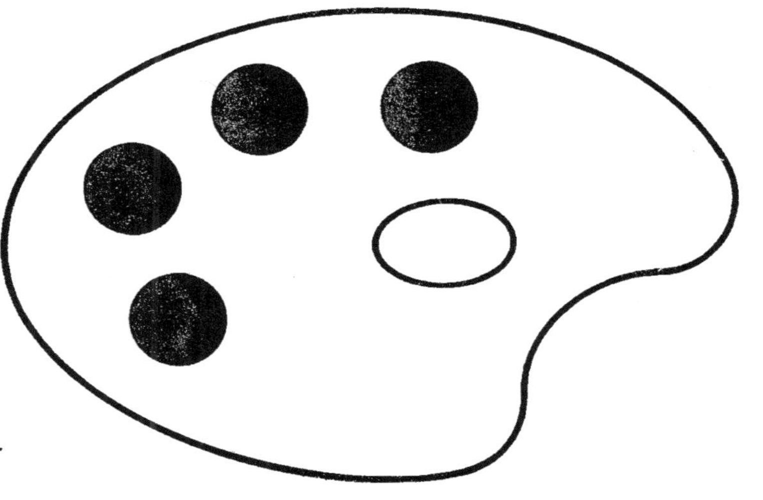

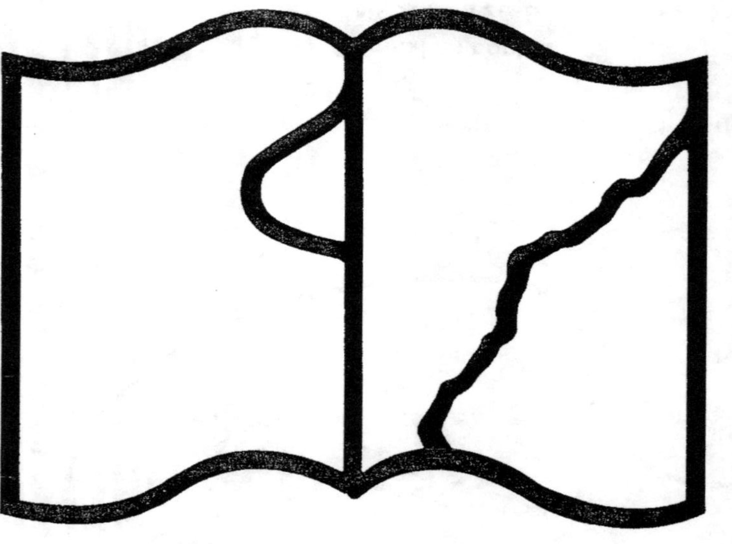

www.ingramcontent.com/pod-product-compliance
Lightning Source LLC
LaVergne TN
LVHW020553110826
845149LV00002B/251

* 9 7 8 2 0 1 2 7 2 9 8 2 7 *